譯註 禮記集說大全
大傳

編　　陳澔(元)

附　　正義・訓纂・集解

譯註 禮記集說大全

大傳

編　陳澔 (元)

附　正義・訓纂・集解

鄭秉燮 譯

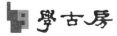

역자서문

　『예기』「대전(大傳)」편은 체(禘)제사나 협(祫)제사 등에 대한 규정이 수록되어 있기도 하지만, 주로 종법제(宗法制)와 상복제도(喪服制度)에 대한 내용을 수록한 편이다. 그 내용은 『의례』의 「상복(喪服)」편에 기록된 전문(傳文)과 밀접한 관련이 있다. 동일한 내용이 수록되어 있으며, 또 『의례』에서 간략히 기술한 문장에 대해, 그 의미를 상술한 기록들이 대부분이다. 따라서 「대전」편의 각 문장들은 『의례』를 연구했던 전한(前漢) 시대 때의 학자들이 주석서로 남겼던 글들이라고 추정할 수 있다. 그러나 「대전」편 자체가 『예기』 결집 이전에 하나의 완결된 문헌으로 존재했었냐는 문제는 좀 더 연구가 진행되어야 한다.

　「대전」편 자체가 분량이 많지 않고, 그 내용들을 살펴봤을 때, 친친(親親)과 인치(人治)의 관련성으로부터 시작하여, 종법제와 상복제도를 친친의 구조를 중심으로 단계별로 설정하고 있고, 결론부분에서는 재차 앞의 내용들을 요약하여, 이러한 제도 자체가 천하를 다스리는 가장 큰 기준이 됨을 명시하고 있다. 이러한 짜임새 있는 구성은 『예기』의 편들 중 매우 드문 경우에 해당한다. 「곡례(曲禮)」 및 「단궁(檀弓)」 등의 편들은 전후 맥락과 상관없이 잡다한 내용들이 뒤섞여 있는데, 『예기』를 구성하고 있는 총 49개의 편들은 대체로 이러한 형식으로 기술되어 있다. 그런데 「대전」

편은 「예운(禮運)」편이나 「예기(禮器)」편 등처럼 짜임새 있는 구성을 하고 있다. 이를 통해 살펴보면, 「대전」편은 단순히 종법제 및 상복제도와 관련된 각종 기록들을 무작위로 뒤섞어둔 편이라고 판단할 수 없다. 친친의 이론을 바탕으로 종족을 통합하고, 그 확장선상에서 국가를 통치할 수 있다는 주요 논지를 해설하기 위해, 「상복」편에 대한 주석들을 모아서, 논리적인 구조로 문장들을 배열하고, 문장의 연결 부분에 보충 설명을 기술하여, 전후 맥락이 이어지도록 한 기록이라고 할 수 있다. 따라서 「대전」편은 『예기』가 편찬될 시기 및 그 이전에 어떤 자가 일종의 논문 형식으로 편집했을 가능성이 높다.

종법제는 주대(周代) 통치체제의 근간이 된다. 대종(大宗)과 소종(小宗)을 구분하고, 종자(宗子)와 족인(族人)들을 구분하는 것은 대종을 통한 종족의 통합을 꾀하기 위해서이다. 족인들은 종자를 섬겨야 하는 의무가 주어지고, 대종은 영원이 바뀌지 않음으로써, 같은 성(姓)을 가진 자들은 대종을 섬겨야 하는 의무가 주어진다. 이러한 의무를 강조하기 위해, 종자를 공경하는 것이 곧 조상을 공경하는 것이라는 이론을 만들어내게 되는데, 이것은 종자의 권위를 신장시킨다. 주대의 천자는 희성(姬姓)의 적통을 계승한 자이다. 따라서 모든 족인들은 천자에 대해 단순히 군신간의 의무만 강조되었던 것이 아니라, 종족관계에서의 의무도 강조되었다. 『효경』에서 부모에 대한 효와 군주에 대한 효를 동일시하는 이론이 제창된 것도 이러한 종법제의 논리와 연관된다.

더 나아가 「대전」편에서는 군주의 절종(絶宗)에 대해서 강조한다. '절종'이라는 것은 단순히 종족관계를 끊는다는 의미가 아니다. 군주의 적장자를 제외한 나머지 아들들은 군주를 종주로 섬길 수 없다는 의미인데, 이것은 군주를 정점으로 종법제를 일원화하여, 국가를 통치하려는 사상과 위배되는 것처럼 보인다. 그러나 '절종'의 본래 의미는 군주에 대해서 형이나 부친 항렬에 속한 자들이 자신의 친족관계를 통해서 군주를 친압할 수 없다는데 초점이 맞춰져 있다. 즉 군주의 숙부나 백부의 입장이 된 자라 할지라도 모두 신하의 신분이 된다. 따라서 종족관계보다 군신관계가 앞선다는 이론에서 도출된 개념이 바로 '절종'이다. 그러므로 절종이란 개념은 군권의 확장을 위해 제창된 이론이라 할 수 있다.

「대전」편에서는 또한 '절종'의 개념을 보완하기 위해, 별자(別子)의 대종과 소종을 기술하고 있다. 즉 군주는 표면적으로 종족관계를 끊게 되므로, 다른 족인들을 통솔하기 위해서는 그들의 수장을 세워야 하는데, 이때 등장하는 개념이 별자이다. 별자는 군주의 아들로, 적장자의 동생들을 뜻한다. 따라서 군주는 자신의 형제를 별자로 세워서 다른 형제들을 통솔하는 종자로 규정하고, 별자의 적통을 이은 자는 대종의 지위를 계승하여, 영원히 바뀌지 않는 지위를 갖고, 대종의 종가에서 파생된 각종 소종의 가문들은 5세대가 지나면 바뀌게 되지만, 대종에 대한 의무가 영원히 지속되므로, 항상 대종에게 종속된다. 따라서 군주는 '절종'과 '별자'의 이론을 통해, 국가의 모든 구성원들을 통합하고, 그들에 대한 의무를 강조할 수 있게 된다.

그러나 「대전」편이 상하수직 관계의 질서체계만 강조하여, 하위계층의 의무사항만 기술하는 것은 아니다. 이러한 질서체계를 확립하기 위해서는 우선적으로 군주가 친친을 실천해야 한다고 강조하고 있으며, 족인들을 통합하기 위한 종자의 의무도 강조하고 있다. 이것은 곧 한대(漢代) 유학사상의 특징이라고 할 수 있다. 한나라 때에는 국가의 질서체계를 확립해야 했고, 군권을 강화해야 했다. 따라서 유학은 당시의 시대요구를 받아들여, 군주를 정점으로 한 일원화된 통치체계를 수립함으로써, 여러 학문을 제치고 관학(官學)의 지위를 받았다. 그러나 선진유학에서 제창했던 덕치주의 또한 표방하여 군주의 덕성을 강조하게 된다. 이것은 곧 국가주의와 도덕정치의 절충을 꾀했던 한대 유학자들의 사상이라고 할 수 있으며, 「대전」편에도 그 특징이 나타나 있는 것이다.

「대전」편의 출간으로, 『예기』 완역에 한 걸음 더 다가섰다. 그러나 번역의 완성도에 대한 불안감은 책이 늘어날수록 커져간다. 생활고에 대한 걱정 없이, 번역에만 매진할 수 있었다면, 더 완벽한 번역을 내놓을 수 있지 않을까라는 생각도 한다. 총각일 때에는 열정으로 웃어넘겼지만, 이제는 한 집안의 가장이 되다보니, 단순히 열정만 믿고서 웃어넘길 수만은 없게 되었다. 번역을 하기 위해서는 더 많은 일을 해서 시간을 벌어야 하고, 남는 시간을 쪼개고 쪼개서 최대한 아껴서 써야 하는데, 영민하지 못하여 이도 저도 아닌 결과물을 내놓고 만다. 부끄러운 일이다.

이 책에 나온 오역은 전적으로 역자의 실력이 부족하기 때문이다. 혹여 역자의 부족함에 일갈을 해주실 분들이 있다면, bbaja@nate.com으로 연락을 주시거나 출판사에 제 연락처를 문의하셔서 가르침을 주신다면, 부족한 실력이지만 가르침을 받도록 최선을 다할 것이다. 부족한 실력이며, 보잘것 없는 결과물이지만, 이 책을 통해 더 완벽한『예기』의 번역서가 세상에 나왔으면 하는 것이 역자의 바람이다.

역자는 성균관 대학교에서 유교철학(儒敎哲學)을 전공했으며, 예악학 (禮樂學) 전공으로 박사논문을 작성했다. 이 자리를 통해, 대학원에 진학하여 경학사상(經學思想)을 전공할 수 있도록 지도해주신 서경요 선생님과 논문을 지도해주신 오석원 선생님, 이기동 선생님, 이상은 선생님, 조남욱 선생님께 감사를 드린다. 또 경서연구회(經書硏究會)를 만들어 후배들에게 경전에 대한 이해를 넓혀주신 임옥균 선생님, 경서연구회 역대 회장님인 김동민, 원용준, 김종석, 길훈섭 선배님께도 감사를 드리고, 함께『예기』를 공부하고 있는 김회숙, 손정민, 김동숙, 임용균 회원님들께도 감사를 드린다. 끝으로「대전」편을 출판할 수 있도록 허락해주신 학고방의 하운근 사장님께도 감사를 전한다.

일러두기 ≫

1. 본 책은 역주서(譯註書)로써, 『예기집설대전(禮記集說大全)』의 「대전(大傳)」편을 완역하고, 자세한 주석을 첨부했다. 송대(宋代) 이전의 주석을 포함하고자 하여, 『예기정의(禮記正義)』를 함께 수록하였다. 그리고 송대 이후의 주석인 청대(淸代)의 주석을 포함하고자 하여 『예기훈찬(禮記訓纂)』과 『예기집해(禮記集解)』를 함께 수록하였다.

2. 『예기』 경문(經文)의 경우, 의역으로만 번역하면 문장을 번역한 방식을 확인하기 어렵고, 보충 설명 없이 직역으로만 번역하면 내용을 이해하기 힘들다. 따라서 경문에 한하여 직역과 의역을 함께 수록하였다. 나머지 주석들에 대해서는 의역을 위주로 번역하였다.

3. 『예기』 경문에 대한 해석은 진호의 『예기집설』 주석에 근거하였다. 경문 해석에 있어서, 『예기정의』, 『예기훈찬』, 『예기집해』마다 이견(異見)이 많다. 『예기집섭대전』의 소주(小註) 또한 진호의 주장과 이견을 보이는 곳이 있고, 소주 사이에도 이견이 많다. 따라서 『예기』 경문 해석의 표준은 진호의 『예기집설』 주석에 근거했으며, 진호가 설명하지 않은 부분들은 『대전』의 소주를 참고하였다. 또한 경문 해석에 있어서 『예기정의』, 『예기훈찬』, 『예기집해』에 나타나는 이견들은 특별한 경우를 제외하고는 각각의 문장을 읽어보면, 경문에 대한 이견을 알 수 있기 때문에, 이러한 경우에는 주석처리를 하지 않았다.

4. 본 역서가 저본으로 삼은 책은 다음과 같다.
  - 『禮記』, 서울 : 保景文化社, 초판 1984 (5판 1995)
  - 『禮記正義』 1~4(전4권, 『十三經注疏 整理本』 12~15), 北京 : 北京大學出版社, 초판 2000
  - 朱彬 撰, 『禮記訓纂』 上·下(전2권), 北京 : 中華書局, 초판 1996 (2쇄 1998)
  - 孫希旦 撰, 『禮記集解』 上·中·下(전3권), 北京 : 中華書局, 초판 1989 (4쇄 2007)

5. 본 책은 『예기』의 경문, 진호의 『집설』, 호광 등이 찬정한 『대전』의 세주, 정현의 주, 육덕명의 『경전석문』, 공영달의 소, 주빈(朱彬)의 『훈찬』, 손희단(孫希旦)의 『집해』 순으로 번역하였다.

6. 본래 『예기』 「대전」편은 목차가 없으며, 내용 구분에 있어서도 학자들마다 의견차이가 있다. 또한 내용의 연관성으로 인하여, 장과 절을 나누기가 애매한 부분이 많다. 본 책의 목차는 역자가 임의대로 나눈 것이며, 세세하게 분절하여, 독자들이 관련내용들을 찾아보기 쉽게 하였다.

7. 본 책의 뒷부분에는 ≪大傳 人名 및 用語 辭典≫을 수록하였다. 본문에 처음으로 등장하는 용어 및 인명에 대해서는 주석처리를 하였다. 이후에 같은 용어가 등장할 때마다 동일한 주석처리를 할 수 없어서, 뒷부분에 사전으로 수록한 것이다. 가나다순으로 기록하여, 번역문을 읽는 도중 앞부분에서 설명했던 고유명사나 인명 등에 대해서 쉽게 찾아볼 수 있도록 하였다.

【424a】

禮不王不禘. 王者禘其祖之所自出, 以其祖配之.

　　【424a】 등과 같이 【 】 안에 숫자가 기입되어 있는 것은『예기』의 '경
문'을 뜻한다. '424'는 보경문화사(保景文化社)판본의 페이지를 말한다. 'a'
는 a단에 기록되어 있다는 표시이다. 밑의 그림은 보경문화사판본의 한 페
이지 단락을 구분한 표시이다.

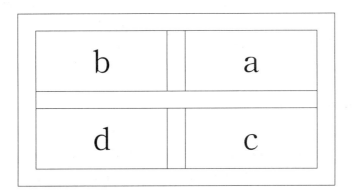

◆ 集說　方氏曰: 此禘也, 以其非四時之常祀, 故謂之間祀.

　"集說"로 표시된 것은 진호(陳澔)의『예기집설(禮記集說)』 주석을 뜻
　한다.

◆ 大全　朱子曰: 禘之意, 最深長, 如祖考與自家身心, 未相遼絶.

　"大全"으로 표시된 것은 호광(胡廣) 등이 찬정(撰定)한『예기집설대전』
　의 세주(細註)를 뜻한다.

◆ **鄭注** 凡大祭曰禘. 自, 由也.

"**鄭注**"로 표시된 것은『예기정의(禮記正義)』에 수록된 정현(鄭玄)의 주(注)를 뜻한다.

◆ **釋文** 不王, 如字, 又于況反, 下同.

"**釋文**"으로 표시된 것은『예기정의』에 수록된 육덕명(陸德明)의『경전석문(經典釋文)』을 뜻한다.『경전석문』의 내용은 글자들의 음을 설명하고, 간략한 풀이를 한 것인데, 육덕명 당시의 음가로 기록이 되었기 때문에, 현재의 음과는 맞지 않는 부분이 많다. 단순히 참고만 하기 바란다.

◆ **孔疏** ●"禮不"至"高祖". ○正義曰: 此一節論王及諸侯·大夫·士祭先祖之義.

"**孔疏**"로 표시된 것은『예기정의』에 수록된 공영달(孔穎達)의 소(疏)를 뜻한다. 공영달의 주석은 경문과 정현의 주에 대해서 세분화하여 기록되어 있다. 따라서 '●'으로 표시된 부분은 공영달이 경문에 대해 주석을 한 부분이고, '◎'으로 표시된 부분은 정현의 주에 대해 주석을 한 부분이다. 한편 '○'으로 표시된 부분은 공영달의 주석 부분이다.

◆ **訓纂** 說文: 禘, 禘祭也.

"**訓纂**"으로 표시된 것은『예기훈찬(禮記訓纂)』에 수록된 주석이다.『예기훈찬』또한 기존 주석들을 종합한 책이므로,『예기집설대전』및『예기정의』와 중복되는 부분은 생략하였다.

◆ **集解** 趙氏匡曰: 不王不禘, 明諸侯不得有也.

"**集解**"로 표시된 것은『예기집해(禮記集解)』에 수록된 주석이다.『예기집해』또한 기존 주석들을 종합한 책이므로,『예기집설대전』및『예기정의』와 중복되는 부분은 생략하였다.

◆ 원문 및 번역문 중 '▼'로 표시된 부분은 한글로 표기할 수 없는 한자를 기록한 부분이다. 예를 들어 '▼(冏/皿)'의 경우 맹(盟)자의 이체자인데, '明'자 대신 '冏'자가 들어간 한자를 프로그램상 삽입할 수가 없어서, '▼(冏/皿)'으로 표시한 것이다. 즉 '▼(A/B)'의 형식으로 기록된 경우, A에 해당하는 글자가 한 글자의 상단 부분에 해당하고, B에 해당하는 글자가 한 글자의 하단 부분에 해당한다는 표시이다. 또한 '▼(A+B)'의 형식으로 기록된 경우, A에 해당하는 글자가 한 글자의 좌측 부분에 해당하고, B에 해당하는 글자가 한 글자의 우측 부분에 해당한다는 표시이다. 또한 '▼((A-B)/C)'의 형식으로 기록된 경우, A에 해당하는 글자에서 B 부분을 뺀 글자가 한 글자의 상단 부분에 해당하고, C에 해당하는 글자가 한 글자의 하단 부분에 해당한다는 표시이다.

목차

그림목차

경문목차

【424a】

禮記集說大全卷之十六 /『예기집설대전』제16권
大傳 第十六 /「대전」제16편

集說 鄭氏曰: 記祖宗人親之大義.

번역 정현[1]이 말하길, 선조에 대한 제사와 친족에 대한 대의를 기록했다.

大全 長樂陳氏曰: 禘者, 祭之大者也. 追王者, 孝之大者也. 名者, 人治之大者也. 人道者, 禮義之大者也. 是篇言人道者三, 則其所謂祭祀追王服術宗族之類, 莫非人道而已, 豈非所謂傳之大者哉? 故命曰大傳.

번역 장락진씨[2]가 말하길, 체(禘)제사[3]는 제사 중에서도 큰 것이다. 추왕(追王)[4]은 효 중에서도 큰 것이다. 명칭은 인도를 다스리는 것 중에서도 큰 것이다. 인도는 예의(禮義) 중에서도 큰 것이다.「대전」편에서는 인도를

---

1) 정현(鄭玄, A.D.127~A.D.200) : =정강성(鄭康成)·정씨(鄭氏). 한대(漢代)의 유학자이다. 자(字)는 강성(康成)이다.『주역(周易)』,『상서(尙書)』,『모시(毛詩)』,『주례(周禮)』,『의례(儀禮)』,『예기(禮記)』,『논어(論語)』,『효경(孝經)』등에 주석을 하였다.

2) 진상도(陳祥道, A.D.1159~A.D.1223) : =장락진씨(長樂陳氏)·진씨(陳氏)·진용지(陳用之). 북송대(北宋代)의 유학자이다. 자(字)는 용지(用之)이다. 장락(長樂) 지역 출신으로, 1067년에 과거에 급제하여 태상박사(太常博士) 등을 지냈다. 왕안석(王安石)의 제자로, 그의 학문을 전파하는데 공헌하였다. 저서에는『예서(禮書)』,『논어전해(論語全解)』등이 있다.

3) 체제(禘祭)는 천신(天神) 및 조상신(祖上神)에게 지내는 '큰 제사[大祭]'를 뜻한다.『이아』「석천(釋天)」편에는 "禘, 大祭也."라는 기록이 있고, 이에 대한 곽박(郭璞)의 주에서는 "五年一大祭."라고 풀이하여, 대제(大祭)로써의 체제사는 5년마다 1번씩 지낸다고 설명한다. 그러나『예기』「왕제(王制)」에 수록된 각종 제사들에 대한 기록을 살펴보면, 체제사는 큰 제사임에는 분명하나, 반드시 5년마다 1번씩 지내는 제사는 아니었다.

4) 추왕(追王)은 천자의 조상 중 천자의 신분이 아니었지만, 죽은 뒤 그에게 천자의 칭호를 부여한다는 뜻이다.

언급한 것이 세 가지인데, 그 내용 중 제사·추왕·복술·종족에 대한 기록들은 인도가 아닌 것이 없을 따름이니, 전문(傳文) 중에서도 큰 것이 아니라 할 수 있겠는가? 그렇기 때문에 편명을 '대전(大傳)'이라고 하였다.

孔疏 陸曰: 鄭云: "以其記祖宗人親之大義, 故以大傳爲篇."

번역 육덕명[5]이 말하길, 정현은 "이 편은 선조에 대한 제사와 친족에 대한 대의를 기록했기 때문에, '대전(大傳)'을 편명으로 삼았다."라고 했다.

孔疏 正義曰: 按鄭目錄云: "名曰大傳者, 以其記祖宗人親之大義. 此於別錄屬通論."

번역 『정의』[6]에서 말하길, 정현의 『목록』[7]을 살펴보면, "편명을 '대전(大傳)'이라고 지은 이유는 이 기록이 선조에 대한 제사와 친족에 대한 대의를 기록했기 때문이다. 「대전」편을 『별록』[8]에서는 '통론(通論)' 항목에 포함시켰다."라고 했다.

---

5) 육덕명(陸德明, A.D.550~A.D.630) : =육원랑(陸元朗). 당대(唐代)의 경학자이다. 이름은 원랑(元朗)이고, 자(字)는 덕명(德明)이다. 훈고학에 뛰어났으며, 『경전석문(經典釋文)』 등을 남겼다.

6) 『정의(正義)』는 『예기정의(禮記正義)』 또는 『예기주소(禮記注疏)』를 뜻한다. 당(唐)나라 때에는 태종(太宗)이 공영달(孔穎達) 등을 시켜서 『오경정의(五經正義)』를 편찬하였는데, 이때 『예기정의』에는 정현(鄭玄)의 주(注)와 공영달의 소(疏)가 수록되었다. 송대(宋代)에는 『오경정의』와 다른 경전(經典)에 대한 주석서를 포함한 『십삼경주소(十三經注疏)』가 편찬되어, 『예기주소』라는 명칭이 되었다.

7) 『목록(目錄)』은 정현이 찬술했다고 전해지는 『삼례목록(三禮目錄)』을 가리킨다. 『십삼경주소(十三經注疏)』에서 인용되고 있지만, 이 책은 『수서(隋書)』가 편찬될 당시에 이미 일실되어 존재하지 않았다. 『수서』「경적지(經籍志)」편에는 "三禮目錄一卷, 鄭玄撰, 梁有陶弘景注一卷, 亡."이라는 기록이 있다.

8) 『별록(別錄)』은 후한(後漢) 때 유향(劉向)이 찬(撰)했다고 전해지는 책이다. 현재는 일실되어 존재하지 않으며, 『한서(漢書)』「예문지(藝文志)」편을 통해서 대략적인 내용만을 추측해볼 수 있다.

集解 吳氏澄曰: 儀禮十七篇, 唯喪服經有傳, 此篇通引喪服傳之文而推廣之. 喪服傳逐章釋經, 如易之彖·象傳; 此篇不釋經而統論, 如易之繫辭傳, 故名爲大傳.

번역 오징[9]이 말하길, 『의례』의 17개 편 중에서 오직 「상복(喪服)」편의 경문에만 전문(傳文)이 기록되어 있는데, 「대전」편은 「상복」편의 전문 기록을 종합적으로 인용하여 폭넓게 해석한 것이다. 「상복」편의 전문은 그 장에 붙여서 경문을 해석하고 있으니, 『역』의 「단전(彖傳)」 및 「상전(象傳)」과 같은데, 「대전」편은 경문을 해석하지 않고, 통론적인 기술을 하고 있으니, 『역』의 「계사전(繫辭傳)」과 같다. 그렇기 때문에 편명을 '대전(大傳)'이라고 지은 것이다.

集解 愚謂: 此篇之義, 言先王治天下必自人道始. 篇中言祭法, 言服制, 言宗法, 皆所以發明人道之重, 而篇末尤歸重於親親. 蓋人道雖有四者, 而莫不由親親推之, 所謂"孝弟爲爲仁之本"也.

번역 내가 생각하기에, 「대전」편의 뜻은 선왕이 천하를 다스릴 때 반드시 인도로부터 시작했음을 뜻한다. 편의 내용 중에는 제사의 법도를 언급하고, 복식의 제도를 언급하며, 종법제도를 언급한 것들도 있는데, 이것들은 모두 인도의 중대함을 나타낸 것이며, 편의 끝에는 더욱이 친근한 자를 친근하게 대하는 것에 중요성을 귀결시키고 있다. 인도에는 비록 네 가지가 있지만, 친친(親親)의 도리로부터 말미암아 확대되지 않은 것이 없으니, 이른바 "효제(孝弟)는 인(仁)을 실천하는 근본이 된다."[10]는 뜻에 해당한다.

---

9) 오징(吳澄, A.D.1249~A.D.1333) : =임천오씨(臨川吳氏)·오유청(吳幼淸). 송원대(宋元代)의 유학자이다. 이름은 징(澄)이다. 자(字)는 유청(幼淸)이다. 저서로 『예기해(禮記解)』가 있다.

10) 『논어』「학이(學而)」 : 有子曰, "其爲人也孝弟, 而好犯上者, 鮮矣, 不好犯上, 而好作亂者, 未之有也. 君子務本, 本立而道生. <u>孝弟也者, 其爲仁之本與</u>!"

• 제1절 •

체(禘)제사의 규정

【424a】

禮不王不禘. 王者禘其祖之所自出, 以其祖配之.

직역 禮에 王이 不이면 禘를 不한다. 王者는 그 祖가 自히 出한 所에 禘하고, 그 祖로써 配한다.

의역 예법에 따르면, 천자가 아니면 체(禘)제사를 지내지 않는다. 천자는 자신의 시조를 낳은 대상에 대해서 체제사를 지내고, 자신의 시조를 배향한다.

集說 方氏曰: 此禘也, 以其非四時之常祀, 故謂之間祀. 以其及祖之所自出, 故謂之追享. 以其比常祭爲特大, 故謂之大祭. 以其猶事生之有享焉, 故謂之肆獻祼. 名雖不同, 通謂之禘也.

번역 방씨[1]가 말하길, 여기에서 말한 체(禘)제사는 사계절마다 주기적으로 지내는 제사가 아니기 때문에, '간사(間祀)'라고 부른다. 또 자신의 시조를 낳은 대상에게 제사를 지내기 때문에, '추향(追享)'이라고 부른다. 또 정규적으로 지내는 제사에 대비하면, 매우 성대하기 때문에, '대제(大祭)'라고 부른다. 또 여전히 살아계실 때처럼 섬기며 흠향을 시키기 때문에, '사헌관(肆獻祼)'이라고 부른다. 명칭은 비록 다르지만, 이것들을 통괄적으로 '체

---

1) 엄릉방씨(嚴陵方氏, ?~?) : =방각(方慤)·방씨(方氏)·방성부(方性夫). 송대(宋代)의 유학자이다. 이름은 각(慤)이다. 자(字)는 성부(性夫)이다. 『예기집해(禮記集解)』를 지었고, 『예기집설대전(禮記集說大全)』에는 그의 주장이 많이 인용되고 있다.

(禘)'라고 부른다.

大全 朱子曰: 禘之意, 最深長, 如祖考與自家身心, 未相遼絶, 祭祀之理, 亦自易理會. 至如郊天祀地, 猶有天地之顯然者, 不敢不盡其心, 至祭其始祖, 己自大段闊遠, 難盡其感格之道. 今又推其始祖之所自出而祀之, 苟非察理之精微誠意之極至, 安能與於此哉?

번역 주자가 말하길, 체(禘)제사의 뜻은 매우 의미심장하니, 예를 들어 조부 및 부친은 자신의 몸 및 마음과 일찍이 요원하게 떨어지지 않았으니, 제사를 지내는 이치 또한 저절로 쉽게 이해할 수 있다. 하늘에 대한 교(郊)제사와 땅에 대한 사(祀)제사와 같은 경우,[2] 여전히 천지와 같이 현격하게 나타나는 점이 있기 때문에, 감히 그 마음을 다하지 않을 수가 없지만, 시조에게 제사를 지내는 것에 있어서는 그 대상이 본인과 매우 멀리 떨어져 있어서, 감응하여 이르게 할 수 있는 도를 다하기가 어렵다. 현재는 또한 시조를 낳게 한 대상에 대해서 미루어 제사를 지낸다고 하니, 진실로 이치의 정밀함을 살피지 못하고 진실된 뜻을 지극히 하지 못한다면, 어떻게 이러한 제사를 시행할 수 있겠는가?

大全 長樂陳氏曰: 祀先之禮, 自禰而祖, 自祖而推之, 以及始祖, 其禮已備矣, 而禘之祭, 又推始祖之所自出, 而以祖配之也. 夫報本追遠, 而至於及其始祖之所自出, 是其用意甚深, 而非淺近之思也. 然此豈私意常情之所可及哉? 根於天性之自然者, 謂之仁, 形於人心之至愛者, 謂之孝, 眞一無妄者, 謂之誠, 主一無適者, 謂之敬, 凡爲祭者, 皆然. 交於神明者愈遠, 則其心愈篤, 報本追遠之深, 則非仁孝誠敬之至者, 莫能行也. 此或問禘之說, 夫子以不知答之謂, 知其說者之於天下如示諸掌. 蓋以報本追遠之深, 而盡其仁孝誠敬之至, 積其

---

2) 교사(郊社)는 천지(天地)에 대한 제사를 뜻한다. 교(郊)는 천(天)에 대한 제사를 뜻하고, 사(社)는 지(地)에 대한 제사를 뜻한다. '교사(郊祀)'라고도 부르고, '교제(郊祭)'라고도 부른다.

念慮精神之極, 一至於此, 則卽此心而充之, 事物之理, 何所不明, 吾心之誠, 何所不格? 其於治天下之道, 豈不甚明而甚易哉?

번역 장락진씨가 말하길, 선조에게 제사를 지내는 예법은 부친으로부터 조부에게 이르고, 조부로부터 미루어서, 시조에게까지 이르니, 그 예법이 이미 갖춰지게 되지만, 체(禘)제사는 또한 시조를 낳은 대상까지 미루어서 지내고, 시조를 배향한다. 근본에 보답하고 먼 조상까지 추원하여, 시조를 낳은 대상에게까지 미치는 것은 마음을 씀이 매우 깊은 것으로, 천근한 생각으로 할 수 있는 것이 아니다. 그러므로 이것이 어찌 사사로운 뜻과 일반적인 정감으로 미칠 수 있는 것이겠는가? 천성적인 자연스러움에 근본한 것을 '인(仁)'이라고 부르며, 지극히 사랑하는 마음에서 형성된 것을 '효(孝)'라고 부르고, 진실하여 하나의 망령됨도 없는 것을 '성(誠)'이라고 부르며, 하나에 집중하여 다른 곳으로 흩어지지 않는 것을 '경(敬)'이라고 부르는데, 무릇 제사를 지내는 경우에는 모두 이처럼 해야 한다. 신명과 교감하는 것이 그 대상이 더욱 먼 자일 수록 그 마음은 더욱 독실하게 되고, 근본에 보답하고 조상을 추원함이 깊다면, 인·효·성·경의 지극함이 아니라면 시행할 수가 없다. 이것은 어떤 자가 체제사의 뜻을 묻자, 공자가 모르겠다고 대답하며, 만약 그 뜻을 아는 자가 천하를 다스린다면 마치 손바닥을 보는 것처럼 쉽다고 했던 이유일 것이다.[3] 무릇 근본에 보답하고 조상에게 추원하는 깊은 뜻과 인·효·성·경의 지극함을 다함으로써, 지극히 정밀한 생각을 쌓아서 한결같이 이러한 경지에 도달한다면, 곧 이 마음이 확대되니, 사물의 이치에 대해서 어찌 밝지 못한 것이 있으며, 내 마음의 진실됨에 대해서 어찌 이르게 하지 못할 것이 있겠는가? 그러므로 천하를 다스리는 도리에 있어서 어찌 해박하고 쉽지 않을 수 있겠는가?

鄭注 凡大祭曰禘. 自, 由也. 大祭其先祖所由生, 謂郊祀天也. 王者之先祖, 皆感大微五帝之精以生, 蒼則靈威仰, 赤則赤熛怒, 黃則含樞紐, 白則白招拒,

---

3) 『논어』「팔일(八佾)」: 或問禘之說. 子曰, "不知也, 知其說者之於天下也, 其如示諸斯乎!" 指其掌.

黑則汁光紀, 皆用正歲之正月郊祭之, 蓋特尊焉. 孝經曰“郊祀后稷以配天”,
配靈威仰也; “宗祀文王於明堂, 以配上帝”, 汎配五帝也.

번역 무릇 대제(大祭)[4]를 ‘체(禘)’라고 부른다. ‘자(自)’자는 ‘~로부터
[由]’라는 뜻이다. 선조를 낳은 대상에 대해서 대제를 지내는 것은 하늘에
대한 교사(郊祀)를 뜻한다. 천자의 선조는 모두 대미오제[5]의 정기에 감응
하여 태어났으니, 창제(蒼帝)는 영위앙(靈威仰)이고, 적제(赤帝)는 적표노
(赤熛怒)이며, 황제(黃帝)는 함추뉴(含樞紐)이고, 백제(白帝)는 백초거(白
招拒)이며, 흑제(黑帝)는 즙광기(汁光紀)인데, 이 모두에 대해서는 정세[6]의

---

4) 대제(大祭)는 큰 제사라는 뜻이며, 천지(天地)에 대한 제사 및 체협(禘祫)
   등을 일컫는다.『주례』「천관(天官)・주정(酒正)」에 “凡祭祀, 以法共五齊三酒,
   以實八尊. 大祭三貳, 中祭再貳, 小祭壹貳, 皆有酌數.”라는 기록이 있다. 이에
   대한 정현의 주에서는 “大祭, 天地. 中祭, 宗廟. 小祭, 五祀.”라고 풀이하여,
   ‘대제’는 천지에 대한 제사를 뜻한다고 설명한다. 그리고『주례』「춘관(春官)
   ・천부(天府)」편에는 “凡國之玉鎭大寶器藏焉, 若有大祭大喪, 則出而陳之, 旣
   事藏之.”라는 기록이 있다. 이에 대한 정현의 주에서는 “禘祫及大喪陳之, 以
   華國也.”라고 풀이하여, ‘대제’를 ‘체협’으로 설명한다. 그리고 ‘체(禘)’제사와
   ‘대제’의 직접적 관계에 대해서는『이아』「석천(釋天)」편에서 “禘, 大祭也.”라
   고 풀이하고, 이에 대한 곽박(郭璞)의 주에서는 “五年一大祭.”라고 풀이하
   여, ‘대제’로써의 ‘체’제사는 5년마다 지내는 제사로 설명한다.
5) 대미오제(大微五帝)는 하늘을 ‘다섯 방위[五方]’로 구분하였을 때, 이러한
   오방(五方)을 주관하는 각각의 신(神)들을 총칭하는 말이다. 동방(東方)을
   주관하는 신은 영위앙(靈威仰)이고, 남방(南方)을 주관하는 신은 적표노(赤
   熛怒)이며, 중앙을 주관하는 신은 함추뉴(含樞紐)이고, 서방(西方)을 주관
   하는 신은 백초거(白招拒)이며, 북방(北方)을 주관하는 신은 즙광기(汁光
   紀)이다.『예기』「대전(大傳)」편에는 “禮, 不王不禘, 王者禘其祖之所自出, 以
   其祖配之.”라는 기록이 있는데, 이에 대한 정현의 주에서는 “王者之先祖皆
   感大微五帝之精以生. 蒼則靈威仰, 赤則赤熛怒, 黃則含樞紐, 白則白招拒, 黑
   則汁光紀.”라고 풀이하였다.
6) 정세(正歲)는 본래 하(夏)나라 때의 정월(正月)을 가리킨다. 그런데 고대
   중국에서는 농업이 중심이 되었던 사회였다. 따라서 농력(農曆)의 제정은
   매우 중대한 사안이었고, 농사와 관련해서는 하나라 때의 역법이 가장 잘
   맞았으므로, 하나라의 역법(曆法)을 그대로 따르게 되었다. 그래서 농력에
   서의 정월 또한 ‘정세’라고 부르기도 한다. 정(正)자가 붙은 이유에 대해서,
   정현은 사시(四時)의 바름을 얻는다는 뜻에서 붙여진 것이라고 풀이했고,

정월을 이용하여 그들에 대한 교(郊)제사7)를 지내니, 특별히 존숭하는 대
상에게 지냈을 것이다. 『효경』에서는 "후직(后稷)8)에게 교제사를 지내어
하늘에 배향한다."라고 했으니, 영위앙에게 배향한다는 뜻이며, "명당(明
堂)9)에서 문왕(文王)을 종주로 삼아 제사를 지내서, 상제(上帝)에게 배향
한다."라고 했으니, 오제(五帝)10)에 대해서 두루 배향한다는 뜻이다.11)

세(歲)자에 대해서는 하나라 때 한 해를 부르던 말이라고 『이아』에서 설명
하고 있다. 『주례』「천관(天官)·소재(小宰)」편에는 "正歲, 帥治官之屬而觀
治象之法."이라는 기록이 있는데, 이에 대한 정현의 주에서는 "正歲, 謂夏
之正月, 得四時之正"이라고 풀이했고, 손이양(孫詒讓)의 정의(正義)에서는
"全經凡言正歲者, 并爲夏正建寅之月, 別于凡言正月者爲周正建子之月也."라
고 풀이했다. 또한 『이아』「석천(釋天)」편에는 "夏曰歲, 商曰祀, 周曰年."이
라는 기록이 있다.

7) 교제(郊祭)는 '교사(郊祀)'라고도 부른다. 교외(郊外)에서 천지(天地)에 제사
   를 지냈기 때문에 붙여진 명칭이다. 음양설(陰陽說)이 성행했던 한(漢)나라
   때에는 하늘에 대한 제사는 양(陽)의 뜻을 따라 남교(南郊)에서 지냈고, 땅
   에 대한 제사는 음(陰)의 뜻을 따라 북교(北郊)에서 지냈다. 『한서』「교사지
   하(郊祀志下)」편에는 "帝王之事莫大乎承天之序, 承天之序莫重於郊祀. ……
   祭天於南郊, 就陽之義也. 地於北郊, 卽陰之象也."라는 기록이 있다. 한편
   '교사'는 후대에 제사를 범칭하는 용어로도 사용되었다. '교사' 중의 '교(郊)'
   자는 규모가 큰 제사를 뜻하며, '사(祀)'는 비교적 규모가 작은 제사들을
   뜻한다.
8) 후직(后稷) : '후직'은 전설상의 인물이다. 주(周)나라의 선조(先祖) 중 한
   사람이다. 강원(姜嫄)이 천제(天帝)의 발자국을 밟고 회임을 하여 '후직'을
   낳았는데, 불길하다고 생각하여 버렸기 때문에, 이름을 기(棄)로 지어졌다
   한다. 이후 순(舜)이 '기'를 등용하여 농사를 담당하는 신하로 임명해서, 백
   성들에게 농사짓는 법을 가르쳤기 때문에, '후직'으로 일컬어지게 되었다.
   『시』「대아(大雅)·생민(生民)」편에는 "厥初生民, 時維姜嫄. …… 載生載育,
   時維后稷."이라는 기록이 있다. 한편 농사를 주관하는 관리를 '후직'으로
   부르기도 한다.
9) 명당(明堂) : '명당'은 일반적으로 고대 제왕이 정교(政敎)를 베풀던 장소를
   지칭하는 용어로 사용되었다. 이곳에서는 조회(朝會), 제사(祭祀), 경상(慶
   賞), 선사(選士), 양로(養老), 교학(敎學) 등의 국가 주요 업무가 시행되었다.
   『맹자』「양혜왕하(梁惠王下)」편에는 "夫明堂者, 王者之堂也."라는 용례가 있
   고, 『옥태신영(玉台新詠)』「목난사(木蘭辭)」편에도 "歸來見天子, 天子坐明
   堂."이라는 용례가 있다. '명당'의 규모나 제도는 시대마다 다르다. 또한 '명
   당'이라는 건물군 중에서 남쪽의 실(室)을 가리키는 용어로도 사용되었다.

釋文 不王, 如字, 又于況反, 下同. 禘, 徒細反, 下同. 大微, 音泰, 下文注"大祖"·"大王"皆同. 熛, 必遙反. 樞, 昌朱反. 紐, 女九反. 拒, 俱甫反. 叶, 本又作汁, 戶牒反. 氾配, 芳劍反.

번역 '不王'에서의 '王'자는 글자대로 읽으며, 또한 그 음은 '于(우)"況(황)'자의 반절음도 되고, 아래문장에 나오는 이 글자는 모두 그 음이 이와 같다. '禘'자는 '徒(도)'자와 '細(세)'자의 반절음이며, 아래문장에 나오는 이 글자는 모두 그 음이 이와 같다. '大微'의 '大'자 음은 '泰(태)'이며, 아래문장의 주에 나오는 '大祖'·'大王'에서의 '大'자도 모두 그 음이 이와 같다. '熛'자는 '必(필)'자와 '遙(요)'자의 반절음이다. '樞'자는 '昌(창)'자와 '朱(주)'자의 반절음이다. '紐'자는 '女(녀)'자와 '九(구)'자의 반절음이다. '拒'자는 '俱(구)'자와 '甫(보)'자의 반절음이다. '叶'자는 판본에 따라서 또한 '汁'자로도 기록하는데, 그 음은 '戶(호)'자와 '牒(첩)'자의 반절음이다. '氾配'에서의 '氾'자는 '芳(방)'자와 '劍(검)'자의 반절음이다.

孔疏 ●"禮不"至"高祖". ○正義曰: 此一節論王及諸侯 · 大夫 · 士祭先祖之義, 各隨文解之.

번역 ●經文: "禮不"~"高祖". ○이곳 문단은 천자 및 제후 · 대부 · 사가 선조에게 제사를 지내는 뜻을 논의하고 있으니, 각각의 문장에 따라서 풀이하겠다.

孔疏 ○此"禘", 謂郊祭天也, 然郊天之祭, 唯王者得行, 故云"不王不禘"

---

10) 오제(五帝)는 천상(天上)의 다섯 신(神)을 가리킨다. 오행설(五行說)과 참위설(讖緯說)에 영향을 받은 것으로, 중앙의 황제(黃帝)인 함추뉴(含樞紐), 동쪽의 창제(蒼帝)인 영위앙(靈威仰), 남쪽의 적제(赤帝)인 적표노(赤熛怒), 서쪽의 백제(白帝)인 백소구(白昭矩: =白招拒), 북쪽의 흑제(黑帝)인 협광기(叶光紀)를 가리킨다.

11) 『효경』「성치장(聖治章)」: 昔者, 周公郊祀后稷以配天. 宗祀文王於明堂以配上帝.

也. "王者禘其祖之所自出, 以其祖配之"者, 此文具於小記, 於彼已釋之.

번역 ○이곳에서 말한 '체(禘)'는 하늘에 대한 교(郊)제사를 지낸다는 뜻이니, 하늘에 대해 교(郊)제사를 지내는 것은 오직 천자만이 시행할 수 있다. 그렇기 때문에 "천자가 아닌 자는 체제사를 지내지 않는다."라고 한 것이다. 경문의 "王者禘其祖之所自出, 以其祖配之"에 대하여. 이 문장은 『예기』「상복소기(喪服小記)」편에도 기록되어 있어서,12) 그곳에서 이미 설명하였다.

孔疏 ◎注"禮大"至"帝也". ○正義曰: 按爾雅·釋天云: "禘, 大祭也." 此 "禘", 謂祭天. 云"王者之先祖, 皆感太微五帝之精以生"者, 按師說引河圖云: "慶都感赤龍而生堯." 又云: "堯赤精, 舜黃, 禹白, 湯黑, 文王蒼." 又元命包云: "夏, 白帝之子. 殷, 黑帝之子. 周, 蒼帝之子." 是其王者, 皆感大微五帝之精而生. 云"蒼則靈威仰"至"汁光紀"者, 春秋緯·文耀鉤文. 云"皆用正歲之正月郊祭之"者, 按易緯·乾鑿度云: "三王之郊, 一用夏正." 云"蓋特尊焉"者, 就五帝之中, 特祭所感生之帝, 是特尊焉. 注引孝經云"郊祀后稷以配天"者, 證禘其祖之所自出, 以其祖配之. 又引"宗祀文王於明堂, 以配上帝"者, 證文王不特配感生之帝, 而汎配五帝矣.

번역 ◎鄭注: "禮大"~"帝也". ○『이아』「석천(釋天)」편을 살펴보면, "체(禘)는 대제(大祭)이다."13)라고 했다. 여기에서 말한 '체(禘)'는 하늘에 대한 제사를 뜻한다. 정현이 "천자의 선조는 모두 대미오제의 정기에 감응하여 태어났다."라고 했는데, 경사들의 주장을 살펴보면, 『하도』를 인용하여, "경도(慶都)14)가 적룡(赤龍)에 감응하여 요(堯)임금을 낳았다."라고 했고, 또 "요임금은 적제(赤帝)의 정기를 받았고, 순(舜)임금은 황제(黃帝)의 정

---

12) 『예기』「상복소기(喪服小記)」【408d】: 王者禘其祖之所自出, 以其祖配之, 而立四廟. 庶子王亦如之.

13) 『이아』「석천(釋天)」: 禘, 大祭也.

14) 경도(慶都)는 전설상의 인물이다. 요(堯)임금을 낳은 모친이다.

기를 받았으며, 우(禹)임금은 백제(白帝)의 정기를 받았고, 탕(湯)임금은 흑제(黑帝)의 정기를 받았으며, 문왕(文王)은 창제(蒼帝)의 정기를 받았다."라고 했다. 또『원명포』에서는 "하(夏)나라는 백제의 자손국이다. 은(殷)나라는 흑제의 자손국이다. 주(周)나라는 창제의 자손국이다."라고 했다. 이 기록들은 그 나라의 천자가 모두 대미오제의 정기에 감응하여 태어났음을 나타낸다. 정현이 "창제는 영위앙이다."라고 한 문장부터 "즙광기(汁光紀)이다."라고 한 문장까지는『춘추』의 위서(緯書)인『문요구』의 문장이다. 정현이 "이 모두에 대해서는 정세의 정월을 이용하여 그들에 대한 교(郊)제사를 지냈다."라고 했는데,『역』의 위서인『건착도』를 살펴보면, "삼왕(三王)15) 때의 교제사는 모두 하정(夏正)16)을 이용했다."라고 했다. 정현이 "특별히 존숭하는 대상에게 지냈을 것이다."라고 했는데, 오제(五帝) 중에서도, 특별히 감응하여 시조를 낳은 상제에게 제사를 지냈으니, 특별히 존숭했기 때문이다. 정현이『효경』을 인용하여, "후직에게 교제사를 지내서 하늘에 배향한다."라고 했는데, 이것은 자신의 시조를 낳은 대상에게 체(禘)제사를 지내서, 시조를 배향한다는 뜻을 증명한 것이다. 또 정현이 "명당에서 문왕을 종주로 삼아 제사를 지내어, 상제에게 배향한다."라는 말을

---

15) 삼왕(三王)은 하(夏), 은(殷), 주(周) 삼대(三代)의 왕을 뜻한다.『춘추곡량전』「은공(隱公) 8年」편에는 "盟詛不及三王."이라는 기록이 있고, 이에 대한 범녕(範寧)의 주에서는 '삼왕'을 하나라의 우(禹), 은나라의 탕(湯), 주나라의 무왕(武王)을 지칭한다고 풀이했다. 그리고『맹자』「고자하(告子下)」편에는 "五覇者, 三王之罪人也."이라는 기록이 있고, 이에 대한 조기(趙岐)의 주에서는 '삼왕'을 범녕의 주장과 달리, 주나라의 무왕 대신 문왕(文王)을 지칭한다고 풀이했다.

16) 하정(夏正)은 하(夏)나라의 정월(正月)을 뜻한다. 이러한 뜻에서 파생되어 하나라의 역법(曆法)을 지칭하기도 한다. 하력(夏曆)을 기준으로 두었을 때, 은(殷)나라는 12월을 정월로 삼았으며, 주(周)나라는 11월을 정월로 삼았다.『사기(史記)』「역서(曆書)」편에서는 "秦及漢初曾一度以夏曆十月爲正月, 自漢武帝改用夏正后, 曆代沿用."이라고 하여, 진(秦)나라와 전한초기(前漢初期)에는 하력에서의 10월을 정월로 삼았다가, 한무제(漢武帝)부터는 다시 하력을 따랐다고 전해진다. 또한 '하력'은 농력(農曆)이라고도 부르는데, '하력'에 기준을 두었을 때, 농사의 시기와 가장 잘 맞았기 때문이다. 따라서 역대 왕조에서 역법을 개정할 때에는 '하력'에 기준을 두게 되었다.

인용했는데, 이것은 문왕에 대해서는 감응하여 시조를 낳은 상제에게만 제사를 지내며 배향하지 않고, 오제에 대해서 두루 배향했음을 증명한 것이다.

訓纂 說文: 禘, 禘祭也. 周禮曰, "五歲一禘."

번역 『설문해자』[17])에서 말하길, '체(禘)'는 체제(禘祭)이다. 『주례』에서는 "5년마다 1차례 체제사를 지낸다."라고 했다.

訓纂 錢氏大昕曰: 董仲舒有言, "天者, 祖之所自出也." 韋玄成等奏議引 "祭義, '王者禘其祖之所自出, 以其祖配之, 而立四廟.' 言始受命而王, 祭天以其祖配, 而不爲立廟, 親盡也." 三禮義宗云, "夏正郊天者, 王者各祭所出帝于南郊, 卽大傳所謂'王者禘其祖之所自出, 以其祖配之'也."

번역 전대흔[18])이 말하길, 동중서[19])는 "하늘은 시조를 출생시킨 대상이다."라고 했다. 위현성[20])은 천자에게 바치는 의론에서 『예기』의 문장을 인용하여, "제사의 의미에 대해서, '천자는 자신의 시조를 낳은 대상에게 체(禘)제사를 지내서, 자신의 시조를 배향하고, 4개의 묘(廟)를 세운다.'고 했습니다. 이 말은 처음으로 천명을 받아서 천자가 되면, 하늘에 제사를 지내

---

17) 『설문해자(說文解字)』는 후한(後漢) 때의 학자인 허신(許愼, ?~?)이 찬(撰)했다고 전해지는 자서(字書)이다. 『설문(說文)』이라고도 칭해진다. A.D.100년경에 완성되었다고 전해진다. 글자의 형태, 뜻, 음운(音韻)을 수록하고 있다.

18) 전대흔(錢大昕, A.D.1728~A.D.1804) : 청(淸)나라 때의 학자이다. 자(字)는 신미(辛楣)·효징(曉徵)이고, 호(號)는 죽정(竹汀)이다. 사학(史學)에 정통하였고, 음운학(音韻學), 지리학(地理學) 등에도 조예가 깊었다.

19) 동중서(董仲舒, B.C.179~B.C.104) : 전한(前漢) 때의 유학자이다. 호(號)는 계암자(桂巖子)이다. 『공양전(公羊傳)』을 공부하여, 박사(博士)를 지냈으며, 유학의 관학화에 기여를 하였다. 저서로는 『춘추번로(春秋繁露)』, 『동자문집(董子文集)』 등이 있다.

20) 위현성(韋玄成, ?~B.C.36) : 전한(前漢) 때의 학자이자 정치가이다. 자(字)는 소옹(少翁)이다. 부친은 위현(韋賢)이다. 석거각(石渠閣) 등의 회의에 참석했다.

며, 자신의 시조를 배향하지만, 묘(廟)를 세울 수 없는 것은 대수(代數)를 다했기 때문입니다.”라고 했다. 『삼례의종』[21]에서는 “하정에 하늘에 대한 교(郊)제사를 지낸다는 말은 천자가 남쪽 교외에서 시조를 출생한 상제에게 각각 제사를 지낸다는 뜻이니, 곧 『예기』「대전」편에서 ‘천자는 자신의 시조를 출생한 대상에게 체(禘)제사를 지내서, 자신의 시조를 배향한다.’는 말에 해당한다.”라고 했다.

訓纂 金氏榜曰: 鄭君釋天神·地示·人鬼三大祭爲禘, 引祭法“周人禘嚳而郊稷”, 謂“此祭天圜丘, 以嚳配之”. 又言“人鬼則主后稷”. 旣於圜丘之禘·宗廟之禘區別不疑, 其釋喪服小記及大傳“王者禘其祖之所自出, 以其祖配之”, 又以禘爲郊稷, 與大司樂宗廟之中禮人鬼之文違異. 榜謂古者配祭有二: 自外至者, 無主不止, 故祭必有配, 郊祀后稷以配天, 宗祀文王於明堂以配上帝, 是也. 妻祔食於夫爲配, 少牢“以妃配某氏”, 是也. 逸禮禘於太廟禮: “毀廟之祖, 升合食而立二尸.” 又曰: “獻昭尸如穆尸之禮.” 又曰: “毀廟之主, 昭共一牢, 穆共一牢. 祝詞稱‘孝子孝孫’”. 此禘祭之見於逸經者. 天子立廟, 得及其始祖之所自出, 禘祭禮盛事殷, 故名大祭. 春秋傳曰: “魯有禘樂.” 明堂位: “季夏六月, 以禘禮祀周公.” 明其禮樂與時祭殊, 禘祫俱及遷廟之主. 諸侯則有祫無禘, 故記曰: “禮不王不禘.” 天祭有禘名, 以別於郊. 宗廟之祭有禘名, 以別於祫. 禘郊禘祫, 因其散見之文, 可考如此.

번역 금방[22]이 말하길, 정현은 천신(天神)·지시(地示)·인귀(人鬼)에 대한 세 종류의 대제(大祭)를 체(禘)제사라고 여겨서, 『예기』「제법(祭法)」

---

21) 『삼례의종(三禮義宗)』은 남북조시대(南北朝時代)의 학자인 최영은(崔靈恩, ?~?)이 지은 저서이다. 삼례(三禮)에 대한 주석서로 집필되었으나 현존하지 않는다.

22) 금방(金榜, A.D.1735~A.D.1801) : 청(淸)나라 때의 학자이다. 자(字)는 예중(蕊中)·보지(輔之)이다. 한림원수찬(翰林院修撰) 등을 지냈으며, 외조부(外祖父)가 죽자 복상(服喪)을 하고, 이후 두문불출하며 오로지 독서와 저술에만 전념하였다. 대진(戴震)과 동학(同學)했으며, 『예전(禮箋)』 등을 저술하였다.

편에서 "주(周)나라는 제곡(帝嚳)23)에게 체제사를 지내고, 후직(后稷)에게
교(郊)제사를 지냈다."24)는 말을 인용하여, "이것은 환구(圜丘)25)에서 하늘
에 대한 제사를 지내며, 제곡을 배향하는 것이다."라고 했다. 또 "인귀는
후직을 위주로 한다."26)라고 했다. 따라서 환구에서 지내는 체제사와 종묘
에서 지내는 체제사에는 구별이 있었음을 의심할 수 없는데, 『예기』「상복
소기(喪服小記)」편과 「대전」편에서 "천자는 자신의 시조를 낳은 대상에게
체제사를 지내서, 자신의 시조를 배향한다."라고 한 문장을 풀이하며, 또한
체제사를 후직에 대한 교(郊)제사로 여겼으니, 『주례』「대사악(大司樂)」편
에서 종묘에서 인귀에게 의례를 시행한다고 여겼던 문장과는 위배된다. 내
가 생각하기에, 고대에 배향을 했던 제사에는 두 종류가 있었다. 외부로부
터 온 신령에 대해서는 신주가 없더라도 제사를 그치지 않기 때문에,27) 제
사를 지낼 때에는 반드시 배향하는 대상이 있으니, 후직에게 교제사를 지
내서 하늘에 배향하고, 명당(明堂)에서 문왕(文王)을 종주로 삼아 제사를
지내서, 상제에게 배향하는 것이 바로 이러한 경우에 해당한다. 그리고 처

---

23) 제곡(帝嚳)은 고신씨(高辛氏)라고도 부른다. '제곡'은 고대 오제(五帝) 중
하나이다. 황제(黃帝)의 아들 중에는 현효(玄囂)가 있었는데, '제곡'은 현효
의 손자가 된다. 운(殷)나라의 복사(卜辭) 기록 속에서는 은나라 사람들이
'제곡'을 고조(高祖)로 여겼다는 기록도 나온다. 한편 '제곡'은 최초 신(辛)
이라는 땅을 분봉 받았다가, 이후에 제(帝)가 되었으므로, '제곡'을 고신씨
(高辛氏)라고도 부르는 것이다.

24) 『예기』「제법(祭法)」【546a】: 祭法, 有虞氏禘黃帝而郊嚳, 祖顓頊而宗堯. 夏
后氏亦禘黃帝而郊鯀, 祖顓頊而宗禹, 殷人禘嚳而郊冥, 祖契而宗湯. 周人禘嚳
而郊稷, 祖文王而宗武王.

25) 환구(圜丘)는 원구(圓丘)라고도 부른다. 고대에 제왕이 동지(冬至)에 제천
(祭天) 의식을 집행하던 곳이다. 자연적으로 형성된 언덕의 형상을 본떠서,
흙을 높이 쌓아올려 만들었기 때문에, '구(丘)'자를 붙여서 부른 것이며, 하
늘의 둥근 형상을 본떴다는 뜻에서 '환(圜)' 또는 '원(圓)'자를 붙여서 부른
것이다. 『주례』「춘관(春官)·대사악(大司樂)」편에는 "冬日至, 於地上之圜丘
奏之."라는 기록이 있고, 이에 대한 가공언(賈公彦)의 소(疏)에서는 "土之
高者曰丘, 取自然之丘. 圜者, 象天圜也."라고 풀이했다.

26) 이 문장은 『주례』「춘관(春官)·대사악(大司樂)」편의 "凡樂, 圜鍾爲宮, 黃鍾爲
角, …… 若樂九變, 則人鬼可得而禮矣."라는 기록에 대한 정현의 주이다.

27) 『춘추공양전』「선공(宣公) 3년」: 自內出者, 無匹不行. <u>自外至者, 無主不止.</u>

에 대해서 남편에게 합사하여 흠향시키는 것을 배향으로 여기니, 『의례』「소뢰궤식례(少牢饋食禮)」편에서 "아무개 비를 아무개 씨에게 배향한다."[28]라고 한 말이 바로 이러한 경우에 해당한다. 『일례』[29]의 「체어태묘례(禘於太廟禮)」편에서는 "훼철된 묘의 조상에 대해서는 등급을 올려서 함께 흠향을 시키고 두 명의 시동을 세운다."라고 했고, 또 "소묘(昭廟)의 시동에게 헌(獻)을 할 때에는 목묘(穆廟)의 시동에게 하는 예법처럼 한다."라고 했으며, 또 "훼철된 묘의 신주에 대해서는 소(昭) 항렬의 대상들에 대해서는 공동으로 하나의 희생물을 사용하고, 목(穆) 항렬의 대상들에 대해서는 공동으로 하나의 희생물을 사용한다. 축관(祝官)[30]이 축문을 읽을 때에는 '효자(孝子) 및 효손(孝孫)'이라고 지칭한다."라고 했다. 이것은 『일례』의 경문에 나타나는 체제사이다. 천자는 묘(廟)를 세워서, 제사를 지내며 시조를 낳은 대상까지 제사의 대상으로 포함시킬 수가 있고, 체제사는 그 예법이 성대하고 융성하기 때문에, '대제(大祭)'라고 부르는 것이다. 『춘추전』에서는 "노(魯)나라에는 체제사의 음악이 남아있다."[31]라고 했고, 『예기』「명당위(明堂位)」편에서는 "계하(季夏)인 6월에 체제사의 예법으로 주공(周公)에게 제사를 지낸다."[32]라고 했으니, 체제사에서 사용하는 예악이 일반 시제(時祭)를 지낼 때의 예악과 다르다는 사실을 나타내며, 체제사와 협(祫)제사[33]에서는 모두 체천된 묘의 신주까지도 제사의 대상으로 포함시킨다.

---

28) 『의례』「소뢰궤식례(少牢饋食禮)」 : 主人曰, "孝孫某, 來日丁亥, 用薦歲事于皇祖伯某, 以某妃配某氏, 尙饗."

29) 『일례(逸禮)』는 현존하는 『의례』 17편 이외의 고문(古文)으로 된 『예경(禮經)』을 뜻한다. 39편이 존재했었다고 전해진다. 현재는 망실되어 남아있지 않다. 고문경학가(古文經學家)들은 한(漢)나라 무제(武帝) 때 공자(孔子)의 고택 벽속에서 『고문상서(古文尙書)』와 함께 『일례(逸禮)』 39편이 발견되었다고 주장하지만, 금문경학가(今文經學家)들은 『일례』의 발견 자체를 부인한다. 『한서(漢書)』「유흠전(劉歆傳)」편에는 "及魯恭王壞孔子宅, 欲以爲宮, 而得古文於壞壁之中, 逸禮有三十九, 書十六篇."이라는 기록이 있다.

30) 축관(祝官)은 고대에 제사의 축문이나 기도 등의 일을 담당했던 관리이다.

31) 『춘추좌씨전』「양공(襄公)」 10년 : 魯有禘樂, 賓祭用之.

32) 『예기』「명당위(明堂位)」【400a】 : 季夏六月, 以禘禮祀周公於大廟, 牲用白牡.

33) 협제(祫祭)는 협(祫)이라고도 부른다. 신주(神主)들을 태조(太祖)의 묘(廟)

제후의 경우에는 협제사는 지내도 체제사는 지내지 않기 때문에, 『예기』에서는 "예법에 따르면 천자가 아니면 체제사를 지내지 않는다."라고 한 것이다. 하늘에 대한 제사에 대해서도 체(禘)라는 제사 명칭이 있는 것은 이것을 통해서 교(郊)제사와 구별을 했기 때문이다. 종묘의 제사 중에 체(禘)라는 제사 명칭이 있는 것은 이것을 통해서 협(祫)제사와 구별을 했기 때문이다. 체(禘)제사와 교(郊)제사, 체(禘)제사와 협(祫)제사에 대해서, 여기 저기 흩어져 있는 문장들을 종합하면, 이처럼 고찰할 수 있다.

에 모두 모셔놓고 지내는 제사이다. 『춘추공양전』「문공(文公) 2년」에 "八月, 丁卯, 大事于大廟, 躋僖公. 大事者何. 大祫也. 大祫者何. 合祭也, 其合祭奈何. 毀廟之主, 陳于大祖."라는 기록이 있다.

◉ 그림 1-1 ◼ 제곡(帝嚳) 고신씨(高辛氏)

氏 辛 高 嚳 帝

※ 출처:『삼재도회(三才圖會)』「인물(人物)」 1권

그림 1-2　◼ 후직(后稷)

像　　　稷　　　后

※ 출처:『삼재도회(三才圖會)』「인물(人物)」 4권

● 그림 1-3 ■ 제요(帝堯) 도당씨(陶唐氏)

※ 출처:『삼재도회(三才圖會)』「인물(人物)」1권

그림 1-4 ▣ 제순(帝舜) 유우씨(有虞氏)

※ **출처:** 『삼재도회(三才圖會)』「인물(人物)」 1권

그림 1-5   ▣ 하(夏)나라 우왕(禹王)

※ 출처:『삼재도회(三才圖會)』「인물(人物)」1권

그림 1-6 ◘ 은(殷)나라 탕왕(湯王)

湯 成 王 商

※ 출처: 『삼재도회(三才圖會)』「인물(人物)」 1권

● 그림 1-7 ▣ 주(周)나라 문왕(文王)

※ 출처: 『삼재도회(三才圖會)』 「인물(人物)」 1권

그림 1-8 ■ 주(周)나라 무왕(武王)

王　　武　　周

※ 출처: 『삼재도회(三才圖會)』「인물(人物)」 1권

그림 1-9 ■ 주공(周公)

※ 출처: 『삼재도회(三才圖會)』「인물(人物)」 4권

● 그림 1-10 ■ 주나라의 명당(明堂)

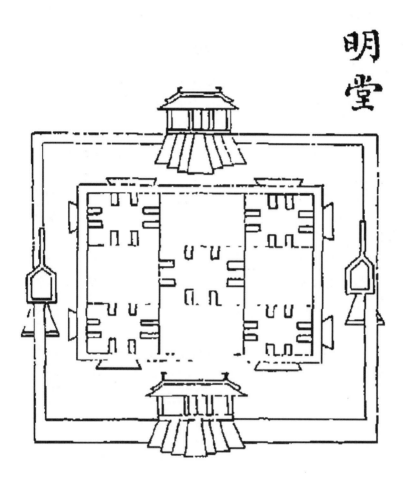

明堂

※ **출처:** 『삼례도집주(三禮圖集注)』 4권

■그림 1-11 ◙ 주나라의 명당(明堂)-『삼재도회』

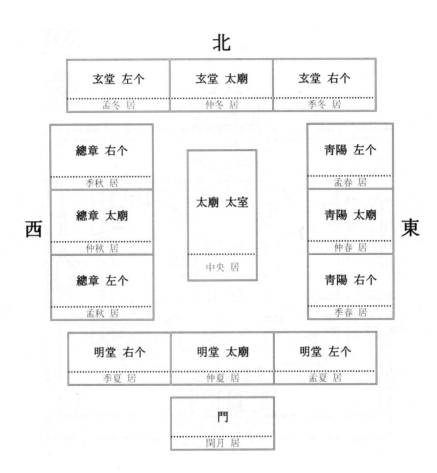

※ 참고: 『삼재도회(三才圖會)』

그림 1-12 ▣ 주나라의 명당(明堂)–주자의 설

北

玄堂 左个 總章 右个 季秋·孟冬 居	玄堂 太廟 仲冬 居	玄堂 右个 靑陽 左个 孟春·季冬 居
總章 太廟 仲秋 居	太廟 太室 中央 居	靑陽 太廟 仲春 居
總章 左个 明堂 右个 季夏·孟秋 居	明堂 太廟 仲夏 居	靑陽 右个 明堂 左个 季春·孟夏 居

西 　　　　　　　　　　　　　　　　　　　　　東

南

※ 참고: 『주자어류(朱子語類)』

● 그림 1-13 ▣ 제왕전수총도(帝王傳授總圖)

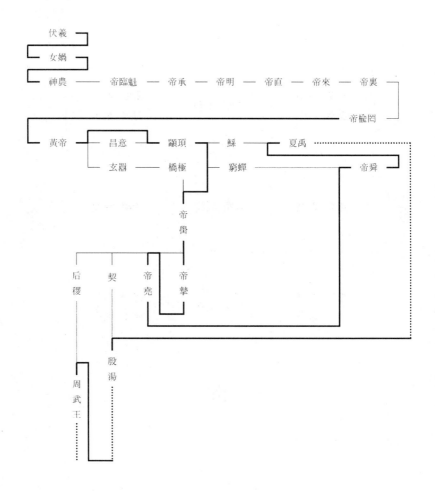

※ 출처: 『역사(繹史)』 1권 「역사세계도(繹史世系圖)」

그림 1-14 ■ 하(夏)나라 세계도(世系圖)

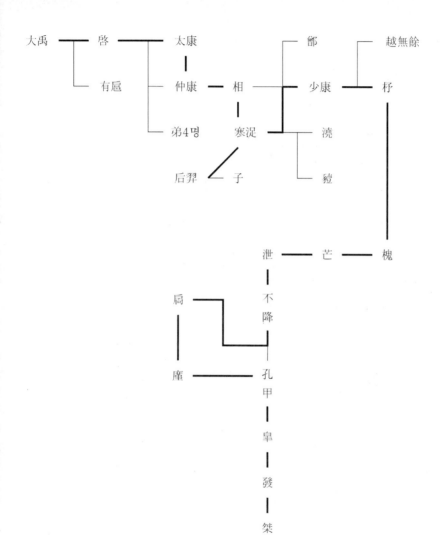

※ **출처:** 『역사(繹史)』1권 「역사세계도(繹史世系圖)」

그림 1-15 ▣ 은(殷)나라 세계도(世系圖)

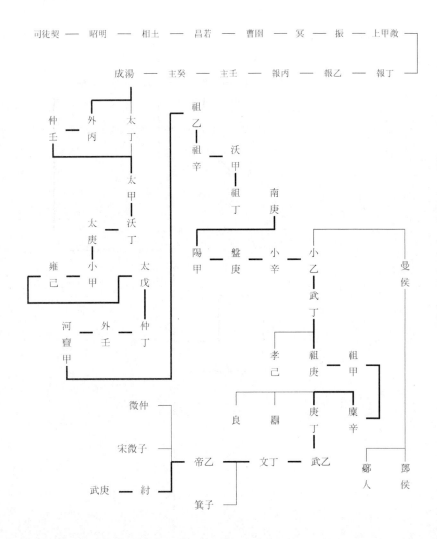

※ 출처: 『역사(繹史)』1권 「역사세계도(繹史世系圖)」

그림 1-16 ▣ 주(周)나라 세계도(世系圖) Ⅰ :
후직(后稷)부터 강왕(康王)까지

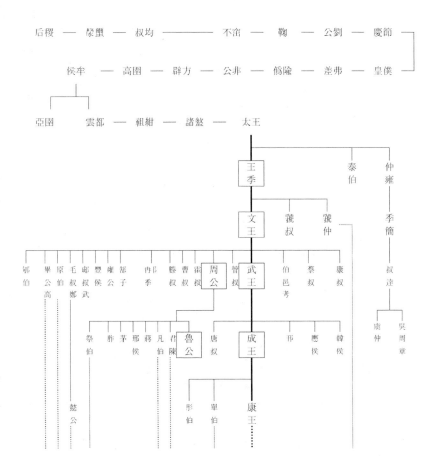

※ **출처:**『역사(繹史)』1권「역사세계도(繹史世系圖)」

그림 1-17 ◨ 후대의 환구단(圜丘壇)

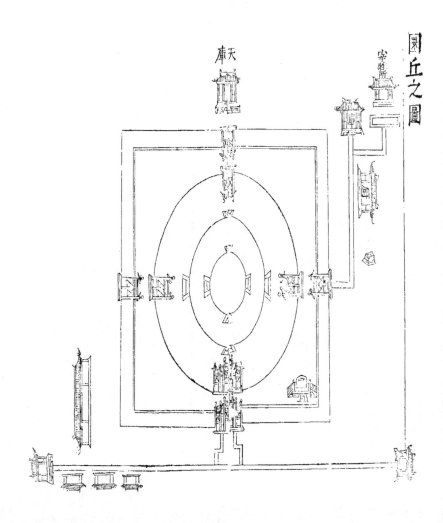

※ 출처: 『삼재도회(三才圖會)』「궁실(宮室)」 2권

• 제 2 절 •

협(祫)제사의 규정

【424c】

諸侯及其太祖. 大夫士有大事省於其君, 干祫及其高祖

직역 諸侯는 그 太祖에게 及한다. 大夫와 士는 大事가 有하면 그 君보다 省하며, 干祫은 그 高祖에 及한다.

의역 제후가 협(祫)제사를 지낼 때에는 태조(太祖)까지도 제사를 지낸다. 대부와 사에게 협제사를 지낼 일이 있다면, 군주에게 문의를 하여 허락을 받아야 하며, 허락을 받아 협제사를 지낼 때에도 고조까지만 지낸다.

集說 上文言諸侯不得行禘禮, 此言諸侯以下有祫祭之禮. 二昭二穆與太祖而五者, 諸侯之廟也. 諸侯之祫, 固及其太祖矣. 大事, 謂祫祭也. 大夫三廟, 士二廟一廟, 不敢私自擧行, 必省問於君, 而君賜之, 乃得行焉. 而其祫也, 亦上及於高祖. 干者, 自下干上之義. 以卑者而行尊者之禮, 故謂之干. 祫禮說見王制.

번역 앞 문장에서는 제후는 체(禘)제사의 의례를 시행할 수 없다고 했고, 이곳 문장에서는 제후로부터 그 이하의 계층에게 있어서 협(祫)제사의 의례를 시행하는 경우를 언급했다. 두 개의 소묘(昭廟)와 두 개의 목묘(穆廟) 및 태조의 묘(廟)를 합하면 다섯 개가 되니, 제후가 세우는 묘(廟)를 뜻한다. 제후가 지내는 협제사에서는 진실로 그의 태조까지 제사를 지내게 된다. '대사(大事)'는 협제사를 뜻한다. 대부는 3개의 묘(廟)를 세우고, 사는 2개 또는 1개의 묘(廟)를 세우는데, 감히 자기 마음대로 제사를 시행할 수 없고, 반드시 군주에게 문의하여 군주가 허락을 해주어야만 시행할 수 있다. 그리고 협(祫)제사를 지낼 때에도 위로는 고조까지 지내게 된다. '간(干)'이라는 말은 아래로부터 위로 요구한다는 뜻이다. 미천한 자가 존귀한 자에게 해당하는 예법을 시행하려고 하기 때문에, '간(干)'이라고 말했다. 협제사의 예법은 그 설명이 『예기』「왕제(王制)」편에 나온다.[1]

鄭注 大祖, 受封君也. 大事, 寇戎之事也. 省, 善也, 善於其君, 謂免於大難也. 干, 猶空也. 空祫, 謂無廟祫, 祭之於壇墠.

번역 태조(太祖)는 처음으로 분봉을 받은 군주이다. '대사(大事)'는 도적이나 적군을 방비하는 일을 뜻한다. '성(省)'자는 "좋다[善]."는 뜻이다. 그 군주에게 좋게 했다는 말은 큰 혼란에서 벗어났다는 뜻이다. '간(干)'자는 "비다[空]."는 뜻이다. 공협(空祫)은 묘(廟)가 없을 때의 협제사를 뜻하니, 제단에서 제사를 지낸다는 의미이다.

釋文 省, 舊仙善反. 按爾雅云"省"卽訓"善", 息靖反, 無煩改字. 祫, 徐音洽. 難, 乃旦反. 壇, 大丹反. 墠音善.

번역 '省'자의 구음(舊音)은 '仙(선)'자와 '善(선)'자의 반절음이다. 『이아』를 살펴보니, '省'자는 곧 '善'자의 뜻이라고 했으므로,[2] '息(식)'자와 '靖(정)'자의 반절음이며, 번잡하게 글자를 고칠 필요가 없다. '祫'자의 서음(徐

---

1) 『예기』「왕제(王制)」【161b】에는 "天子, 犆礿, 祫禘, 祫嘗, 祫烝."이라는 기록이 있고, 이에 대한 진호(陳澔)의 『집설(集說)』에는 "祫, 合也. 其禮有二, 時祭之祫, 則群廟之主, 皆升而合食於太祖之廟, 而毁廟之主, 不與. 三年大祫, 則毁廟之主, 亦與焉."이라고 했다. 즉 협(祫)은 합친다는 뜻이다. 협제사의 예법에는 두 가지가 있는데, 사계절마다 지내는 제사로서의 협제사는 여러 묘(廟)들의 신주가 모두 태조의 묘로 올라와서, 태조의 묘에서 함께 제물을 흠향하지만, 훼철된 묘의 신주는 여기에 참여하지 않는다. 3년마다 지내는 대협(大祫)에는 훼철된 묘의 신주 또한 참여한다."는 뜻이다.
2) 『이아』「석고(釋詁)」: 儀・若・祥・淑・鮮・省・臧・嘉・令・類・綝・穀・攻・穀・介・徽, 善也.

音)은 '洽(흡)'이다. '難'자는 '乃(내)'자와 '旦(단)'자의 반절음이다. '壇'자는 '大(대)'자와 '丹(단)'자의 반절음이다. '墠'자의 음은 '善(선)'이다.

孔疏 ●"諸侯及其大祖", 大祖, 始封君也. 諸侯非王, 不得郊天配祖於廟, 及祭大祖耳.

번역 ●經文: "諸侯及其大祖". ○태조는 처음 분봉을 받은 군주이다. 제후는 천자가 아니므로, 하늘에 대한 교(郊)제사를 지내고 묘(廟)에서 시조를 배향할 수 없으며, 태조까지만 제사를 지낼 수 있을 뿐이다.

孔疏 ●"大夫·士有大事, 省於其君, 干祫及其高祖". ○省, 善也. 干, 空也. 空祫, 謂無廟也. 大夫·士知識劣於諸侯, 故無始封之祖. 若此大夫·士有勳勞大事, 爲君所善者, 則此是識深, 故君許其祫祭至於高祖, 但無始祖廟, 雖得行祫, 唯至於高祖, 並在於壇, 空而祫之, 故云"空祫及其高祖"也. 祭法云: "大夫二3)廟二壇, 顯考無廟." 雖是無廟, 而有壇, 爲祈禱而祭之. 今唯云"及高祖", 是祫不及始祖, 以卑故也. 然此對諸侯爲言, 言支庶爲大夫·士者耳, 若適爲大夫, 亦有大祖, 故王制云"大夫三廟, 一昭一穆, 與大祖之廟而三", 是也. 師說云: "大夫有始祖者, 鬼其百世, 若有善於君得祫, 則亦祫於大祖廟中, 徧祫大祖以下也."

번역 ●經文: "大夫·士有大事, 省於其君, 干祫及其高祖". ○'성(省)'자는 "좋다[善]."는 뜻이다. '간(干)'자는 "비다[空]."는 뜻이다. '공협(空祫)'은 묘(廟)가 없는 경우를 뜻한다. 대부와 사는 인정을 받은 것이 제후보다 적기 때문에, 처음 분봉을 받은 시조의 묘가 없다. 만약 대부와 사에게 전쟁 등에서 공로를 세운 점이 있어서, 군주로부터 좋게 평가를 받는다면, 인정을 받은 것이 많아지기 때문에, 군주는 그에게 협(祫)제사를 지내며 고조까지도 제사를 지낼 수 있도록 허락해준다. 다만 시조의 묘가 없기 때문에, 비록

---

3) '이(二)'자에 대하여. '이'자는 '삼(三)'자의 오자인 것 같다.

협제사를 지낼 수 있더라도, 오직 고조까지만 지낼 수 있으니, 이들에 대해서는 모두 제단에서 치르게 되어, 빈 상태로 협제사를 지낸다. 그렇기 때문에 "공협을 지내며 고조까지 지낸다."라고 한 것이다. 『예기』「제법(祭法)」편에서는 "대부는 3개의 묘(廟)와 2개의 단(壇)이 있으며, 현고(顯考)⁴⁾에 대해서는 묘(廟)가 없다."⁵⁾라고 했다. 비록 묘(廟)가 없지만, 단(壇)이 있으니, 이곳에서 기원을 하며 제사를 지낼 수 있다. 현재는 단지 "고조까지만 지낸다."라고 했으니, 이것은 협제사를 지낼 때 시조까지 제사를 지낼 수 없다는 뜻으로, 신분이 미천하기 때문이다. 그러나 이 말은 제후와 대비해서 한 말이니, 제후의 지자(支子)⁶⁾나 서자(庶子) 중 대부나 사의 신분이 된 자들을 뜻할 따름이며, 만약 적자 중 대부가 된 자의 경우라면, 또한 태조의 묘(廟)를 세우게 된다. 그렇기 때문에 『예기』「왕제(王制)」편에서는 "대부는 3개의 묘(廟)를 두니, 1개의 소묘(昭廟)와 1개의 목묘(穆廟)에 태조의 묘(廟)를 합하면 3개가 된다."라고 한 것이다. 경사들은 "대부에게 시조의 묘(廟)가 있는 경우는 시조의 인귀는 영원토록 바뀌지 않는데, 만약 군주에게 좋은 일을 하여 협제사를 지낼 수 있게 된다면, 또한 태조의 묘에서 협제사를 지내며, 태조로부터 그 이하의 조상들에 대해 두루 협제사를 지낸다."라고 했다.

孔疏 ◎注"祭之於壇墠". ○正義曰: 按祭法: "大夫二壇." 則大夫無墠, 而此言墠者, 通言耳. 或通云"上士二廟一壇, 下士一廟無壇". 若有功, 當爲墠而祔祭之也.

번역 ◎鄭注: "祭之於壇墠". ○『예기』「제법(祭法)」편을 살펴보면, "대부는 2개의 단(壇)을 둔다."라고 했으니, 대부에게는 선(墠)이 없는 것인데, 이곳에서 '선(墠)'까지도 언급한 이유는 두루 통용되도록 말했기 때문이다.

---

4) 현고(顯考)는 고대에 고조(高祖)를 지칭하는 말이다.
5) 『예기』「제법(祭法)」【550a】: 大夫立三廟, 二壇, 曰考廟, 曰王考廟, 曰皇考廟, 享嘗乃止. 顯考祖考無廟, 有禱焉, 爲壇祭之. 去壇爲鬼.
6) 지자(支子)는 적장자(嫡長子)를 제외한 나머지 아들들을 말한다.

그것이 아니라면 "상사(上士)는 2개의 묘(廟)와 1개의 단(壇)을 두고,[7] 하사(下士)는 1개의 묘(廟)를 두며 단(壇)은 없다.[8]"라는 것까지도 통용해서 말했기 때문이다. 만약 공덕을 세운다면, 마땅히 선(墠)을 두어서 협제사를 지내게 된다.

訓纂 說文: 祫, 大合祭先祖親疏遠近也. 周禮曰: "三歲一祫."

번역 『설문해자』에서 말하길, '협(祫)'은 친소(親疏)와 원근(遠近)의 차이에 상관없이 선조를 크게 한데 합쳐서 지내는 제사를 뜻한다. 『주례』에서는 "3년에 1번 협(祫)제사를 지낸다."라고 했다.

訓纂 吳幼淸曰: 大事, 大功也. 省, 察也. 如詩序所謂"有功而見知"也. 祫, 合也, 謂雖無廟, 而得於有廟者合祭也. 大夫蓋祫於曾祖廟, 而上及高祖; 上士則祫於祖廟, 而上及曾祖高祖; 中士下士則祫於禰廟, 而上及祖與曾祖高祖也. 大夫亦有有太祖廟者, 無曾祖廟, 當祫於太祖之廟, 而祭曾祖·祖·禰, 凡四世. 若大祖在高祖前者, 或祫於太祖廟, 而幷及高·曾·祖·禰, 凡五世也.

번역 오유청이 말하길, '대사(大事)'는 큰 공을 세웠다는 뜻이다. '성(省)'자는 "살핀다[察]."는 뜻이다. 마치 『시』의 「모서」에서 "공이 있으면 인정을 받는다."[9]라고 한 말과 같다. '협(祫)'자는 "합한다[合]."는 뜻이니, 비록 해당하는 묘(廟)가 없더라도, 현재 있는 묘(廟)에서 신주들을 합사하여 제사를 지낼 수 있다. 대부는 증조의 묘(廟)에서 협제사를 지내서, 위로 고조까지 지내며, 상사(上士)는 조부의 묘(廟)에서 협제사를 지내서, 위로 증조와 고조까지 지내고, 중사(中士) 및 하사(下士)는 부친의 묘(廟)에서 협제사를 지내서, 위로 조부·증조부·고조까지 지냈을 것이다. 대부는 또한 태

---

7) 『예기』「제법(祭法)」【550a~b】: 適士二廟, 一壇, 曰考廟, 曰王考廟, 享嘗乃止. 顯考無廟, 有禱焉, 爲壇祭之. 去壇爲鬼.

8) 『예기』「제법(祭法)」【550b】: 官師一廟, 曰考廟. 王考無廟而祭之. 去王考爲鬼.

9) 『시』「소아(小雅)·사모(四牡)」편의 「모서」: 四牡, 勞使臣之來也, 有功而見知, 則說矣.

조의 묘(廟)를 가지고 있는 경우도 있으니, 이러한 경우에는 증조의 묘(廟)가 없으므로, 마땅히 태조의 묘(廟)에서 협제사를 지내서, 증조·조부·부친을 제사지내니, 총 4대를 지내게 된다. 만약 태조가 고조보다 이전 항렬인 경우라면, 아마도 태조의 묘(廟)에서 협제사를 지내며, 아울러 고조·증조·조부·부친에 대한 제사까지 지내어, 총 5대를 지냈을 것이다.

集解 今按: 省, 讀如字, 爲省錄之義.

번역 현재 살펴보니, '省'자는 글자대로 읽어야 하니, 자세히 살핀다는 뜻이다.

集解 趙氏匡曰: 不王不禘, 明諸侯不得有也. 所自出, 謂所系之帝. 禘者, 帝王旣立始祖之廟, 猶謂未盡其追遠尊先之意, 故又推尋始祖所自出之帝而追祀之; 以其祖配之者, 謂於始祖廟祭之, 以始祖配祭也. 此祭不兼群廟之主, 爲其疏遠而不敢褻狎故也. 其年數, 或每年, 或數年, 未可知也. 諸侯五廟, 唯大廟百世不遷. 言"及"者, 遠祀之所及也. 不言"禘"者, 不王不禘, 無所疑也. 不言"祫"者, 四時皆祭, 故不言"祫"也. 省, 謂有功見省記也. 干者, 逆上之意, 言逆上及高祖也. 據此體勢相連, 皆說宗廟之事, 不得謂之祭天. 鄭玄注祭法云"禘, 謂配祭昊天上帝於圜丘", 蓋見祭法說"禘", 文在"郊"上, 謂爲郊之最大者, 故爲此說耳. 祭法所論禘·郊祖宗, 謂六廟之外, 永世不絶者有四種耳. 禘之所及最遠, 故先言之, 豈關圜丘哉? 鄭氏又云: "祖之所自出, 謂感生帝靈威仰也." 此文出自讖緯, 哀·平間僞書也, 而鄭氏通之於經, 其爲誣蠹甚矣.

번역 조광10)이 말하길, "천자가 아니면 체(禘)제사를 지내지 않는다."는 말은 제후는 이 제사를 지낼 수 없음을 나타낸다. '소자출(所自出)'은 시조를 파생시킨 상제를 뜻한다. '체(禘)'는 제왕이 시조의 묘(廟)를 세웠지만,

---

10) 조광(趙匡, ?~?) : 당(唐)나라 때의 학자이다. 자(字)는 백순(伯循)이다. 담조(啖助)로부터 춘추학(春秋學)을 전수받았다. 저서로는 『춘추천미찬류의통(春秋闡微纂類義統)』 등이 있다.

여기에는 여전히 먼 조상을 추원하고 선조를 존숭한다는 뜻을 다하지 못했다는 의미가 포함된다. 그렇기 때문에 또한 시조를 파생시킨 상제까지도 미루어서 제사를 지내는 것이며, "그의 시조를 배향한다."는 말은 시조의 묘(廟)에서 제사를 지내며, 시조를 배향하여 제사를 지낸다는 뜻이다. 이 제사에서는 뭇 묘(廟)들에 안치된 신주까지 포함시키지 않으니, 그들은 관계가 소원하여, 감히 시조를 친압할 수 없기 때문이다. 그 제사를 지내는 해에 대해서는 매년 지냈던 것인지 아니면 몇 년의 기간을 두었던 것인지 알 수 없다. 제후는 5개의 묘(廟)를 세우니, 오직 태조의 묘(廟)만이 영원토록 체천되지 않는다. 이곳에서 "~에 미치다[及]."라고 말한 것은 제사가 먼 조상에게까지 미친다는 뜻이다. '체(禘)'라고 말하지 않은 이유는 천자가 아니면 체제사를 지낼 수 없다는 사실은 의심할 것이 없기 때문이다. '협(祫)'이라고 말하지 않은 것은 사계절마다 모두 제사를 지내기 때문에, '협(祫)'이라고 말하지 않은 것이다. '성(省)'자는 공적을 세워서 그에 대한 공적이 살펴져 기록된다는 뜻이다. '간(干)'자는 위로 거슬러 오른다는 뜻이니, 위로 거슬러 올라가서 고조까지 미친다는 뜻이다. 이러한 기록들은 문장과 의미가 서로 연결되어 있다는 점에 근거해보면, 이것들은 모두 종묘와 관련된 일을 설명하는 것이므로, 하늘에 대한 제사라고 말할 수 없다. 그런데 『예기』「제법(祭法)」편에 대한 정현의 주에서는 "체(禘)제사는 환구(圜丘)에서 호천상제[11]에게 배향하여 지내는 제사이다."[12]라고 했다. 아마

---

11) 호천상제(昊天上帝)는 호천(昊天)과 상제(上帝)로 구분하여 해석하기도 하며, '호천상제'를 하나의 용어로 해석하기도 한다. 후자의 경우 '호천'이라는 말은 '상제'를 수식하는 말이다. 고대에는 축호(祝號)라는 것을 지어서 제사 때의 용어를 수식어로 꾸미게 되는데, '호천상제'의 경우는 '상제'에 대한 축호에 해당하며, 세부하여 설명하자면 신(神)의 명칭에 수식어를 붙이는 신호(神號)에 해당한다. 『예기』「예운(禮運)」편에는 "作其祝號, 玄酒以祭, 薦其血毛, 腥其俎, 孰其殽."라는 기록이 있고, 이에 대한 진호(陳澔)의 주에서는 "作其祝號者, 造爲鬼神及牲玉美號之辭. 神號, 如昊天上帝."라고 풀이했다. '호천'과 '상제'로 풀이할 경우, '상제'는 만물을 주재하는 자이며, '상천(上天)'이라고도 불렀다. 고대인들은 길흉(吉凶)과 화복(禍福)을 내릴 수 있는 능력을 갖추고 있었다고 생각하였다. 한편 '상제'는 오행(五行) 관념에 따라 동·서·남·북·중앙의 구분이 생기면서, 천상을 각각 나누어

도 「제법」편에서 '체(禘)'를 설명한 문장이 '교(郊)'를 설명한 문장보다 앞에
있으므로, 교제사 중에서도 가장 성대한 것을 뜻한다고 여겼기 때문에, 이
러한 설명을 한 것일 뿐이다. 「제법」편에서 논의하고 있는 체제사와 교제
사 및 조(祖)로 삼는 제사와 종(宗)으로 삼는 제사는 6묘(廟) 이외의 조상들
에 대해서, 영원토록 제사를 그치지 않는 자로 이러한 네 부류가 있다는
뜻일 뿐이다. 체제사에서 섬기는 자가 가장 대수가 멀기 때문에, 앞에 언급
한 것인데, 어찌 환구에서 지내는 제사와 관련이 있겠는가? 정현은 또한
"조상을 파생시킨 자는 감생제13)인 영위앙14)이다."라고 했다. 이 문장은
참위(讖緯)에서 비롯된 것인데, 그 책들은 애제(哀帝)15)와 평제(平帝)16)의
통치시기에 위서로 작성된 서적이며, 정현은 이것을 경전과 통용해서 봤으
니, 무람되고 잘못됨이 매우 심하다.

集解 愚謂: 祖, 始祖也. 天子大禘之祭, 追祭始祖所自出於始祖之廟, 始祖
所自出之帝居西南隅東向之位, 而始祖居東北隅南向之位而配食也. 得姓之
祖, 謂之始祖; 始封之君, 謂之大祖. 諸侯不禘, 唯得祭其大祖, 而於大祖以上

다스리는 오제(五帝)로 설명되기도 한다. '호천'의 경우 천신(天神)을 뜻하
는데, '상제'와 비슷한 개념이다. '호천'을 '상제'보다 상위의 개념으로 해석
하여, 오제 위에서 군림하는 신으로 해석하는 경우도 있다.

12) 이 문장은 『예기』「제법(祭法)」【546a】의 "祭法, 有虞氏禘黃帝而郊嚳, 祖顓
頊而宗堯. 夏后氏亦禘黃帝而郊鯀, 祖顓頊而宗禹, 殷人禘嚳而郊冥, 祖契而宗
湯. 周人禘嚳而郊稷, 祖文王而宗武王."이라는 기록에 대한 정현의 주이다.

13) 감생제(感生帝)는 감제(感帝)·감생(感生)이라고도 부른다. 태미오제(太微五
帝)의 정기를 받아서 태어난 인간세상의 제왕을 뜻한다. 고대에는 각 왕조
의 선조들이 모두 상제(上帝)의 기운을 받아서 태어났다고 여겼기 때문에,
'감생제'라는 명칭이 생기게 되었다.

14) 영위앙(靈威仰)은 참위설(讖緯說)을 주장했던 자들이 섬기던 오제(五帝) 중
하나이다. 동방(東方)의 신(神)이자, 봄을 주관하는 신이다. 『예기』「대전(大
傳)」편에는 "禮, 不王不禘, 王者禘其祖之所自出, 以其祖配之."라는 기록이 있
는데, 이에 대한 정현의 주에서는 "王者之先祖皆感大微五帝之精以生. 蒼則靈
威仰, 赤則赤熛怒, 黃則含樞紐, 白則白招拒, 黑則汁光紀."라고 풀이하였다.

15) 애제(哀帝)의 통치기간은 B.C.6년부터 B.C.1년까지이다.

16) 평제(平帝)의 통치기간은 A.D.1년부터 A.D.5년까지이다.

則不得祭矣. 有大事, 省於其君者, 謂有大功, 而爲其君所省錄也. 干者, 自下
而進取乎上之意. 祫本諸侯以上之禮, 而大夫士用之, 故曰"干祫". 大夫三廟,
士一廟, 雖並得祭高祖以下, 然每時但殤祭一祖, 而不得合祭. 唯有大功而爲
其君之所省錄, 命之大祫, 然後得合祭高祖以下也. 左傳曰"祭以特牲, 殷以少
牢", 殷祭卽祫也. 蓋大夫士之祫, 亦如諸侯之大祫, 間歲行之, 而不常擧者也.
大夫士之爲宗子者, 皆有大祖之廟, 其祫祭當於大祖之廟, 而合食高祖以下.
此乃言"及高祖"而不言"大祖"者, 若言及其大祖, 嫌大祖以下並得合食, 與諸
侯大祫之禮同, 故言"及其高祖", 以見大祖而外, 其得與於合食者, 唯高祖以
下爾, 蓋其禮僅如諸侯之時祫而已, 然則雖曰"干祫", 而不嫌於亡等矣. 此節
言天子以下祭祀所及之不同. 蓋德厚流光, 德薄流卑, 故其差降如此. 然因其
分之所及, 以盡其報本追遠之意, 則上下一也.

번역 내가 생각하기에, '조(祖)'는 시조이다. 천자가 지내는 성대한 체
(禘)제사에서는 시조의 묘(廟)에서 시조를 낳은 대상에 대해서 추원하여
제사를 지내며, 시조를 낳은 상제의 위치는 서남쪽 모퉁이에서 동쪽을 바
라보는 자리가 되고, 시조는 동북쪽 모퉁이에서 남쪽을 바라보는 자리가
되며, 배향해서 흠향을 시킨다. 성씨를 획득한 조상을 '시조(始祖)'라고 부
르며, 처음 분봉을 받은 군주를 '태조(太祖)'라고 부른다. 제후가 체제사를
지내지 못한다는 말은 단지 태조에 대해서만 제사를 지낼 수 있고, 태조
이상의 조상에 대해서는 제사를 지낼 수 없다는 뜻이다. "대사(大事)가 있
어서, 군주에게 성(省)한다."는 말은 큰 공적을 세워서, 군주로부터 살핌을
받는다는 뜻이다. '간(干)'은 아래로부터 위로 올라가 따른다는 뜻이다. 협
(祫)제사는 본래 제후로부터 그 이상의 계급에서 시행하는 예법인데, 대부
와 사가 그 예법을 사용했기 때문에 '간협(干祫)'이라고 부른 것이다. 대부
는 3개의 묘(廟)를 세우고, 사는 1개의 묘(廟)를 세우니, 비록 둘 모두 고조
로부터 그 이하의 조상에 대해서 제사를 지낼 수 있지만, 매 시기마다 단지
한 명의 조상에게 단독으로 지낼 뿐이며, 합사하는 제사는 지낼 수 없다.
오직 큰 공적을 세워서, 군주로부터 보살핌을 받아야만, 군주가 그에게 명
령을 내려서 성대한 협제사를 지내라고 한 뒤에야 고조로부터 그 이하의

조상들에 대해서 합사하여 제사를 지낼 수 있다.『좌전』에서는 "제사에서는 특생(特牲)[17]을 사용하고, 은제(殷祭)[18]에서는 소뢰(少牢)[19]를 사용한다."[20]라고 했는데, '은제(殷祭)'는 곧 협제사를 뜻한다. 아마도 대부와 사가 지내는 협제사는 또한 제후가 지내는 성대한 협제사처럼 지냈지만, 한 해를 걸러서 시행했고, 매해 정규적으로 시행하지는 않았을 것이다. 대부와 사가 종자의 신분인 경우에는 모두 태조의 묘(廟)를 세우게 되고, 그들이 지내는 협제사에서는 마땅히 태조의 묘에서 치러야 하며, 고조로부터 그 이하의 조상을 합사하여 흠향을 시키게 된다. 그런데 이곳에서는 "고조에게 미친다."라고 했고, '태조(太祖)'라고는 말하지 않았다. 만약 "태조에게 미친다."라고 말한다면, 태조로부터 그 이하의 조상들에 대해서 모두 합사하여 흠향을 시킬 수 있어서, 제후가 지내는 성대한 협제사의 예법과 동일하게 따른다는 혐의를 일으키기 때문에, "고조에게 미친다."라고 말하여, 태조로부터 그 이외에 합사하여 흠향을 받을 수 있는 조상은 오직 고조로

---

17) 특생(特牲)은 한 종류의 가축을 희생물로 사용한다는 뜻이다. '특(特)'자는 동일 종류의 희생물을 한 마리 사용한다는 뜻이며, 특히 소를 사용할 때 사용하는 용어이기도 하다.『춘추좌씨전』「양공(襄公) 9년」편에는 "祈以幣更, 賓以特牲."이라는 기록이 있고, 이에 대한 양백준(楊伯峻)의 주에서는 "款待貴賓, 只用一種牲畜. 一牲曰特."이라고 풀이했다. 그런데 어떠한 가축을 사용했는가에 대해서는 주석들마다 차이가 있다.『국어(國語)』「초어하(楚語下)」편에는 "大夫舉以特牲, 祀以少牢."라는 기록이 있고, 이에 대한 위소(韋昭)의 주에서는 "特牲, 豕也."라고 풀이했다. 또한『예기』「교특생(郊特牲)」편에 대한 육덕명(陸德明)의 제해(題解)에서는 "郊者, 祭天之名, 用一牛, 故曰特牲."이라고 풀이했다. 즉 '특생'으로 사용되는 가축은 '시(豕: 돼지)'도 될 수 있으며, 소도 될 수 있다.

18) 은제(殷祭)는 성대한 제사를 뜻한다. 3년마다 지내는 협(祫)제사와 5년마다 지내는 체(禘)제사 등을 '은제'라고 부른다.『예기』「증자문(曾子問)」편에는 "孔子曰, 有君喪服於身, 不敢私祭, 又何除焉. 於是乎有過時, 而弗除也. 君之喪服除, 而后殷祭, 禮也."라는 용례가 있다.

19) 소뢰(少牢)는 제사에서 양(羊)과 돼지[豕] 두 가지 희생물을 사용하는 것을 뜻한다.『춘추좌씨전』「양공(襄公) 22년」편에는 "祭以特羊, 殷以少牢."라는 기록이 있는데, 이에 대한 두예(杜預)의 주에서는 "四時祀以一羊, 三年盛祭以羊豕. 殷, 盛也."라고 풀이하였다.

20)『춘추좌씨전』「양공(襄公) 22년」: 祭以特羊, 殷以少牢, 足以共祀, 盡歸其餘邑

부터 그 이하의 조상일 뿐임을 나타낸 것이다. 아마도 그 예법은 겨우 제후가 각 계절마다 지내는 협제사와 같았을 따름이니, 비록 '간협(干祫)'이라고 말했지만, 등급을 잊고서 무람되게 윗사람의 예법을 따른다는 혐의를 받지 않는다. 이곳 문단에서는 천자로부터 그 이하의 계급이 제사를 지내며 그 대상으로 삼을 수 있는 조상이 동일하지 않다는 사실을 나타내고 있다. 무릇 덕이 두터우면 그 빛이 넓은 곳까지 미치고, 덕이 옅으면 적은 곳만 미치기 때문에, 이와 같은 차등이 생긴다. 그러나 그 신분에 따라 미칠 수 있는 대상에 따르더라도, 이것을 통해 근본에 보답하고 먼 조상을 추원하는 뜻을 다한다는 측면에서는 상하 계층이 동일하다.

集解 喪服齊衰不杖章"爲人後者爲其父母". 傳曰: "爲人後者孰後? 後大宗也. 曷爲後大宗? 大宗者, 尊之統也. 禽獸知母而不知父. 野人曰'父母何算焉?' 都邑之士則知尊禰矣, 大夫及學士則知尊祖矣. 諸侯及其大祖, 天子及其始祖之所自出. 尊者尊統上, 卑者尊統下. 大宗者, 尊之統也. 大宗者, 收族者也." 此篇首言祭法, 末言宗法, 皆本此傳之義而推廣之者也.

번역 『의례』「상복(喪服)」편의 '자최부장장(齊衰不杖章)'에서는 "남의 후손이 된 자가 그의 부모를 위해서 착용한다."[21]라고 했고, 전문(傳文)에서는 "남의 후손이 된 자는 누구의 후손인가? 대종의 후손이 된 자를 뜻한다. 어떻게 대종의 후손이 될 수 있는가? 대종이라는 것은 존귀한 조상의 정통을 계승한 자이다. 금수는 모친은 알아도 부친은 알지 못한다. 야인들은 '부모를 어찌 헤아릴 수 있는가?'라고 말한다. 그러나 도읍의 선비들은 부친을 존숭해야 할 줄 알고, 대부 및 학사들은 조부를 존숭해야 할 줄 안다. 제후는 태조까지 제사를 지내고, 천자는 시조를 출생한 대상까지 제사를 지낸다. 존귀한 자는 존귀함이 위로 통솔되고, 미천한 자는 존귀함이 밑으로 통솔된다. 대종은 존귀한 조상의 정통을 이은 자이다. 대종은 족인들을 거두는 자이다."[22]라고 했다. 이 편에서는 먼저 제사를 지내는 법도를

---

21) 『의례』「상복(喪服)」: 爲人後者爲其父母. 報.
22) 『의례』「상복(喪服)」: 爲人後者, 孰後? 後大宗也. 曷爲後大宗? 大宗者, 尊之

언급하고, 끝에서는 종법제도에 대해서 언급을 했는데, 이것들은 모두 이 전문의 뜻에 근본을 두고서 포괄적으로 해석한 것이다.

그림 2-1 ■ 천자의 궁성과 종묘(宗廟)의 배치

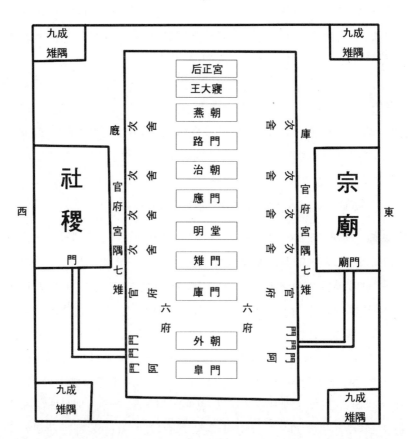

※ 참조: 『삼재도회(三才圖會)』「궁실(宮室)」2권

統也. 禽獸知母而不知父. 野人曰, 父母何算焉! 都邑之士則知尊禰矣. 大夫及學士則知尊祖矣. 諸侯及其大祖. 天子及其始祖之所自出. 尊者尊統上, 卑者尊統下. 大宗者, 尊之統也, 大宗者, 收族者也, 不可以絶, 故族人以支子後大宗也.

그림 2-2 ▣ 천자의 칠묘(七廟)

※ 출처: 『삼재도회(三才圖會)』「궁실(宮室)」 2권

그림 2-3 ▣ 제후의 오묘(五廟)

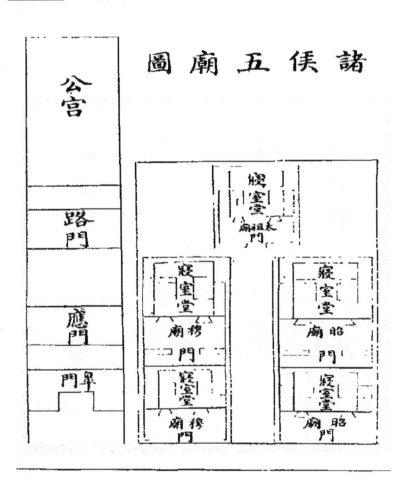

※ 출처:『의례도(儀禮圖)』「의례방통도(儀禮旁通圖)」

• 제3절 •

무왕(武王)과 추왕(追王)

牧之野, 武王之大事也. 旣事而退, 柴於上帝, 祈於社, 設奠
於牧室, 遂率天下諸侯執豆籩, 逡奔走, 追王大王亶父 · 王季
歷 · 文王昌, 不以卑臨尊也.

직역 牧의 野는 武王의 大事이다. 旣히 事하고 退하여, 上帝에게 柴하고, 社에
게 祈하며, 牧室에 奠을 設하고, 遂히 天下의 諸侯를 率하여 豆籩을 執하고, 逡히
奔走하여, 大王亶父 · 王季歷 · 文王昌에게 追王하니, 卑로 尊에 臨힘을 不이라.

의역 목야(牧野) 땅에서 은나라와 전쟁을 벌인 것은 무왕(武王)의 중대사이다.
전쟁을 치른 이후 물러나서, 상제에게 시제[1]를 지내고, 땅에게 기원을 했으며, 목
야의 숙소에서 전제사를 지냈고, 결국 천하의 제후들을 통솔하여, 그들이 두(豆)와
변(籩)과 같은 제기들을 들고 분주하게 뒤따르도록 하여, 태왕단보(大王亶父) · 왕
계력(王季歷) · 문왕창(文王昌) 등 천자의 칭호를 추증했으니, 미천한 자가 존귀한
자를 임할 수 없기 때문이다.

集說 旣事, 殺紂之後也. 燔柴以告天, 陳祭以告社, 奠告行主於牧野之館
室, 然後率諸侯以祭告祖廟. 逡, 疾也. 追加先公以天子之號者, 蓋爲不可以諸
侯之卑號, 臨天子之尊也.

---

1) 시제(柴祭)는 일종의 하늘에 대한 제사이다. 초목을 태워서 그 연기를 하
   늘로 올려 보내며 아뢰는 의식이다. 『서』「우서(虞書) · 순전(舜典)」편에는
   "歲二月, 東巡守, 至于岱宗, 柴."라는 기록이 있고, 이에 대한 공안국(孔安
   國)의 전(傳)에서는 "燔柴祭天告至."라고 풀이했다.

번역 '기사(既事)'는 주(紂)임금을 주살한 이후를 뜻한다. 땔나무를 태워서 연기를 피워 올려 하늘에 아뢰고, 제수를 진설하여 땅에게 아뢰며, 목야(牧野) 땅의 숙소에 행주2)에게 전(奠)제사3)를 지내 아뢰고, 그런 뒤에야 제후들을 통솔하여 조묘에서 제사를 지내어 아뢰었다. '준(逡)'자는 '신속히[疾]'라는 뜻이다. 선공(先公)에게 추향을 하며 천자의 칭호를 더한 것은 이전 선조가 가졌던 제후의 낮은 칭호로는 천자처럼 존귀한 자를 임할 수 없기 때문이다.

集說 石梁王氏曰: 周頌作駿, 以此章參之, 書武成及中庸有不同者, 先儒言文王已備禮亶父·季歷, 克商後但尊稱其號, 若王者禮制, 至周公相成王而後備也.

번역 석량왕씨4)가 말하길, 『시』「주송(周頌)」편에서는 '준(駿)'자로 기록했는데,5) 「대전」편의 기록을 통해 참고해보면, 『서』의 「무성(武成)」편과 『예기』의 「중용(中庸)」편의 기록이 같지 않은데, 선대 학자들은 문왕(文王) 때 이미 단보(亶父)와 계력(季歷)에 대해 예법을 갖춰 대했고, 은(殷)나라를 이긴 이후에는 단지 호칭만을 높였을 뿐이며, 천자에게 걸맞은 예법을 제정한 것은 주공(周公)이 성왕(成王)을 도운 이후에야 갖춰졌다고 했다.

大全 嚴陵方氏曰: 爾雅言邑外曰郊, 郊外曰牧, 牧外曰野. 書言王朝至于殷郊牧野, 此又言牧之野, 則武王之事, 乃在於殷邑之外而已. 國之大事, 在祀

---

2) 행주(行主)는 군주의 행차에 함께 따라간 신주(神主)를 뜻한다. 공녜(公禰)와 같은 말이다. '공녜'는 수레에서 실려서, 군주를 따라다니게 되는 신주를 뜻한다. 또한 그 수레를 지칭하기도 한다.

3) 전제(奠祭)는 죽은 자 및 귀신들에게 음식을 헌상하는 제사이다. 상례(喪禮)를 치를 때, 빈소를 차리고 나면, 매일 아침과 저녁에 음식을 바치며 제사를 지내게 되는데, '전제'는 주로 이러한 제사를 뜻한다.

4) 석량왕씨(石梁王氏, ?~?) : 자세한 이력이 남아 있지 않다.

5) 『시』「주송(周頌)·청묘(淸廟)」: 於穆淸廟, 肅雝顯相. 濟濟多士, 秉文之德. 對越在天, 駿奔走在廟. 不顯不承, 無射於人斯.

與戎, 故曰牧之野, 武王之大事也. 柴者, 升其氣, 祈者, 求以事, 奠者, 薦以物.
天下諸侯執豆籩, 逡奔走, 則各以其職來祭故也. 執豆籩, 以見四時之和氣, 逡
奔走, 以見四表之歡心. 所謂古公也, 季歷也, 西伯也, 皆當時之所稱也, 大王
也, 王季也, 文王也, 乃後來之所追也. 且祖禰爲侯, 子孫爲王, 則是以卑臨尊
也, 故追王之者, 不敢以子孫之卑而臨祖禰之尊, 故曰不以卑臨尊也.

번역 엄릉방씨가 말하길, 『이아』에서는 "읍(邑) 밖을 교(郊)라고 부르
며, 교(郊) 밖을 목(牧)이라고 부르고, 목(牧) 밖을 야(野)라고 부른다."[6]라
고 했다. 『서』에서는 "천자가 은(殷)나라의 교외 목야(牧野)에 와서 조회를
했다."라고 했고,[7] 이곳에서는 또한 '목지야(牧之野)'라고 했으니, 무왕의
일이라는 것은 곧 은나라 읍 밖에서 진행된 것일 따름이다. 나라의 대사(大
事)는 곧 제사와 전쟁에 있다. 그렇기 때문에 "목야의 일은 무왕(武王)의
중대사이다."라고 말한 것이다. '시(柴)'는 그 기운을 위로 올리는 것이며,
'기(祈)'는 어떤 사안에 따라 요구하는 것이고, '전(奠)'은 어떤 사물을 통해
바치는 것이다. "천하의 제후들이 두(豆)와 변(籩)을 들고서 분주히 뒤따랐
다."라고 했으니, 각각 자신의 직무에 따라서 찾아와 제사를 도왔기 때문이
다. "두(豆)와 변(籩)을 들었다."는 말은 이것을 통해서 사계절의 기운이
조화롭다는 뜻을 나타내며,[8] "분주히 뒤따랐다."는 말은 이것을 통해 사
표[9]의 기뻐하는 마음을 나타냈다. 이른바 '고공(古公)'·'계력(季歷)'·'서
백(西伯)'이라는 말들은 모두 당시에 지칭하던 용어이며, '태왕(大王)'·'왕
계(王季)'·'문왕(文王)'은 곧 후대에 추증하여 붙인 칭호이다. 또 조부나 부
친이 제후의 신분이고, 자식이나 손자가 천자의 신분이라면, 낮은 자가 존

---

6) 『이아』「석지(釋地)」 : <u>邑外謂之郊. 郊外謂之牧. 牧外謂之野.</u> 野外謂之林. 林
   外謂之坰.

7) 『서』「주서(周書)·목서(牧誓)」 : 時甲子昧爽, <u>王朝至于商郊牧野</u>, 乃誓.

8) 제기(祭器)를 통해 제물을 바치게 되는데, 각각의 제물들은 각 지역 및 시
   기에 의해 공납된다. 따라서 제수를 갖춤으로써 천하가 조화롭게 다스려지
   고 있음을 나타낸다는 의미이다.

9) 사표(四表)는 사방의 매우 먼 지역을 지칭하는 말이며, 또한 천하를 범칭
   하는 용어로도 사용된다.

귀한 자를 임하는 꼴이 되기 때문에, 천자의 호칭을 추증한 것은 감히 자손의 미천함으로 조부와 부친처럼 존귀한 자를 임할 수 없기 때문이다. 그래서 "낮은 자가 존귀함 자를 임하지 않는다."라고 말한 것이다.

鄭注 柴·祈, 奠告天地及先祖也. 牧室, 牧野之室也. 古者郊關皆有館焉. 先祖者, 行主也. 逡, 疾也. 疾奔走, 言勸事也. 周頌曰: "逡奔走在廟." 不用諸侯之號臨天子也. 文王稱王早矣, 於殷猶爲諸侯, 於是著焉.

번역 '시(柴)'와 '기(祈)'는 천지 및 선조에게 음식을 바쳐서 아뢴다는 뜻이다. '목실(牧室)'은 목야(牧野)에 세운 숙소이다. 고대에는 교외와 관문에 모두 숙소가 있었다. '선조(先祖)'는 행주(行主)를 뜻한다. '준(逡)'자는 '신속히[疾]'라는 뜻이다. 신속히 달려간다는 말은 그 일에 힘쓴다는 뜻이다. 『시』「주송(周頌)」에서는 "분주히 달려가 묘(廟)에 있다."라고 했다. 제후의 호칭을 사용하여 천자를 임할 수 없다. 문왕에게 '왕(王)'자의 호칭을 쓴 것은 보다 이전의 일인데, 은나라에 대해서는 여전히 제후의 신분이었으므로, 이곳에서 이처럼 기록한 것이다.

釋文 逡, 息俊反, 注同. 追王, 于況反. 亶, 丁但反. 父音甫. 著, 知慮反.

번역 '逡'자는 '息(식)'자와 '俊(준)'자의 반절음이며, 정현의 주에 나온 글자도 그 음이 이와 같다. '追王'에서의 '王'자는 '于(우)'자와 '況(황)'자의 반절음이다. '亶'자는 '丁(정)'자와 '但(단)'자의 반절음이다. '父'자의 음은 '甫(보)'이다. '著'자는 '知(지)'자와 '慮(려)'자의 반절음이다.

孔疏 ●"牧之"至"尊也". ○正義曰: 此一節論武王伐紂, 率領諸侯以祭祖廟, 追王大王·王季, 上尊祖禰之事, 與前相接也.

번역 ●經文: "牧之"~"尊也". ○이곳 문단은 무왕(武王)이 주(紂)임금을 정벌하고, 제후들을 통솔하여 조묘에서 제사를 지내며, 태왕과 왕계에게 천자의 칭호를 추증하여, 조부와 부친을 존숭했던 사안을 논의하고 있으니, 앞의 내용과 서로 연결된다.

孔疏 ●"牧之野, 武王之大事也"者, 言牧野之戰, 是武王之事大者也.

번역 ●經文: "牧之野, 武王之大事也". ○목야의 전쟁이 무왕이 했던 사안 중 가장 큰 일이라는 뜻이다.

孔疏 ●"旣事而退"者, 旣戰罷而退也.

번역 ●經文: "旣事而退". ○전쟁을 끝낸 이후에 물러났다는 뜻이다.

孔疏 ●"柴於上帝"者, 謂燔柴以告天. "祈於社"者, 陳祭以告社也.

번역 ●經文: "柴於上帝". ○땔나무를 태워서 연기를 피워 올려 하늘에게 아뢴다는 뜻이다. 경문의 "祈於社"에 대하여. 제수를 진설하여 땅에게 아뢴다는 뜻이다.

孔疏 ●"設奠於牧室"者, 設此奠祭於牧野之館室, 以告行主也.

번역 ●經文: "設奠於牧室". ○목야의 숙소에서 이러한 음식들을 진설하여 전제사를 지내어, 행주(行主)에게 아뢴다는 뜻이다.

孔疏 ●"遂率天下諸侯"者, 上言告祭旣訖, 遂率領天下諸侯執豆籩疾奔走而往在廟祭先祖. 於此之時, 乃追王大王, 大王名亶父者, 又追王王季歷及文王昌等爲王, 所以然者, 不以諸侯之卑號臨天子之尊也.

번역 ●經文: "遂率天下諸侯". ○앞에서는 아뢰는 제사를 지냈다고 했는데, 그 일이 끝나서, 결국 천하의 제후들을 통솔하여, 두(豆)와 변(籩)과 같은 제기들을 들고 분주히 달려가서 묘(廟)에서 선조에게 제사를 지냈다는 뜻이다. 이 시기에 '태왕(太王)'이라는 천자의 칭호를 추증했으니, '태왕(太王)'의 이름은 단보(亶父)이며, 또 '왕계력(王季歷)' 및 '문왕창(文王昌)' 등 천자의 칭호를 추증하여 '왕(王)'이라고 했다. 이처럼 한 이유는 제후의 미천한 칭호로는 천자처럼 존귀한 자를 임할 수 없기 때문이다.

孔疏 ◎注"古者"至"主也". ○正義曰: 知"郊關有館"者, 遺人云: "凡國野十里有10)廬, 三十里有宿, 五十里有市." 道路尙然, 明郊關亦有館舍. 鄭言此者, 證牧野有室. 云"先祖者, 行主也"者, 按曾子問篇云: "古者師行, 必以遷廟主行." 故甘誓云: "用命賞于祖." 此武王所載行主者也. 按周本紀11)云載文王木主, 以其成文王之業, 故不載遷廟主. 其社則在野外祭之, 故不在牧室. 此社是土地之神, 故鄭云"柴祈, 告天地也".

번역 ◎鄭注: "古者"~"主也". ○정현이 "교외와 관문에는 숙소가 있다."라고 했는데, 이 말이 사실임을 알 수 있는 이유는 『주례』「유인(遺人)」편에서는 "무릇 국성의 야(野)에서는 10리(里) 떨어진 곳에 여(廬)가 있고, 30리(里) 떨어진 곳에 숙(宿)이 있으며, 50리(里) 떨어진 곳에 시(市)가 있다."12)라고 했다. 도로에도 이처럼 설치를 했다면, 교외와 관문에도 또한 숙소가 있었음을 나타낸다. 정현이 이러한 내용을 언급한 것은 목야에 숙소가 있었음을 증명하기 위해서이다. 정현이 "'선조(先祖)'는 행주(行主)를 뜻한다."라고 했는데, 『예기』「증자문(曾子問)」편을 살펴보면, "옛적에 군대가

---

10) '유(有)'자에 대하여. '유'자는 본래 없던 글자인데, 완원(阮元)의 『교감기(校勘記)』에서는 "혜동(惠棟)의 『교송본(校宋本)』에는 '리(里)'자 뒤에 '유'자가 기록되어 있고, 위씨(衛氏)의 『집설(集說)』에도 동일하게 기록되어 있다. 이곳 판본은 잘못하여 글자가 누락된 것이며, 『민본(閩本)』·『감본(監本)』·『모본(毛本)』도 동일하게 누락되어 있다."라고 했다.

11) '기(紀)'자에 대하여. '기(紀)'자는 본래 '기(記)'자로 기록되어 있었는데, 완원(阮元)의 『교감기(校勘記)』에서는 "위씨(衛氏)의 『집설(集說)』에는 '기(記)'자가 '기(紀)'자로 기록되어 있다. 포당(浦鐋)은 교감을 하며, '기(記)'자는 마땅히 기(紀)자가 되어야 한다'라고 했고, 아래문장도 동일하다."라고 했다.

12) 『주례』「지관(地官)·유인(遺人)」: 凡國野之道, 十里有廬, 廬有飮食; 三十里有宿, 宿有路室, 路室有委; 五十里有市, 市有候館, 候館有積.

행차함에는 반드시 천묘(遷廟)13)의 신주(神主)를 모시고 행차를 했다."14) 라고 했다. 그렇기 때문에 『서』「감서(甘誓)」편에서는 "명을 받들어서 선조 앞에서 상을 준다."15)라고 했는데, 이것은 무왕이 행주를 싣고 갔었다는 사실을 나타낸다. 『사기(史記)』「주본기(周本紀)」를 살펴보면, 문왕에 대한 나무로 만든 신주를 싣고 갔으니, 문왕의 업적을 이루었기 때문에, 천묘의 신주를 싣지 않았다고 했다. 사(社)에 대해서는 야(野) 밖에서 제사를 지냈기 때문에, 목실(牧室)에서 하지 않은 것이다. 여기에서 말한 '사(社)'는 토지의 신을 뜻한다. 그렇기 때문에 정현은 "시(柴)와 기(祈)는 천지에게 아뢴다는 뜻이다."라고 말한 것이다.

孔疏 ◎注"周頌"至"在廟". ○正義曰: 周頌所云, 謂周公攝政六16)年祭淸廟, 此經"遆奔走", 謂武王伐紂而還告廟, 其事不同, 引之者, 證奔走不異, 故

---

13) 천묘(遷廟)는 대수(代數)가 다한 신주(神主)를 모시는 묘(廟)를 뜻한다. 예를 들어 천자의 경우, 7개의 묘(廟)를 설치하는데, 가운데의 묘에는 시조(始祖) 혹은 태조(太祖)의 신주(神主)를 모시며, 이곳의 신주는 다른 곳으로 옮기지 않는 불천위(不遷位)에 해당한다. 그리고 좌우에는 각각 3개의 묘(廟)를 설치하여, 소목(昭穆)의 순서에 따라 6대(代)의 신주를 모신다. 현재의 천자가 죽게 되어, 그의 신주를 묘에 모실 때에는 소목의 순서에 따라 가장 끝 부분에 있는 묘로 신주가 들어가게 된다. 만약 소(昭) 계열의 가장 끝 묘에 새로운 신주가 들어서게 되면, 밀려나게 된 신주는 바로 위의 소 계열 묘로 들어가게 되고, 최종적으로 밀려나서 더 이상 갈 곳이 없는 신주는 '천묘'로 들어가게 된다. 또한 '천묘'는 위에서 서술한 것처럼 신구(新舊)의 신주가 옮겨지게 되는 의식 자체를 지칭하기도 하며, '천묘'된 신주 자체를 가리키기도 한다.

14) 『예기』「증자문(曾子問)」【234a】: 曾子問曰: 古者師行, 必以遷廟主行乎. 孔子曰: 天子巡守, 以遷廟主行, 載于齊車, 言必有尊也. 今也, 取七廟之主以行, 則失之矣.

15) 『서』「하서(夏書)·감서(甘誓)」: 左不攻于左, 汝不恭命, 右不攻于右, 汝不恭命, 御非其馬之正, 汝不恭命, 用命賞于祖, 弗用命戮于社, 予則孥戮汝.

16) '륙(六)'자에 대하여. '륙'자는 본래 '운(云)'자로 기록되어 있었는데, 완원(阮元)의 『교감기(校勘記)』에서는 "『고문(考文)』에서는 송(宋)나라 때의 판본을 인용하며, '운'자를 '륙'자로 기록했고, 『민본(閩本)』·『감본(監本)』·『모본(毛本)』에서는 '륙'자를 '지(之)'자 잘못 기록했다."라고 했다.

引之. 知執豆籩行還告廟者, 以此經上云柴·祈·設奠, 下云“遂率天下諸侯”, 是柴·祈禮畢. 故武成云: “丁未, 祀于周廟, 駿奔走, 執豆籩.” 而皇[17]氏云: “爲柴·祈·奠於牧室之時, 諸侯執豆籩.” 非此經文之次, 又與武成違, 其義非也.

번역 ◎鄭注: “周頌”至“在廟”. ○『시』「주송(周頌)」편에서 언급한 내용은 주공(周公)이 섭정을 한 후 6년 만에 청묘(淸廟)에서 제사를 지냈다는 뜻인데, 이곳 경문에서 “분주히 달려갔다.”라고 한 말은 무왕(武王)이 주(紂)임금을 정벌하고, 되돌아와서 묘(廟)에서 아뢴 것을 뜻하니, 그 사안이 동일하지 않다. 그런데도 이 내용을 인용한 것은 분주히 달려가는 것과 차이가 없음을 증명하기 위해서이다. 그래서 인용한 것이다. 두(豆)와 변(籩)을 들고 되돌아와서 묘(廟)에서 아뢴다는 사실을 알 수 있는 이유는 이곳 경문 앞에서는 시(柴)를 하고 기(祈)를 하며 전제사를 시행한다고 했고, 아래문장에서는 “마침내 천하의 제후들을 통솔한다.”라고 했으니, 이것은 시(柴)와 기(祈)의 의례가 끝났음을 나타낸다. 그렇기 때문에 『서』「무성(武成)」편에서는 “정미(丁未)일에, 주묘(周廟)에서 제사를 지내어, 분주히 달려가 두(豆)와 변(籩)을 들었다.”[18]라고 한 것이다. 그런데 황간[19]은 “시(柴)와 기(祈)를 하고, 목실(牧室)에서 전제사를 지낼 때, 제후들이 두(豆)와 변(籩)을 들었다는 뜻이다.”라고 했는데, 이것은 경문의 순서와 어긋나고, 또 「무성」편의 내용과 위배되므로, 그 주장은 잘못되었다.

孔疏 ◎注“不用”至“著焉”. ○正義曰: 按此武王追王大王亶父·王季歷·

---

17) ‘황(皇)’자에 대하여. ‘황’자는 본래 ‘고(皐)’자로 기록되어 있었는데, 손이양(孫詒讓)의 『교기(校記)』에서는 “‘고’자는 마땅히 ‘황’자가 되어야 한다.”라고 했다.

18) 『서』「주서(周書)·무성(武成)」: 丁未祀于周廟, 邦甸侯衛, 駿奔走, 執豆籩.

19) 황간(皇侃, A.D.488~A.D.545): =황씨(皇氏). 남조(南朝) 때 양(梁)나라의 경학자이다. 『주례(周禮)』, 『의례(儀禮)』, 『예기(禮記)』 등에 해박하여, 『상복문구의소(喪服文句義疏)』, 『예기의소(禮記義疏)』, 『예기강소(禮記講疏)』 등을 지었지만, 현재는 전해지지 않는다. 그 일부가 마국한(馬國翰)의 『옥함산방집일서(玉函山房輯佚書)』에 수록되어 있다.

文王昌, 按合符后云"文王立后稷配天, 追王大王亶甫·王季歷", 與此不同者,
文王暫追王耳, 號諡未定, 至武王時乃定之矣. 中庸云"周公追王大王·王季"
者, 謂以王禮改葬耳. 不改葬文王者, 先以王禮葬故也. 此大王·王季追王者,
王迹所由興, 故追王也. 所以追王者, 以子爲天子, 而不以卑臨尊. 若非王迹所
由, 不必追王也. 故小記云"父爲士, 子爲天子·諸侯, 祭以天子·諸侯, 其尸服
以士服", 是也. 周語云: "先王不窋." 武成云: "先王建邦啓土." 謂后稷皆稱先
王者, 以王者之先祖, 故通稱先王也. 契稱玄王, 與此同矣. "文王稱王早矣"者,
土無二王, 殷紂尙存, 卽爲早. 所以早稱王者, 按中候我應云: "我稱非早, 一民
固下." 注云: "一民心, 固臣下, 雖於時爲早, 於年爲晩矣." 故周本紀云: 文王
受命六年, 立靈臺, 布王號. 於時稱王, 九十六也. 故文王世子云"君王其終撫
諸", 是也. 文王旣稱王, 文王生雖稱王, 號稱猶未定, 故武王追王, 乃定之耳.

번역 ◎鄭注: "不用"~"著焉". ○살펴보니, 이곳에서는 무왕(武王)이 태
왕단보(大王亶父)·왕계력(王季歷)·문왕창(文王昌)에 대해 천자의 칭호
를 추증했다고 했는데, 역사적 사실과 합쳐서 살펴보면, "문왕(文王)이 후
직을 세우고 하늘에 배향했다고 했고, 태왕단보와 왕계력에게 천자의 칭호
를 추증했다."고 하여, 이곳의 내용과 동일하지 않은데, 문왕은 잠시 천자의
칭호를 추증했던 것일 뿐이며, 아직 시호가 확정되지 않은 상태였다가 무
왕 때에 이르러서야 확정된 것이다. 『예기』「중용(中庸)」편에서는 "주공(周
公)이 태왕과 왕계를 천자로 추증했다."[20]라고 했는데, 이것은 천자에 대한
예법으로 장례의 방식을 고쳐서 지냈다는 뜻일 뿐이다. 문왕에 대해서 장
례의 방식을 고치지 않았던 것은 그 이전에 천자의 예법으로 장례를 치렀
기 때문이다. 이곳에서 태왕과 왕계를 천자로 추증했다고 한 것은 왕업의
자취를 일으킨 자들이기 때문에, 천자로 추증한 것이다. 천자로 추증했던
이유는 자식이 천자가 되어서, 미천한 자가 존귀한 자를 임할 수 없기 때문
이다. 만약 왕업의 자취를 일으킨 자들이 아니라면, 반드시 천자로 추증할
필요는 없다. 그렇기 때문에 『예기』「상복소기(喪服小記)」편에서는 "부친

---

20) 『중용』「18장」: 周公成文武之德, 追王大王王季, 上祀先公以天子之禮.

이 사의 신분이었고, 그의 자식이 천자나 제후가 되었다면, 제사를 지낼 때에는 자식에게 해당하는 천자나 제후의 예법을 사용하되, 시동의 복장은 부친의 계급에 해당하는 사의 복장을 사용한다."21)라고 한 것이다.『국어(國語)』「주어(周語)」편에서는 "선왕은 불줄(不窋)22)이다."23)라고 했고,『서』「무성(武成)」편에서는 "선왕이 나라를 세워 토지를 열어주셨다."24)라고 했는데, 이것은 후직에 대해서 모두 '선왕(先王)'이라고 지칭함을 뜻하니, 천자의 선조이기 때문에, 통칭하여 '선왕(先王)'이라고 부른 것이다. '설(契)'에 대해서는 '현왕(玄王)'25)이라고 지칭했는데, 이곳에 나타난 의미와 동일하다. 정현이 "문왕에게 '왕(王)'자의 호칭을 쓴 것은 보다 이전의 일이다."라고 했는데, 땅 위에는 두 명의 천자가 있을 수 없고, 은(殷)나라 주(紂)임금은 여전히 생존해 있었으므로, 문왕이라는 칭호는 일찍 쓴 것이 된다. 일찍 '왕(王)'이라는 칭호를 쓴 이유는『중후아응』을 살펴보면, "나의 천자 칭호는 일찍 쓴 것이 아니니, 한결같이 백성의 마음을 지녔고, 진실로 신하의 마음을 가졌다."라고 했고, 주에서는 "한결같이 백성의 마음을 지녔던 것이며, 진실로 신하의 자세로 임했는데, 비록 시기에 있어서는 일렀지만, 나이에 있어서는 늦었다."라고 했다. 그렇기 때문에『사기』「주본기(周本紀)」에서는 문왕이 천명을 받고 6년이 되던 해에, 영대(靈臺)를 세웠고, 천자의 칭호를 전파했다고 했다. 따라서 당시에 '왕(王)'이라는 칭호를 사용했는데, 당시 나이가 96세였다. 그렇기 때문에『예기』「문왕세자(文王世子)」편에서는 "군왕께서 끝내 그 나라들을 통치할 것이라는 뜻입니다."26)라고

---

21)『예기』「상복소기(喪服小記)」【411c】: 父爲士, 子爲天子諸侯, 則祭以天子諸侯, 其尸服以士服.

22) 불줄(不窋)은 후직(后稷)인 기(棄)의 아들이다.

23)『국어(國語)』「주어상(周語上)」: 及夏之衰也, 棄稷不務, 我先王不窋用失其官.

24)『서』「주서(周書)·무성(武成)」: 惟先王建邦啓土, 公劉克篤前烈, 至于大王肇基王迹, 王季其勤王家, 我文考文王, 克成厥勳, 誕膺天命, 以撫方夏, 大邦畏其力, 小邦懷其德.

25)『시』「상송(商頌)·장발(長發)」: 玄王桓撥, 受小國是達, 受大國是達. 率履不越, 遂視旣發. 相土烈烈, 海外有截.

26)『예기』「문왕세자(文王世子)」【247d~248a】: 文王謂武王曰, 女何夢矣. 武王對曰, 夢帝與我九齡. 文王曰, 女以爲何也. 武王曰, 西方有九國焉, 君王其終

했다. 문왕에 대해서 이미 '왕(王)'이라는 칭호를 썼는데, 문왕 생전에 비록 '왕(王)'이라는 칭호를 썼더라도, 그 칭호는 여전히 확정되지 않았다. 그렇기 때문에 무왕(武王)이 천자의 칭호를 추증한 뒤에야 곧 확정된 것일 뿐이다.

訓纂 牧, 說文作"坶", "朝歌七十里地. 周書: '武王與紂戰于坶野.'"

번역 '목(牧)'자에 대해서, 『설문해자』에서는 '목(坶)'자로 기록했고, "조가(朝歌)에서 70리(里) 떨어진 장소이다. 『서』「주서(周書)」에서는 '무왕(武王)이 주(紂)임금과 목야(坶野)에서 전투를 했다.'"라고 했다.

集說 愚謂: 戎事爲大事, 而牧野之事, 武王所以伐暴救民, 尤戎事之大者也. 旣事而退, 謂旣克紂而退也. 柴·祈·奠, 謂於牧野祭天地先祖, 而以克紂之事告之也. 柴, 燔柴也. 社, 社主也. 此告社而曰"祈"者, 因告而有祈也. 設奠於牧室, 謂於牧野之室而奠遷主也. 逯, 書作"駿", 疾也. 奔走, 謂有事於廟中也. 此謂武王克紂之後, 歸至於豊, 而率諸侯以祭宗廟也. 武成曰"丁未, 祀于周廟", "越三日庚戌, 柴望." 蓋臣子無爵君父之義, 故武王歸於豊, 旣祀宗廟, 復行祭天之禮, 而以三王之功德告於天而追王之, 亦稱天而誄之義也. 武成稱文王爲文考, 至庚戌柴望之後, 大告武成, 而文王與大王·王季皆稱王, 則三王之追王在庚戌之柴無疑也. 中庸曰: "周公成文武之德, 追王大王·王季." 蓋以周之禮制皆出於周公, 故繫而言之, 其實追王在武王時也. 此篇言聖人之治天下自人道始, 而首以祭祀之法與追王之禮言之者, 以上治之事於人道爲尤重也.

번역 내가 생각하기에, 전쟁은 대사(大事)가 되고, 목야의 일은 곧 무왕(武王)이 폭정을 정벌하여 백성들을 구원했던 것이니, 더욱이 전쟁 중에서도 중대한 일이다. '기사이퇴(旣事而退)'라는 말은 주(紂)임금을 정벌하는 일이 끝나자 물러났다는 뜻이다. 시(柴)·기(祈)·전(奠)은 목야에서 천지

撫諸. 文王曰, 非也. 古者, 謂年齡, 齒亦齡也. 我百, 爾九十, 吾與爾三焉. 文王九十七乃終, 武王九十三而終.

및 선조에게 제사를 지내서, 주임금을 정벌했던 사안을 아뢰었다는 뜻이다. '시(柴)'는 땔나무를 태워서 연기를 피워 올리는 것이다. '사(社)'는 토지신의 신주이다. 이곳에서는 토지신에게 아뢰는 것을 '기(祈)'라고 했는데, 아뢰는 일에 따라서 기원하는 부분이 있었기 때문이다. "목실(牧室)에 전(奠)을 진설하다."라고 했는데, 목야의 숙소에서 천묘한 신주에게 전제사를 지냈다는 뜻이다. '준(逡)'자는 『서』에서 '준(駿)'이라고 기록했으니, "빠르다[疾]."는 뜻이다. '분주(奔走)'는 종묘 안에서 행사를 치르기 때문임을 뜻한다. 이것은 무왕이 주임금을 정벌한 이후 풍(豐)땅으로 되돌아와서, 제후들을 인솔하여 종묘에서 제사를 지낸 것을 뜻한다. 『서』「무성(武成)」편에서는 "정미(丁未)일에, 주묘(周廟)에서 제사를 지냈다."라고 했고, "3일이 지난 경술(庚戌)일에, 시망(柴望)[27]을 했다."라고 했다.[28] 무릇 신하와 자식에게는 군주와 부친에게 작위를 내려주는 뜻이 없기 때문에, 무왕이 풍으로 되돌아가서, 종묘에서 제사를 지내고, 다시 제천의 의례를 시행하여, 세 왕의 공덕을 천하의 알리고, 추증하여 천자의 칭호를 붙였던 것이니, 이 또한 하늘에 빗대어 뇌(誄)를 지은 뜻에 해당한다.[29] 「무성」편에서는 문왕을 '문고(文考)'라고 지칭했고,[30] 경술(庚戌)일에 시망(柴望)의 제사를 지낸 이후가 되어서야, 무왕의 공적이 이루어졌음을 크게 알리고, 문왕 및 태왕·왕계에 대해서 모두 '왕(王)'이라는 칭호를 붙였으니, 세 왕에 대해서 추증하여 천자의 칭호를 붙인 것은 경술일에 시(柴)제사를 지냈을 때임을 의심할 수 없다. 『예기』「중용(中庸)」편에서는 "주공이 문왕과 무왕의 덕을

---

27) 시망(柴望)은 시(柴)와 망(望)이라는 두 종류의 제사를 뜻한다. '시'는 땔나무를 태워서 하늘에 대한 제사를 뜻하며, '망'은 명산대첩에 제사를 지낸다는 뜻이다. 또한 '시망'은 제사를 범칭하는 용어로도 사용되었다.

28) 『서』「주서(周書)·무성(武成)」 : 丁未祀于周廟, 邦甸侯衛, 駿奔走, 執豆籩. 越三日庚戌, 柴望, 大告武成.

29) 『예기』「증자문(曾子問)」【239c】 : 賤不誄貴, 幼不誄長, 禮也. 唯天子, 稱天以誄之, 諸侯相誄, 非禮也.

30) 『서』「주서(周書)·무성(武成)」 : 惟先王建邦啓土, 公劉克篤前烈, 至于大王肇基王迹, 王季其勤王家, 我文考文王, 克成厥勳, 誕膺天命, 以撫方夏, 大邦畏其力, 小邦懷其德.

완성하여, 태왕과 왕계를 추왕(追王)했다."라고 했는데, 아마도 주나라의
예제는 모두 주공으로부터 비롯되었기 때문에, 그와 관련시켜서 언급한 것
이니, 실제로 천자의 칭호를 추증했던 것은 무왕 때에 일어난 일이다. 「대
전」편에서는 성인이 천하를 다스림에 인도로부터 시작하여, 첫 부분에서
제사의 법도와 추왕(追王)의 예법을 언급했으니, 위정자가 정치를 다스리
는 일은 인도에 있어서 더욱 중요한 일이기 때문이다.

集解 呂氏祖謙曰: 謂"不以卑臨尊", 此出於漢儒之說, 而非追王之本意也.
三王乃武王之祖・父, 其尊孰大於是, 曷爲待追王而後尊哉? 武成曰: "大王肇
基王迹, 王季其勤王家, 我文考文王克成厥勳, 誕膺天命." 蓋三王皆肇基之主,
所以追王之也.

번역 여조겸[31]이 말하길, "낮음으로써 존귀함을 임할 수 없다."라고 했
는데, 이것은 한대(漢代) 유학자들의 주장에서 나온 기록이니, 추왕(追王)
의 본래 뜻이 아니다. '삼왕(三王)'은 곧 무왕의 조상과 부친이니, 존귀함에
있어서 그 누가 이보다 크며, 어찌 추왕을 한 뒤에야 존숭을 했겠는가?『서』
「무성(武成)」편에서는 "태왕은 천자의 공업에 기틀을 닦았고, 왕계는 왕가
를 권장하여, 우리 문고인 문왕이 그 공을 크게 이루어, 크게 천명에 호응했
다."[32]라고 했다. 아마도 세 왕은 모두 천자의 기틀을 세운 주된 자들이기
때문에, 추증하여 천자의 칭호를 붙인 것이다.

集解 愚謂: 追王之禮, 夏・商之所未有, 而始於周. 蓋周之王業, 實由三王
積累而成, 與前代不同, 所謂"禮以義起"者也. 若謂"不以卑臨尊", 則后稷爲

---

31) 여조겸(呂祖謙, A.D.1137~A.D.1181) : =동래여씨(東萊呂氏)・여동래(呂東
萊). 남송(南宋) 때의 학자이다. 자(字)는 백공(伯恭)이고, 호(號)는 동래(東
萊)이다. 주자(朱子)와 함께『근사록(近思錄)』을 편찬하였다.
32) 『서』「주서(周書)・무성(武成)」: 惟先王建邦啓土, 公劉克篤前烈, 至于<u>大王肇
基王迹, 王季其勤王家, 我文考文王, 克成厥勳, 誕膺天命</u>, 以撫方夏, 大邦畏
其力, 小邦懷其德.

始祖, 猶諸侯爾, 祖孫・父子之間, 其尊卑豈以爵位哉?

번역 내가 생각하기에, 추왕(追王)의 예법은 하(夏)나라와 은(殷)나라 때에는 아직 없었고, 주(周)나라 때에 비로소 만들어졌다. 무릇 주나라의 왕업은 실제로 이 세 왕으로부터 축적되어 완성되었으니, 이전 왕조와는 다르므로, 이른바 "예(禮)는 의(義)를 통해서 일으킨다."[33]는 뜻에 해당한다. 만약 "낮은 자로써 존귀한 자를 임할 수 없다."라고 한다면, 후직은 시조가 되지만, 여전히 제후의 신분일 따름이니, 조부 및 손자와 부자 및 자식 사이에 있어서, 존귀함과 미천함을 어찌 작위에 따라 정하겠는가?

---

33) 『예기』「예운(禮運)」【289a】: 故, 禮也者, 義之實也. 協諸義而協, 則禮雖先王未之有, 可以義起也.

그림 3-1 ◨ 무왕(武王)이 목야(牧野)에서 서약하는 모습

※ **출처:** 『흠정서경도설(欽定書經圖說)』 22권 「목야서사도(牧野誓師圖)」

그림 3-2 ▣ 무왕(武王)이 공적을 이루었음을 종묘에서 아뢰는 모습

※ **출처:** 『흠정서경도설(欽定書經圖說)』 23권 「무성고묘도(武成告廟圖)」

그림 3-3 ◼ 두(豆)

※ **출처**: 상좌-『육경도(六經圖)』 6권; 상우-『삼례도(三禮圖)』 4권
　　　하좌-『삼례도집주(三禮圖集注)』 13권; 하우-『삼재도회(三才圖會)』
　　　「기용(器用)」 1권

그림 3-4 ▣ 변(籩)

※ **출처:** 상좌-『삼례도집주(三禮圖集注)』13권 ; 상우-『삼례도(三禮圖)』4권
하좌-『육경도(六經圖)』 6권 ; 하우-『삼재도회(三才圖會)』「기용(器用)」
2권

그림 3-5 ▣ 헌원대(軒轅臺)와 영대(靈臺)

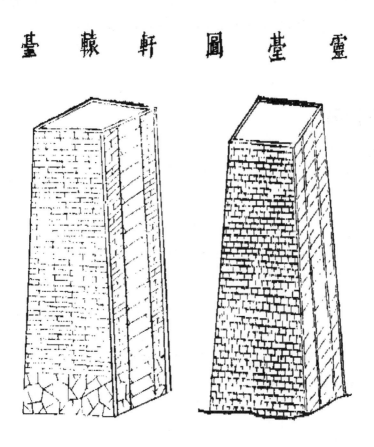

臺 轅 軒 圖 臺 靈

※ 출처: 『삼재도회(三才圖會)』「궁실(宮室)」 1권

• 제 4 절 •

친족의 질서체계와 인도(人道)의 다스림

【425b】

> 上治祖禰, 尊尊也. 下治子孫, 親親也. 旁治昆弟, 合族以食,
> 序以昭繆, 別之以禮義, 人道竭矣.

직역 上으로 祖禰를 治함은 尊을 尊함이다. 下로 子孫을 治함은 親을 親함이다. 旁으로 昆弟를 治함은 族을 合하길 食으로써 함이며, 序하길 昭繆으로써 함이니, 別하길 禮義로써 하여, 人道가 竭한다.

의역 위로 조부와 부친 항렬의 질서를 바로잡는 것은 존귀한 자를 존귀하게 대하는 뜻이다. 밑으로 자식과 손자 항렬의 질서를 바로잡는 것은 친근한 자를 친근하게 대하는 뜻이다. 옆으로 곤제 항렬의 친족들을 다스리고, 족인들을 음식에 대한 예법으로써 회합하며, 소목의 차례로 질서를 세우니, 예의(禮義)에 따라 구별을 두어서, 인륜의 도리를 다하게 된다.

集說 治, 理而正之也. 謂以禮義理正其恩之隆殺, 屬之戚疏也. 合會族人以飮食之禮, 次序族人以昭穆之位, 上治下治旁治之道, 皆有禮義之別, 則人倫之道, 竭盡於此矣.

번역 '치(治)'자는 이치로 다스려서 바르게 한다는 뜻이다. 즉 예의(禮義)로써 그 은정의 높고 낮음을 이치에 따라 바르게 함이니, 친족들의 가깝고 먼 관계를 의미한다. 족인들을 모을 때에는 음식을 먹는 예법으로써 하며, 족인들에 대해 차례를 세움은 소목(昭穆)의 위치로써 하니, 위로 다스리고, 밑으로 다스리며, 옆으로 다스리는 도리는 모두 예의에 따른 구별을 포함하고 있으니, 인륜의 도리는 여기에서 다하게 된다.

大全 馬氏曰: 上治祖禰, 所以尊之也. 下治子孫, 所以親之也. 至於旁治昆弟, 蓋睦友之道而不言之者, 文之略也. 上治祖禰, 則上有所殺, 下治子孫, 則下有所殺, 旁治昆弟, 則旁有所殺. 上殺下殺旁殺而親畢矣, 故合族以食, 使之有所同, 而內外之意一, 序以昭穆, 別以禮義, 使之有所異, 而親疎之義明, 如此則人道爲盡於此矣.

번역 마씨[1]가 말하길, "위로 조부와 부친의 항렬을 다스린다."는 말은 높이는 방법이다. "아래로 자식과 손자 항렬을 다스린다."는 말은 친근하게 대하는 방법이다. "옆으로 곤제 항렬을 다스린다."는 말에 있어서, 화목과 우애의 도리에 해당하는데, 그 내용을 언급하지 않은 것은 문장을 생략했기 때문이다. 위로 조부와 부친 항렬을 다스린다면, 위로 줄어드는 점이 있고, 아래로 자식과 손자 항렬을 다스린다면, 아래로 줄어드는 점이 있으며, 옆으로 곤제 항렬을 다스린다면, 옆으로 줄어드는 점이 있다. 위로 줄어들고, 아래로 줄어들며, 옆으로 줄어들어서, 친족관계가 다하게 된다. 그렇기 때문에 족인들을 회합할 때에는 음식으로써 하여, 그들로 하여금 동일하게 느끼는 점이 있게 하고, 내외의 뜻을 하나로 합치며, 소목(昭穆)에 따라 질서를 세우고, 예의(禮義)에 따라서 구별을 하여, 그들로 하여금 다르게 느끼는 점이 있게 하고, 친소관계에 따른 뜻을 드러냈으니, 이처럼 하게 된다면, 인륜의 도를 여기에서 다하게 된다.

鄭注 治, 猶正也. 繆讀爲穆, 聲之誤也. 竭, 盡也.

번역 '치(治)'자는 "바르게 한다[正]."는 뜻이다. '무(繆)'자는 '목(穆)'자로 풀이하니, 소리가 비슷해서 생긴 오류이다. '갈(竭)'자는 "다한다[盡]."는 뜻이다.

---

1) 마희맹(馬晞孟, ?~?) : =마씨(馬氏)·마언순(馬彦醇). 자(字)는 언순(彦醇)이다. 『예기해(禮記解)』를 찬술했다.

釋文 禰, 本或作禰, 年禮反. 繆音木. 別, 彼列反, 下至"其庶姓別"文注並同. 繆, 讀莫侯反, 又音謬.

번역 '禰'자는 판본에 따라서 또한 '禰'자로도 기록하며, '年(년)'자와 '禮(례)'자의 반절음이다. '繆'자의 음은 '木(목)'이다. '別'자는 '彼(피)'자와 '列(렬)'자의 반절음이며, 아래로 '其庶姓別'까지의 기록과 정현의 주에 나오는 '別'자는 모두 그 음이 이와 같다. '繆'자는 '莫(막)'자와 '侯(후)'자의 반절음이며, 또한 그 음은 '謬(류)'도 된다.

孔疏 ●"上治"至"竭矣". ○正義曰: 此一節論武王伐紂之後, 因治親屬合族之禮, 敍昭穆之事.

번역 ●經文: "上治"~"竭矣". ○이곳 문단은 무왕(武王)이 주(紂)임금을 정벌한 이후, 그에 따라 친족을 다스리고 족인들을 회합했던 예법과 소목(昭穆)에 따라 질서를 세웠던 사안을 논의하고 있다.

孔疏 ●"上治祖禰, 尊尊也"者, 治, 猶正也. 上正治祖禰2), 是尊其尊也.

번역 ●經文: "上治祖禰, 尊尊也". ○'치(治)'자는 "바르게 한다[正]."는 뜻이다. 위로 조부와 부친 항렬을 바르게 한 것은 존귀한 자를 존귀하게 대한다는 뜻이다.

孔疏 ●"下治子孫, 親親也"者, 下正於子孫, 是親其親也. 上主尊敬, 故云"尊尊", 下主恩愛, 故云"親親".

번역 ●經文: "下治子孫, 親親也". ○아래로 자손과 손자 항렬을 바르게

---

2) '녜(禰)'자에 대하여. '녜'자는 본래 없던 글자인데, 완원(阮元)의 『교감기(校勘記)』에서는 "혜동(惠棟)의 『교송본(校宋本)』에는 '녜'자가 있고, 이곳 판본은 '녜'자가 누락된 것이며, 『민본(閩本)』·『감본(監本)』·『모본(毛本)』도 동일하게 누락되었다."라고 했다.

한다는 것은 친근한 자를 친근하게 대한다는 뜻이다. 위에 대해서는 존경함을 위주로 하기 때문에, "존귀한 자를 존귀하게 대한다."라고 말한 것이며, 밑으로는 은정과 자애로움을 위주로 하기 때문에, "친근한 자를 친근하게 대한다."라고 말한 것이다.

孔疏 ●"旁治昆弟"者, 謂旁正昆弟, 逾遠疏也.

번역 ●經文: "旁治昆弟". ○옆으로 곤제 항렬을 바르게 하니, 관계가 더욱 멀고 소원해진다는 뜻이다.

孔疏 ●"合族以食"者, 言旁治昆弟之時, 合會族人以食之禮, 又次序族人以昭穆之事, 所謂"旁治昆弟"也.

번역 ●經文: "合族以食". ○옆으로 곤제를 다스리는 때에 대한 말이니, 족인들을 음식에 대한 예법으로써 회합시키고, 또 족인들에 대해서 소목(昭穆)에 대한 사안으로 질서를 세우니, 이것이 바로 "옆으로 곤제 항렬을 바르게 한다."는 뜻이다.

孔疏 ●"別之以禮義, 人道竭矣"者, 總結"上治祖禰, 下治子孫, 旁治昆弟", 言此三事皆分別之以禮義, 使人3)之道理竭盡於此矣.

번역 ●經文: "別之以禮義, 人道竭矣". ○"위로 조부와 부친 항렬을 바로잡고, 아래로 자식과 손자 항렬을 바로잡으며, 옆으로 곤제 항렬을 바로잡는다."고 한 말을 결론 맺은 말이니, 이러한 세 가지 사안에 대해서는 모두 예의(禮義)에 따라 구별을 하여, 사람이 지켜야 하는 도리를 이곳에서 다하도록 했다는 의미이다.

---

3) '인(人)'자에 대하여. '인'자 뒤에는 본래 '의(義)'자가 기록되어 있었는데, 완원(阮元)의 『교감기(校勘記)』에서는 "포당(浦鏜)은 '의'자를 연문이라고 했다"라고 했다.

訓纂 劉氏台拱曰: 別之以禮義, 亦旁治昆弟事.

번역 유태공[4]이 말하길, 예의(禮義)에 따라 구별을 한다는 것 또한 옆으로 곤제 항렬을 다스리는 일에 해당한다.

訓纂 王氏引之曰: 義, 讀爲"禮儀三百"之儀. 說文"義, 己之威儀也." 小雅楚茨"禮儀卒度", 韓詩"儀"作"義". 周官肆師"治其禮儀", 故書"儀"爲"義". 鄭司農云: "義, 讀爲儀. 古者書儀但爲義, 今時所謂義爲誼." 是古"禮儀"字本作"義"也.

번역 왕인지[5]가 말하길, '의(義)'자는 "예의(禮儀)가 300가지이다."[6]라고 했을 때의 '의(儀)'자로 풀이한다. 『설문』에서는 "'의(義)'는 본인이 따라야 하는 예의범절이다."라고 했고, 『시』「소아(小雅)·초자(楚茨)」편에서는 "예의(禮儀)에 따라 술잔을 나눈다."[7]라고 했는데, 『한시(韓詩)』에서는 '의(儀)'자를 '의(義)'자로 기록했다. 또 『주례』「사사(肆師)」편에서는 "예의(禮儀)를 다스린다."[8]라고 했는데, 고문 경전에서는 '의(儀)'자를 '의(義)'자로 기록했다. 정사농[9]은 "'의(義)'자는 '의(儀)'자로 풀이한다. 고대에는 '의

---

4) 유태공(劉台拱, A.D.1751~A.D.1805): 청(淸)나라 때의 경학자이다. 천문학(天文學), 율려학(律呂學), 문자학(文字學) 등에 조예가 깊었다.

5) 왕인지(王引之, A.D.1766~A.D.1834): 청(淸)나라 때의 훈고학자이다. 자(字)는 백신(伯申)이고, 호(號)는 만경(曼卿)이며, 시호(諡號)는 문간(文簡)이다. 왕념손(王念孫)의 아들이다. 대진(戴震), 단옥재(段玉裁), 부친과 함께 대단이왕(戴段二王)이라고 일컬어졌다. 『경전석사(經傳釋詞)』, 『경의술문(經義述聞)』 등의 저술이 있다.

6) 『중용』「27장」: 優優大哉! 禮儀三百, 威儀三千.

7) 『시』「소아(小雅)·초자(楚茨)」: 執爨踖踖, 爲俎孔碩, 或燔或炙. 君婦莫莫, 爲豆孔庶. 爲賓爲客, 獻酬交錯. 禮儀卒度, 笑語卒獲. 神保是格. 報以介福, 萬壽攸酢.

8) 『주례』「춘관(春官)·사사(肆師)」: 凡國之大事, 治其禮儀, 以佐宗伯.

9) 정중(鄭衆, ?~A.D.83): =정사농(鄭司農). 후한(後漢) 때의 경학자이다. 자(字)는 중사(仲師)이다. 부친은 정흥(鄭興)이다. 부친에게 『춘추좌씨전(春秋左氏傳)』의 학문을 전수받았다. 또한 그는 대사농(大司農) 등의 관직을 역임하였기 때문에, '정사농'이라고도 불렸다. 한편 정흥과 그의 학문은 정현

'의(儀)'자를 단지 '의(義)'자로만 기록했는데, 현재 말하고 있는 '의(義)'자는
정의를 뜻한다."라고 했다. 즉 고대의 '예의(禮儀)'라고 했을 때의 '의(儀)'자
는 본래 '의(義)'자로 기록되었다는 뜻이다.

集解 愚謂: 治, 謂立爲法制以別其親疎厚薄之宜也. 尊尊自上而殺, 所以
上治也. 親親由下而殺, 所以下治也. 合族以食, 謂聚合族人而與之飮食, 大宗
伯"以飮食之禮親宗族兄弟", 是也. 合族以食, 以聯其情之同, 別以昭穆, 以辨
其等之異, 皆旁治之事也. 別之以禮義, 謂以禮義治男女而使之有別也. 旁治
昆弟, 卽下文所謂"長長"; 別之以禮義, 卽下文所謂"男女有別"也. 竭, 盡也.
言人道之大, 竭盡於是四者而無遺也. 上文言祭祀之法·追王之禮, 皆上治祖·
禰之事也. 此又備言聖人之治人道, 有此四者, 篇中所言, 皆所以發明此義也.

번역 내가 생각하기에, '치(治)'자는 종법제도를 세워서, 관계가 가깝고
먼 차이 또는 은정이 두텁고 엷은 차이의 합당함에 따라 구별을 한다는
뜻이다. 존귀한 자를 존귀하게 대할 때에는 위로 올라갈수록 줄이니, 이것
이 위를 다스린다는 것이다. 친근한 자를 친근하게 대할 때에는 아래로 말
마암아 줄여나가니, 이것이 아래를 다스린다는 것이다. "족인들을 회합하
며 음식으로써 한다."는 말은 족인들을 모으고, 그들과 함께 음식을 먹는다
는 뜻이니, 『주례』「대종백(大宗伯)」편에서 "음식의 예법으로써 종족과 형
제들을 친근하게 대한다."[10]라고 한 말에 해당한다. 족인들을 회합하길 음
식으로써 하는 것은 그 정감이 동일하다는 것에 연계되고, 구별하길 소목
(昭穆)으로써 하는 것은 그 등급의 차이에 따라 구별하는 것이니, 이 모두
는 옆으로 다스리는 일에 해당한다. "예의(禮義)로써 구별한다."는 말은 예
의로 남녀관계를 다스려서, 그들로 하여금 구별함이 있게끔 한다는 뜻이다.

"옆으로 곤제 항렬을 다스린다."는 말은 아래문장에서 말한 "연장자를 연장자로 대한다."는 뜻에 해당하며, "구별하길 예의로써 한다."는 말은 아래문장에서 말한 "남녀사이에 구별함이 있다."는 뜻에 해당한다. '갈(竭)'자는 "다한다[盡]."는 뜻이다. 즉 인도의 큰 것은 이 네 가지에서 다하게 되어, 남긴 것이 없다는 의미이다. 앞 문장에서는 제사를 지내는 법도를 언급하고, 추왕(追王)의 예법을 언급했는데, 이것들은 모두 위로 조부와 부친 항렬을 다스리는 사안에 해당한다. 이곳에서는 또한 성인이 인도를 다스림에 이러한 네 가지가 있었다는 것을 갖춰서 말했으니, 「대전」편에서 언급하는 내용들은 모두 이러한 뜻을 나타낸 것들이다.

성인의 다스림과 우선순위 다섯 가지

【425c】

> 聖人南面而聽天下, 所且先者五, 民不與焉. 一曰治親, 二曰報功, 三曰擧賢, 四曰使能, 五曰存愛. 五者一得於天下, 民無不足無不贍者; 五者一物紕繆, 民莫得其死. 聖人南面而治天下, 必自人道始矣.

직역 聖人은 南面하고 天下를 聽함에, 且히 先한 所의 者가 五이니, 民은 不與한다. 一은 曰 親을 治하며, 二는 曰 功을 報하고, 三은 曰 賢을 擧하고, 四는 曰 能을 使하며, 五는 曰 愛를 存한다. 五者가 一히 天下에 得하면, 民은 不足이 無하고 不贍者가 無하며; 五者가 一物이라도 紕繆하면, 民은 그 死를 莫得한다. 聖人이 南面하고 天下를 治함에 必히 人道로 自하여 始한다.

의역 성인이 남면하여 천하의 정사를 들을 때에는 우선적으로 처리해야 할 것이 다섯 가지인데, 백성들을 다스리는 일은 별개의 문제이다. 첫 번째는 친족들을 다스리는 일이다. 두 번째는 신하들의 공적에 대해 보답하는 일이다. 세 번째는 현명한 자를 등용하는 일이다. 네 번째는 능력이 있는 자를 임명하는 일이다. 다섯 번째는 친애하는 것들을 자세히 살핀다는 뜻이다. 이 다섯 가지가 천하에 모두 행해지게 된다면, 백성들 중에는 부족한 자가 없게 되고, 구휼을 받지 못하는 자가 없게 된다. 만약 이 다섯 가지 중에서 한 가지 사안이라도 어그러지게 된다면, 백성들은 제대로 된 죽음조차 얻지 못하게 된다. 성인이 남면하고 천하를 다스리는 것은 반드시 인도로부터 시작해야 한다.

集說 民不與焉, 謂未及治民也. 治親, 卽上治下治旁治也. 君使臣以禮, 故

功曰報. 行成而上, 故賢曰擧. 藝成而下, 故能曰使. 存, 察也. 人於其所親愛而
辟焉, 有以察之, 則所愛者一出於公, 而四者皆無私意之累矣. 一得, 猶皆得
也. 贍, 賙也. 物, 事也. 紕繆, 舛戾也. 民莫得其死, 言此五事之得失, 關國家之
治亂也. 人道, 申言上文之意.

번역 '민불여언(民不與焉)'이라는 말은 백성들을 다스리는 일까지는 미
치지 않는다는 뜻이다. '치친(治親)'은 위로 다스리고, 밑으로 다스리며, 옆
으로 다스린다는 뜻이다. 군주는 신하를 부릴 때 예(禮)로써 하기 때문에,
공적에 대해서는 "보답한다[報]."라고 말한 것이다. 행실을 이루는 것이 우
선이기 때문에, 현명한 자에 대해서는 "등용한다[擧]."라고 말한 것이다. 재
예를 이루는 것은 상대적으로 뒤이기 때문에, 능력 있는 자에 대해서는 "시
킨다[使]."라고 말한 것이다.[1] '존(存)'자는 "살핀다[察]."는 뜻이다. 사람은
자신이 친애하는 대상에 대해서 편벽하게 되니, 살피게 된다면 친애하는
것들이 모두 공적인 것에서 도출되어, 네 가지 것들도 모두 사사로운 뜻에
얽매임이 없게 된다. '일득(一得)'은 모두 얻는다는 뜻이다. '섬(贍)'자는 "진
휼하다[賙]."는 뜻이다. '물(物)'은 '사안[事]'을 뜻한다. '비무(紕繆)'는 어그
러지고 잘못된다는 뜻이다. "백성들이 죽음을 얻지 못한다."는 말은 이 다
섯 가지 일들의 득실은 국가가 다스려지거나 혼란스럽게 됨과 연계된다는
뜻이다. '인도(人道)'는 앞 문장의 뜻을 거듭 밝힌 것이다.

大全 嚴陵方氏曰: 所先者五, 言未暇致其詳也. 民不與焉, 非不以民爲事,
苟能行此五者, 民亦從而治矣, 故後言民無不足無不贍者. 夫正之以善之謂治,
予其所施之謂報, 升之於位之謂擧, 任之以職之謂使, 念之而不忘之謂存, 而愛
則人之所不可忘者也. 聖人治天下, 必自人道始, 蓋以治親爲先故也. 始言聽天
下, 終言治天下者, 蓋事之來也, 聽其可否而後, 治之使正焉, 故言之序如此.

---

1) 『예기』「악기(樂記)」【477b~c】: 樂者, 非謂黃鐘大呂弦歌干揚也, …… 是故
德成而上, 藝成而下, 行成而先, 事成而後. 是故先王有上有下有先有後, 然後
可以有制於天下也.

번역 엄릉방씨가 말하길, 우선적으로 해야 할 것이 다섯 가지라고 했는데, 이것은 아직 그 상세한 부분까지 다스릴 여유가 없음을 뜻한다. "백성들에 대한 일은 관계되지 않는다."라고 했는데, 이것은 백성들에 대한 일을 다스리는 대상으로 삼지 않는다는 뜻이 아니며, 진실로 이러한 다섯 가지를 시행할 수 있다면, 백성들 또한 그에 따라 다스려진다는 뜻이다. 그렇기 때문에 뒤에서는 "백성들 중에 부족한 자가 없고, 구휼을 받지 못하는 자가 없다."라고 말한 것이다. 무릇 올바르게 하여 선하게 만드는 것을 '치(治)'라고 부르며, 베푼 것에 대해 주는 것을 '보(報)'라고 부르고, 그 지위로 승격시키는 것을 '거(擧)'라고 부르며, 임무를 맡겨서 직무를 갖게 하는 것을 '사(使)'라고 부르고, 유념하여 잊지 않는 것을 '존(存)'이라고 부르는데, 친애하는 대상은 사람으로서 잊을 수가 없는 대상이 된다. 성인이 천하를 다스릴 때에는 반드시 인도로부터 시작해야 하니, 친족을 다스리는 일을 우선으로 삼는 이유이다. 처음에는 "천하의 정사를 듣는다."라고 했고, 끝에서는 "천하를 다스린다."라고 했는데, 일에 따른 순서이니, 그 가부를 듣고 판단한 뒤에야, 다스려서 올바르게 할 수 있기 때문에, 말하는 순서가 이와 같은 것이다.

鄭注 且先, 言未遑餘事. 功, 功臣也. 存, 察也, 察有仁愛者[2]. 物, 猶事也. 紕繆, 猶錯也. 五事得, 則民足, 一事失, 則民不得其死, 明政之難. 人道謂此五事.

번역 '차선(且先)'은 나머지 일들에 대해서는 황급히 하지 않는다는 뜻

---

2) '자(者)'자에 대하여. '자'자는 본래 '야(也)'자로 기록되어 있었는데, 완원(阮元)의 『교감기(校勘記)』에서는 "혜동(惠棟)의 『교송본(校宋本)』에서는 '야'자를 '자'자로 기록했고, 『송감본(宋監本)』도 동일하게 기록하고 있으며, 『고문(考文)』에서 인용하고 있는 『고본(古本)』과 『족리본(足利本)』, 『악본(岳本)』, 『가정본(嘉靖本)』도 동일하게 기록했다. 이곳 판본은 '야'자로 잘못 기록한 것이며, 『모본(毛本)』도 '야'자로 잘못 기록했다. 『민본(閩本)』과 『감본(監本)』에서 '찰존인애야(察存仁愛也)'라고 기록하고, 위씨(衛氏)의 『집설(集說)』에서 '찰존인애자(察存仁愛者)'라고 기록한 것은 모두 잘못되었다."라고 했다.

이다. '공(功)'은 공적을 세운 신하를 뜻한다. '존(存)'자는 "살핀다[察]."는 뜻이니, 인애(仁愛)를 갖춘 자를 살핀다는 뜻이다. '물(物)'자는 사안[事]과 같다. '비무(紕繆)'는 "뒤섞인다[錯]."는 뜻이다. 다섯 가지 사안을 얻게 된 다면, 백성들도 만족하고, 한 가지 사안이라도 잃게 되면, 백성들이 제대로 된 죽음도 얻지 못하니, 정치의 혼란함을 나타낸다. '인도(人道)'는 이러한 다섯 가지 사안을 뜻한다.

釋文 聽, 體寧反. 與音預. 瞻, 本又作瞻, 食艷反. 紕, 匹彌反, 徐孚夷反, 又方齊反. 繆音謬, 本或作謬.

번역 '聽'자는 '體(체)'자와 '寧(녕)'자의 반절음이다. '與'자의 음은 '預(예)'이다. '瞻'자는 판본에 따라서 또한 '瞻'자로도 기록하며, 그 음은 '食(식)'자와 '艷(염)'자의 반절음이다. '紕'자는 '匹(필)'자와 '彌(미)'자의 반절음이며, 서음(徐音)은 '孚(부)'자와 '夷(이)'자의 반절음이고, 또한 '方(방)'자와 '齊(제)'자의 반절음도 된다. '繆'자의 음은 '謬(류)'이며, 판본에 따라서는 또한 '謬'자로도 기록한다.

孔疏 ●"聖人"至"者也". ○正義曰: 此一節廣明聖人受命, 以臨天下, 有不可變革及有可變革之事, 各隨文解之. 云"所且先者五", 謂聖人卽位, 未遑餘事, 所且欲先行者, 而有五種之事也. 卽下云"一日治親"之屬, 是也.

번역 ●經文: "聖人"~"者也". ○이곳 문단은 성인이 천명을 받아서 천하에 임하여, 변혁시킬 수 없고, 변혁시킬 수 있는 사안을 폭넓게 나타내고 있으니, 각각의 문장에 따라서 풀이하겠다. 경문의 "所且先者五"에 대하여. 성인이 즉위를 하여, 아직 다른 일들에 대해 급히 할 수 없으니, 우선적으로 시행하고자 한 것으로는 이러한 다섯 종류의 사안이 있다는 뜻이다. 다섯 가지는 곧 아래에서 "첫 번째는 친족을 다스리는 일이다."라고 한 부류 등 이 여기에 해당한다.

孔疏 ●"民不與焉"者, 言此五事, 皆王者所急行, 民不得干與焉. 言民未行也. 以治報親功之事, 皆非民所行, 故不得干與焉.

번역 ●經文: "民不與焉". ○다섯 가지 사안들은 모두 천자가 우선적으로 시행해야 할 일이며, 백성들은 간여할 수 없다는 뜻이다. 즉 백성들은 이러한 일을 시행할 수 없다는 의미이다. 친족을 다스리고 공적에 보답하는 일들은 모두 백성들로서는 시행할 수 있는 사안이 아니기 때문에, 간여할 수 없다고 한 것이다.

孔疏 ●"一曰治親"者, 此治親卽鄉者三事, 三事若正, 則於家國皆正, 故急在前.

번역 ●經文: "一曰治親". ○이곳에서 친족을 다스린다고 한 말은 앞에서 말한 세 가지 사안을 가리키니, 세 가지 사안이 만약 올바르게 된다면, 국가에 있어서도 모두 올바르게 되기 때문에, 우선적으로 해야 할 것을 앞에 둔 것이다.

孔疏 ●"二曰報功"者, 旣已正親, 故下又報於有所功勞者, 使爲諸侯之屬是也. 緩於親親, 故次治親.

번역 ●經文: "二曰報功". ○이미 친족을 올바르게 했기 때문에, 그 뒤에서는 또한 공적과 노력함이 있는 자에 대해서 보답하게 되니, 그들을 제후로 삼는 등의 부류가 여기에 해당한다. 친근한 자를 친근하게 대하는 일보다는 완만히 처리해야 할 일이기 때문에, 친족을 다스리는 일 다음에 둔 것이다.

孔疏 ●"三曰擧賢"者, 雖已報於有功, 若巖穴有賢德之士, 未有功者, 擧而用之. 報功宜急, 此又次也.

번역 ●經文: "三曰擧賢". ○이미 공적을 세운 자에게 보답을 했는데,

만약 은거해 있는 자들 중 현명한 덕을 갖춘 자가 있지만, 아직 공적을 세우지 못한 경우, 그들을 등용해서 부리게 된다. 공적을 세운 자에 대해 보답하는 일은 마땅히 신속히 해야 하기 때문에, 이것이 또한 그 뒤에 오게 되었다.

孔疏 ●“四曰使能”者, 能謂有道藝, 旣無功德, 又非賢能, 而有道藝, 亦祿之, 使各當其職也. 輕於賢德, 故次之.

번역 ●經文: “四曰使能”. ○‘능(能)’은 도덕과 재예를 갖춘 자를 뜻하는데, 이미 공덕이 없는 자이고, 또 현명한 자의 유능함만 못하며, 도덕과 재예만 갖춘 것이기 때문에, 또한 봉록을 주어서, 그로 하여금 각각 자신의 직무를 시행하도록 하다. 현명한 덕을 갖춘 자보다는 가벼이 대하기 때문에, 그 뒤에 오게 되었다.

孔疏 ●“五曰存愛”者, 存, 察也. 愛, 仁也. 治親·報功·擧賢·使能, 爲政旣足, 又宜察於民下側陋之中者, 若有雖非賢能而有仁愛之心, 亦賞異之.

번역 ●經文: “五曰存愛”. ○‘존(存)’자는 “살핀다[察].”는 뜻이다. ‘애(愛)’자는 ‘인(仁)’을 뜻한다. 친족을 다스리고, 공적을 가진 자에게 보답하며, 현명한 자를 등용하고, 능력이 있는 자를 부려서, 정치를 시행하는 일이 충족되었다면, 또한 마땅히 백성들이 사는 누추한 곳에서도 자세히 살펴서, 만약 현명하거나 능력이 있는 자만 못하더라도, 인애의 마음을 가진 자가 있다면, 또한 그에게 상을 하사하여 남다르게 대하는 것이다.

孔疏 ●“五者一得於天下”者, 謂上五事, 一皆得行於天下, 則民無有不足, 無有不賙贍者, 贍是優足之餘也.

번역 ●經文: “五者一得於天下”. ○앞서 말한 다섯 가지 사안을 천하에 모두 시행할 수 있다면, 백성들 중에는 부족함을 느끼는 자가 없게 되고, 구휼을 받지 못하는 자가 없게 된다는 뜻이니, ‘섬(贍)’은 풍족하게 만든 뒤에도 남은 것들을 뜻한다.

孔疏 ●“五者一物紕繆”者, 謂此五事之中, 但有一事紕繆, 則民莫得其死. 莫, 無也, 言無得以理壽終而死也.

번역 ●經文: “五者一物紕繆”. ○이러한 다섯 가지 사안 중에 다만 한 가지 사안이라도 어긋나게 된다면, 백성들은 제대로 된 죽음도 맞이할 수 없다는 뜻이다. ‘막(莫)’자는 “없다[無].”는 뜻이니, 도리에 따라 자신의 수명을 다하여 죽을 수 없다는 의미이다.

孔疏 ●“聖人南面而治天下, 必自人道始矣”者, 人道卽治親 · 報功 · 擧賢 · 使能 · 存愛, 是人3)理相承順之道. 聖人先以此爲始, 故云“必自人道始也”.

번역 ●經文: “聖人南面而治天下, 必自人道始矣”. ○인도(人道)는 곧 친족을 다스리고, 공적이 있는 자에게 보답하며, 현명한 자를 등용하고, 능력이 있는 자를 부리며, 인애의 도리를 갖춘 자를 살피는 것이니, 이것이 이치에 따라 돕고 받들고 순종하는 도리이다. 성인은 우선적으로 이러한 것들을 시행 사안으로 삼기 때문에, “반드시 인도로부터 시작한다.”라고 말한 것이다.

訓纂 吳幼淸曰: 存愛, 謂仁民. 上言“民不與”, 此言“存愛”, 蓋存愛民之心爾. 先有不忍人之心, 而後有不忍人之政也.

번역 오유청이 말하길, ‘존애(存愛)’는 백성들에게 인(仁)하게 대한다는 뜻이다. 앞에서는 “백성들에 대한 일은 관여하지 않는다.”라고 했고, 이곳

---

3) ‘인(人)’자에 대하여. ‘인’자는 본래 ‘이(以)’자로 기록되어 있었는데, 완원(阮元)의 『교감기(校勘記)』를 살펴보면, “혜동(惠棟)의 『교송본(校宋本)』에는 ‘이’자를 ‘인’자로 기록했는데, 이 기록이 옳다. 『민본(閩本)』 · 『감본(監本)』 · 『모본(毛本)』에는 모두 ‘이’자로 잘못 기록했다.”라고 했다.

에서는 "백성들에게 인하게 대한다."라고 했으니, 백성들을 사랑하는 마음을 보존한다는 뜻일 뿐이다. 우선 남에게 차마 하지 못하는 마음을 갖추고, 그런 뒤에 남에게 차마 하지 못하는 정치가 생긴다.

訓纂 小爾雅廣言: 贍, 足也, 謂周足也.

번역 『소이아』[4]「광언(廣言)」에서 말하길, '섬(贍)'자는 "풍족하다[足]."는 뜻이니, 두루 풍족하다는 의미이다.

訓纂 劉氏台拱曰: 人道, 指下文"親親, 尊尊, 長長, 男女有別."

번역 유태공이 말하길, '인도(人道)'는 아래문장에서 말한 "친근한 자를 친근하게 대하고, 존귀한 자를 존귀하게 대하며, 연장자를 연장자로 대하고, 남녀에 구별함이 있다."는 뜻이다.

集解 且先者, 言未暇及其他, 而且以此爲先也. 民不與者, 五者, 雖皆所以爲民, 而猶未及乎民事也. 治親, 卽治人道之事也. 蓋人道別而言之, 則有親親・尊尊・長長・男女之不同; 合而言之, 祖禰・子孫・昆弟・男女皆親也, 尊之親之長之別之, 皆所以治親也. 功, 功臣也. 報功, 若賚之詩言"大封功臣"也. 賢, 謂有德者. 能, 謂有才者. 存愛, 以愛人之事存於心而不忘也. 一得, 猶言盡得也. 無不足, 力皆足以自給. 無不贍, 財皆足以自養. 紕繆, 乖錯而失其道也. 蓋五者雖未及乎民事, 而實爲民事之所從出, 故其得失之係乎民如此. 然治天下以五者爲先, 而五者又以治親爲先. 蓋取人以身, 脩身以道, 親親而仁民, 仁

---

4) 『소이아(小爾雅)』는 고대에 편찬되었던 자전 중 하나이다. 찬자(撰者)에 대해서는 알려진 것이 없다. 『한서(漢書)』「예문지(藝文志)」편에는 "小爾雅一篇, 古今字一卷."이라고 하여, 찬자 미상의 『소이아』 1권이 존재했었다고 기록되어 있다. 또한 『수서(隋書)』「경적지(經籍志)」 및 『당서(唐書)』「예문지(藝文志)」편에도 이궤(李軌)의 주가 달린 『소이아』 1권이 있었다고 기록되어 있지만, 현재는 모두 전해지지 않는다. 다만 현재 전해지는 『소이아』는 『공총자(孔叢子)』에 기록된 일부 내용들을 편집하여, 편찬한 것이다.

民而愛物, 苟於人道有所未盡, 則所謂報功·擧賢·使能·存愛者皆無其本矣. 此
二句乃一篇之大旨.

번역 '차선(且先)'은 다른 일에 미칠 겨를이 없어서, 이것을 우선으로 삼
는다는 뜻이다. "백성들에 대한 일이 참여하지 않는다."고 했는데, 이러한
다섯 가지 일들이 비록 모두 백성들을 위한 것이지만, 아직까지 백성들에
대한 구체적인 일에는 미치지 못한다는 뜻이다. '치친(治親)'은 인도에 대한
일들을 다스린다는 뜻이다. 인도를 구별하여 말한다면, 친근한 자를 친근하
게 대하고, 존귀한 자를 존귀하게 대하며, 연장자를 연장자로 대하고, 남녀
가 같지 않다고 말하게 되며, 합해서 말한다면, 조부와 부친 항렬, 자식과
손자 항렬, 곤제 항렬, 남녀는 모두 친근한 자이지만, 존귀하게 대하고, 친
근하게 대하며, 연장자로 대하고, 구별한다는 것은 친근하게 대함을 다스리
는 방법이다. '공(功)'은 공적을 세운 신하를 뜻한다. '보공(報功)'은『시』「뇌
(賚)」에서 "공적을 세운 신하를 크게 분봉한다."라고 한 말과 같다. '현(賢)'
은 덕을 갖춘 자를 뜻한다. '능(能)'은 재주를 갖춘 자를 뜻한다. '존애(存愛)'
는 사람을 사랑하는 사안을 마음에 보존하여, 잊지 않는다는 뜻이다. '일득
(一得)'은 모두 얻는다는 뜻이다. '무부족(無不足)'은 힘을 써서 모두 자급자
족할 수 있음을 뜻한다. '무불섬(無不贍)'은 재화를 써서 모두 스스로 부양
할 수 있음을 뜻한다. '비무(紕繆)'는 어그러지고 뒤섞여서 그 도를 잃는다
는 뜻이다. 다섯 가지 사안이 비록 백성들에 대한 일까지는 미치지 않지만,
실제로는 백성들에 대한 일에 따라 도출된 것이기 때문에, 그 득실이 이처
럼 백성들과 관련된 것이다. 그러나 천하를 다스릴 때에는 이 다섯 가지를
급선무로 삼고, 다섯 가지 중에서도 또한 친족을 다스리는 일을 우선으로
삼는다. 남을 취할 때에는 본인을 통해서 하며, 본인을 수양할 때에는 도로
써 하고, 친근한 자를 친근하게 대하여 백성들을 사랑하며, 백성들을 사랑
하여 사물까지도 사랑하니, 진실로 인도에 대해서 미진한 점이 있다면, 공
적이 있는 신하에게 보답하고, 현명한 자를 등용하며, 능력이 있는 자를
부리고, 사랑하는 마음을 보존하는 것들도 모두 그 근본이 없게 된다. 이
두 구문은 곧 이곳「대전」편의 핵심적인 뜻이다.

• 제6절 •

백성들을 위해 변혁할 수 있는 것

【425d】

> 立權度量, 考文章, 改正朔, 易服色, 殊徽號, 異器械, 別衣服, 此其所得與民變革者也.

직역　權度量을 立하고, 文章을 考하며, 正朔을 改하고, 服色을 易하며, 徽號를 殊하고, 器械를 異하며, 衣服을 別하니, 此는 그 民에게 與하여 變革할 수 있는 所의 者이다.

의역　도량형을 세우고, 예법을 수록한 전적을 고찰하며, 달력을 고치고, 복식과 그 색깔을 바꾸며, 깃발 등을 다르게 하고, 예악의 기물과 병장기에 차이를 두며, 의복을 구별하니, 이것들은 백성들과 함께 변혁할 수 있는 것들이다.

集說　權, 稱錘; 度, 丈尺; 量, 斗斛也. 文章, 典籍也. 正者, 年之始. 朔者, 月之初. 服之色, 隨所尙而變易. 徽, 旌旗之屬. 徽之號, 亦隨所尙而殊異, 如殷之大白·周之大赤之類也. 器者, 禮樂之器. 械者, 軍旅之器. 衣服各有章采, 時王因革不同. 此七者, 以立·考·改·易·殊·異·別爲言, 是與民變革者也.

번역　'권(權)'자는 무게의 단위를 뜻하며, '도(度)'는 길이의 단위를 뜻하고, '양(量)'은 용적의 단위를 뜻한다. '문장(文章)'은 예법을 수록한 전적을 뜻한다. '정(正)'은 한 해의 시작이다. '삭(朔)'은 한 달의 시작이다. 의복의 색깔은 숭상하는 바에 따라서 변혁을 한다. '휘(徽)'는 깃발 부류를 뜻한다. 깃발의 칭호는 숭상하는 바에 따라서 다르게 하니, 예를 들어 은(殷)나라의 대백(大白)이나, 주(周)나라의 대적(大赤)과 같은 부류이다. '기(器)'는 예악에 사용되는 기물이다. '계(械)'는 군대에서 사용하는 무기이다. 의복에는 각각 무늬와 채색이 들어가는데, 각 시대의 왕조는 답습하고 변혁한 것이 다르다. 이러한 일곱 가지 것들에 대해서는 세우고, 고찰하며, 고치고, 바꾸며, 다르게 하고, 차이를 두며, 구별한다고 말했는데, 이것들은 백성과 함께 변혁하는 것들에 해당한다.

大全 長樂陳氏曰: 權度量者, 法制之所自出, 故先立之. 衣服者, 法制之所自成, 故後別之. 論語言爲政之術, 則先之以謹權量, 而王制巡守之所觀, 則終之以衣服, 皆此意也. 衣服言其制服, 色言其色, 而徽號者, 旌旗之所稱號, 以異其名者也. 又曰: 宜革而因, 物失其均, 宜因而革, 物失其則, 故得於天者, 可因而不可革, 則親親・尊尊・長長・男女有別, 是也. 成於人者, 可革而不可因, 則立權度量・考文章・改正朔・易服色・殊徽號・異器械・別衣服, 是也. 立權度量, 所以示民信, 改正朔, 所以授民時, 考文章, 別衣服, 所以示民禮, 易服色, 殊徽號, 異器械, 所以便民用, 蓋聖人立法, 因民而已. 民之所安, 聖人不强去, 民之所厭, 聖人不强存, 通其變, 使民不倦, 天下其有敝法哉?

번역 장락진씨가 말하길, '권도량(權度量)'은 법령과 제도가 도출되는 대상이기 때문에, 우선적으로 세우는 것이다. '의복(衣服)'은 법령과 제도에 따라 완성되는 것이기 때문에, 이후에 구별하는 것이다. 『논어』에서 정치의 방법을 언급하며, 우선적으로 도량형을 바로잡는다고 하고,[1] 『예기』「왕제(王制)」편에서 순수[2]를 하며 살펴보는 대상을 열거할 때 의복으로 끝을

---

1) 『논어』「요왈(堯曰)」: 謹權量, 審法度, 脩廢官, 四方之政行焉.

2) 순수(巡守)는 '순수(巡狩)'라고도 부른다. 천자가 수도를 벗어나 제후의 나라를 시찰하는 것을 뜻한다. '순수'의 '순(巡)'자는 그곳으로 행차를 한다는 뜻이고, '수(守)'자는 제후가 지키는 영토를 뜻한다. 제후는 천자가 하사해준 영토를 대신 맡아서 수호하는 것이기 때문에, 천자가 그곳에 방문하여, 자신의 영토를 어떻게 관리하고 있는지를 시찰하게 된다. 『서』「우서(虞書)・순전(舜典)」편에는 "歲二月, 東巡守, 至于岱宗, 柴."라는 기록이 있고, 이에 대한 공안국(孔安國)의 전(傳)에서는 "諸侯爲天子守土, 故稱守. 巡, 行之."라고 풀이했으며, 『맹자』「양혜왕하(梁惠王下)」편에서는 "天子適諸侯曰巡狩. 巡狩者, 巡所守也."라고 기록하였다. 한편 『예기』「왕제(王制)」편에는

맺은 것3)은 모두 이러한 의미에 따른 것이다. '의복(衣服)'은 의복을 만드는 제도를 뜻하고, '색(色)'은 의복의 색깔을 뜻하며, '휘호(徽號)'는 깃발을 부르는 칭호이니, 그 명칭을 다르게 하는 것이다. 또 말하길, 마땅히 변혁을 해야 하는데 답습을 하면 사물들이 균평함을 잃고, 마땅히 답습해야 하는데 변혁을 하면 사물들이 법칙을 잃는다. 그렇기 때문에 하늘로부터 받은 것은 답습은 할 수 있어도 변혁을 할 수 없으니, 친근한 자를 친근하게 대하고, 존귀한 자를 존귀하게 대하며, 연장자를 연장자로 대하고, 남녀 사이에 구별됨이 있는 것이 이러한 것들이다. 사람에 의해 만들어진 것은 변혁은 할 수 있어도 답습을 할 수 없으니, 도량형을 세우고, 문장을 고찰하며, 정삭을 고치고, 복색을 바꾸며, 깃발의 칭호를 다르게 하고, 기구 및 병장기를 차이 나게 하며, 의복을 구별하는 것이 이러한 것들이다. 도량형을 세우는 것은 백성들에게 신의를 보여주는 것이고, 정삭을 고치는 것은 백성들에게 달력을 내려주는 것이며, 문장을 고찰하고 의복을 구별하는 것은 백성들에게 예를 보여주는 것이고, 복색을 바꾸며, 깃발과 칭호를 달리 하고, 기물과 병장기를 다르게 하는 것은 백성들이 사용하는 것들을 편리하게 하는 것이니, 성인이 법칙을 세운 것은 백성에 따라서 했을 따름이다. 백성들이 편안하게 여기는 것을 성인은 강제로 제거하지 않고, 백성들이 싫어하는 것을 성인은 강제로 보존하지 않으니, 그 변화를 통하여 백성들로 하여금 싫증을 내지 않도록 했는데,4) 천하에 잘못된 법도가 생기겠는가?

"天子, 五年, 一巡守."라는 기록이 있고, 『주례』「추관(秋官)·대행인(大行人)」편에는 "十有二歲王巡守殷國."이라는 기록이 있다. 즉 「왕제」편에서는 천자가 5년에 1번 순수를 시행하고, 「대행인」편에서는 12년에 1번 순수를 시행한다고 기록하고 있는데, 이러한 차이점에 대해서 정현은 「왕제」편의 주에서 "五年者, 虞夏之制也. 周則十二歲一巡守."라고 풀이했다. 즉 5년에 1번 순수를 하는 제도는 우(虞)와 하(夏)나라 때의 제도이며, 주(周)나라에서는 12년에 1번 순수를 했다.

3) 『예기』「왕제(王制)」 【152b】: 命典禮, 考時月, 定日, 同律禮樂制度衣服, 正之.

4) 『역』「계사하(繫辭下)」: 神農氏沒, 黃帝堯舜氏作, 通其變, 使民不倦, 神而化之, 使民宜之.

鄭注 權, 秤也. 度, 丈尺也. 量, 斗斛也. 文章, 禮法也. 服色, 車馬也. 徽號, 旌旗之名也. 器械, 禮樂之器及兵甲也. 衣服, 吉凶之制也. 徽或作褘.

번역 '권(權)'자는 무게를 뜻한다. '도(度)'자는 길이를 뜻한다. '양(量)'자는 용적을 뜻한다. '문장(文章)'은 예법을 뜻한다. '복색(服色)'은 수레와 말을 뜻한다. '휘호(徽號)'는 깃발의 명칭을 뜻한다. '기계(器械)'는 예악의 기물 및 병장기를 뜻한다. '의복(衣服)'은 길례와 흉례의 제도를 뜻한다. '휘(徽)'자를 또한 '위(褘)'자로 기록하기도 한다.

釋文 量音亮, 注同. 正音征. 徽, 諱韋反. 械, 戶戒反. 別, 彼列反. 稱, 尺證反. 褘, 許韋反.

번역 '量'자의 음은 '亮(량)'이며, 정현의 주에 나오는 글자도 그 음이 이와 같다. '正'자의 음은 '征(정)'이다. '徽'자는 '諱(휘)'자와 '韋(위)'자의 반절음이다. '械'자는 '戶(호)'자와 '戒(계)'자의 반절음이다. '別'자는 '彼(피)'자와 '列(렬)'자의 반절음이다. '稱'자는 '尺(척)'자와 '證(증)'자의 반절음이다. '褘'자는 '許(허)'자와 '韋(위)'자의 반절음이다.

孔疏 ●"立權度量"者, 此一經至"與民變革者也", 廣明損益之事並輕, 故可隨民與變改革也. "權"謂稱錘, "度"謂丈尺, "量"謂斗斛也. 言新制天下, 必宜造此物也.

번역 ●經文: "立權度量". ○이곳 경문부터 "백성들에 대해 변혁하는 것이다."라는 구문까지는 덜고 더하는 사안들은 모두 상대적으로 가벼운 일들이기 때문에, 백성들에 따라서 변혁하고 고칠 수 있음을 폭넓게 설명하고 있다. '권(權)'자는 무게의 단위를 재는 기구이다. '도(度)'자는 길이의 단위를 재는 기구이다. '양(量)'자는 용적의 단위를 재는 기구이다. 즉 천하에 새롭게 제도를 수립할 때에는 반드시 이러한 사물들을 만들어야 한다는 뜻이다.

孔疏 ●"考文章"者, 考, 校也. 文章, 國之禮法也.

번역 ●經文: "考文章". ○'고(考)'자는 "따져본다[校]."는 뜻이다. '문장(文章)'은 국가에서 시행하는 예법을 뜻한다.

孔疏 ●"改正朔"者, "正"謂年始, "朔"謂月初, 言王者得政, 示從我始改, 故用新, 隨寅丑子所損也. 周子·殷丑·夏寅, 是改正也. 周夜半, 殷雞鳴, 夏平旦, 是易朔也.

번역 ●經文: "改正朔". ○'정(正)'자는 한 해의 시작을 뜻한다. '삭(朔)'자는 한 달의 시작을 뜻한다. 즉 천자가 정권을 얻게 되면, 백성들에 따라 처음으로 고쳤음을 드러내기 때문에, 새로운 달력을 사용하여, 인(寅)·축(丑)·자(子) 등에 따라 덜어지는 점이 있는 것이다. 주(周)나라는 자(子)를 시작으로 삼고, 은(殷)나라는 축(丑)을 시작으로 삼았으며, 하(夏)나라는 인(寅)을 시작으로 삼았으니, 이것이 한 해의 시작을 고쳤다는 뜻이다. 주나라는 야반(夜半)5)을 시작으로 삼고, 은나라는 계명(雞鳴)6)을 시작으로 삼았으며, 하나라는 평단(平旦)7)을 시작으로 삼았으니, 이것이 한 달의 시작을 고쳤다는 뜻이다.

孔疏 ●"易服色"者, 服色, 車馬也. 易之, 謂各隨所尙赤白黑也.

번역 ●經文: "易服色". ○'복색(服色)'은 수레와 말을 뜻한다. 바꾼다는 말은 각각 숭상하는 색깔에 따라서, 적색·백색·흑색 등으로 한다는 뜻이다.

---

5) 야반(夜半)은 하루를 12시간으로 나눴을 때 그 한 시간에 해당한다. 후대의 자시(子時)에 해당한다.

6) 계명(雞鳴)은 하루를 12시간으로 나눴을 때 그 한 시간에 해당한다. 후대의 축시(丑時)에 해당한다.

7) 평단(平旦)은 하루를 12시간으로 나눴을 때 그 한 시간에 해당한다. 후대의 인시(寅時)에 해당한다.

孔疏 ●"殊徽號"者, 殊, 別也. 徽號, 旌旗也. 周大赤, 殷大白, 夏大麾, 各有別也.

번역 ●經文: "殊徽號". ○'수(殊)'자는 "구별한다[別]."는 뜻이다. '휘호(徽號)'는 깃발을 뜻한다. 주(周)나라 때의 대적(大赤), 은(殷)나라 때의 대백(大白), 하(夏)나라 때의 대휘(大麾)는 각각 구별되는 점이 있다.

孔疏 ●"異器械"者, 器爲楬豆·房俎, 禮樂之器也. 械謂戎路·革路, 兵甲之屬也.

번역 ●經文: "異器械". ○'기(器)'는 갈두(楬豆)[8] · 방조(房俎) 등 예악에 사용되는 기물들을 뜻한다. '계(械)'는 융로(戎路)[9] · 혁로(革路) 등 병장기를 뜻한다.

孔疏 ●"別衣服"者, 周吉服九章, 虞以十二章. 殷凶不厭賤, 周貴則降卑也.

번역 ●經文: "別衣服". ○주(周)나라 때 길복(吉服)[10]에 사용된 옷에는

---

8) 갈두(楬豆)는 고대의 제사 때 사용하던 두(豆)이다. 하(夏)나라 때 사용했던 제기이다. 다른 사물을 이용해서 장식하지 않고, 단지 나무를 깎아서 만들었다. 『예기』「명당위(明堂位)」편에는 "夏后氏以楬豆."라는 기록이 있고, 이에 대한 정현의 주에서는 "楬, 無異物之飾也."라고 풀이했으며, 손희단(孫希旦)의 『집해(集解)』에서는 "楬豆, 斷木爲之, 而無他飾也."라고 풀이했다.

9) 융로(戎路)는 군주가 군중(軍中)에 있을 때 타던 수레이다. 전쟁용 수레를 범칭하는 용어로도 사용된다. 『주례』「춘관(春官) · 거복(車僕)」편에는 "車僕, 掌戎路之萃."라는 기록이 있는데, 이에 대한 정현의 주에서는 "戎路, 王在軍所乘也."라고 풀이했다. 한편 고대의 천자가 사용하던 5종류의 수레 중에는 혁로(革輅)라는 것이 있었다. '혁로'는 전쟁용으로 사용했던 수레인데, 간혹 제후의 나라에 순수(巡守)를 갈 때 사용하기도 하였다. 가죽으로 겉을 단단하게 동여매서 고정시키고, 옻칠만 하고, 다른 장식을 하지 않았기 때문에, '혁로'라고 부르는 것이다. 『주례』「춘관(春官) · 건거(巾車)」편에는 "革路, 龍勒, 條纓五就, 建大白, 以卽戎, 以封四衛."라는 기록이 있고, 이에 대한 정현의 주에서는 "革路, 鞔之以革而漆之, 無他飾."이라고 풀이했다.

9가지 무늬가 들어갔고, 우(虞) 때에는 12가지 무늬가 들어갔다. 은(殷)나라 때의 흉복(凶服)[11]에서는 신분이 낮은 자에 대해서 수위를 낮추지 않았는데, 주나라의 경우에는 존귀한 신분이라면, 신분이 낮은 자에 대해서는 수위를 낮췄다.

孔疏 ●"此其所得與民變革者也", 結權度量以下諸事是末, 故可變革, 與民爲新, 亦示禮從我始也.

번역 ●經文: "此其所得與民變革者也". ○도량형으로부터 그 이하의 일들에 대해서 결론을 맺었기 때문에, 변혁을 하여, 백성들과 함께 새로운 것을 만드니, 예(禮)가 백성들을 통해서 새롭게 시작됨을 드러낸 것이다.

孔疏 ◎注"文章"至"制也". ○正義曰: "禮法", 謂夏·殷·周損益之禮是也. 云"服色, 車馬也"者, 謂夏尙黑, 殷尙白, 周尙赤. 車之與馬, 各用從所尙之正色也. 云"徽號, 旌旗之名也"者, 謂周禮九旗是也. 然九旗之外, 又有小旌旗, 故司常云: "官府各象其事, 州里各象其名, 家各象其號." 與此同也. 鄭引士喪禮云: "爲銘各以其物, 亡則以緇長半幅, 頹末長終幅, 廣三寸." 是徽號與此同矣.

번역 ◎鄭注: "文章"~"制也". ○'예법(禮法)'이라는 말은 하(夏)·은(殷)·주(周)에서 덜고 보탰던 예를 가리킨다. 정현이 "'복색(服色)'은 수레와 말을 뜻한다."라고 했는데, 하나라 때에는 흑색을 숭상하고, 은나라 때에는 백색을 숭상하며, 주나라 때에는 적색을 숭상했는데, 수레와 말에 있어서는

---

10) 길복(吉服)에는 두 가지 뜻이 있다. 첫 번째는 제사 때 입는 복장인 제복(祭服)을 뜻한다. 제사(祭祀)는 길례(吉禮)에 해당하므로, 그때 착용하는 복장을 '길복'이라고 부르는 것이다. 두 번째는 예의를 갖출 때 입는 예복(禮服)을 범칭하는 말이다.

11) 흉복(凶服)은 상복(喪服)과 같은 말이다. 상(喪)을 당한 것은 흉사(凶事)에 해당하므로, 상을 치르며 입는 복장을 '흉복'이라고도 부르는 것이다. 『논어』「향당(鄕黨)」편에는 "凶服者式之."라는 기록이 있고, 이에 대한 하안(何晏)의 『집해(集解)』에서는 공안국(孔安國)의 주장을 인용하여, "凶服, 送死之衣物."이라고 풀이했다.

각각 숭상하는 정색(正色)[12]을 따라 사용했다는 뜻이다. 정현이 "'휘호(徽號)'는 깃발의 명칭을 뜻한다."라고 했는데, 『주례』에 나오는 구기(九旗)[13]에 해당한다. 그런데 구기 외에도 또한 소정기(小旌旗)라는 것이 있다. 그렇기 때문에 『주례』「사상(司常)」편에서는 "관부에서는 각각 해당하는 일을 상징하고, 주리(州里)에서는 각각 그 명칭을 상징하며, 가(家)에서는 각각 그 호칭을 상징한다."[14]라고 하였으니, 이곳에 나온 뜻과 동일하다. 정현은 『의례』「사상례(士喪禮)」편의 문장을 인용하여, "명정(銘旌)[15]을 만들 때에는 각각 해당하는 사물을 이용하니, 명(命)의 등급을 받지 못한 사의 경우라면, 검은색 천을 사용하되, 길이는 반폭으로 하고, 붉은색의 끝단은 길이를 종폭으로 하며, 너비는 3촌(寸)이다.[16]"라고 했으니,[17] 휘호(徽號)라는 것은 이러한 의미이다.

---

12) 정색(正色)은 간색(間色)과 대비되는 말로, 청색(靑色)·적색(赤色)·황색(黃色)·백색(白色)·흑색(黑色) 등 순일한 다섯 종류의 색깔을 뜻한다.

13) 구기(九旗)는 고대에 사용하던 9종류의 깃발을 뜻한다. 무늬가 각각 달랐으며, 사용하는 용도 또한 달랐다. 해[日]와 달[月]을 수놓은 깃발을 상(常)이라고 부르며, 교룡(交龍)을 수놓은 깃발을 기(旂)라고 부르며, 순색의 비단을 이용하여 만든 깃발을 전(旜)이라고 부르며, 색이 섞여 있는 깃발을 물(物)이라고 부르며, 곰[熊]과 호랑이[虎]를 수놓은 깃발을 기(旗)라고 부르며, 새매를 수놓은 깃발을 여(旟)라고 부르며, 거북이[龜]와 뱀[蛇]을 수놓은 깃발을 조(旐)라고 부르며, 새의 온전한 날개를 오색(五色)으로 채색하여, 깃술처럼 장식한 깃발을 수(旞)라고 부르며, 가느다란 새의 깃털을 오색으로 채색하여, 깃술처럼 장식한 깃발을 정(旌)이라고 부른다. 『주례』「춘관(春官)·사상(司常)」편에는 "掌九旗之物名, 各有屬以待國事. 日月爲常, 交龍爲旂, 通帛爲旜, 雜帛爲物, 熊虎爲旗, 鳥隼爲旟, 龜蛇爲旐, 全羽爲旞, 析羽爲旌."이라는 기록이 있다.

14) 『주례』「춘관(春官)·사상(司常)」 : 皆畫其象焉, <u>官府各象其事, 州里各象其名, 家各象其號.</u>

15) 명정(銘旌)은 명정(明旌)이라고도 부른다. 영구(靈柩) 앞에 세워서 죽은 자의 관직 및 성명(姓名)을 표시하는 깃발이다.

16) 『의례』「사상례(士喪禮)」 : <u>爲銘, 各以其物. 亡則以緇長半幅, 赬末長終幅, 廣三寸.</u> 書銘于末曰, "某氏某之柩." 竹杠長三尺, 置于宇, 西階上.

17) 이 문장은 『주례』「춘관(春官)·사상(司常)」편의 "皆畫其象焉, 官府各象其事, 州里各象其名, 家各象其號."라는 기록에 대한 정현의 주이다.

訓纂 盧注: 徽, 章也. 號, 所以書之於綏, 若夏則書其號爲夏也.

번역 노식[18]의 주에서 말하길, '휘(徽)'는 무늬이다. '호(號)'는 깃발 장식에 글을 쓰는 것이니, 하(夏)나라의 경우에는 그 칭호를 써서 '하(夏)'라고 새겼다.

集解 陳氏祥道曰: 左傳曰, "揚徽者, 公徒也." 蓋用兵之法, 以旌旗待晝事, 以名號待夜事, 則徽號者, 徽幟之號也.

번역 진상도가 말하길, 『좌전』에서는 "휘(徽)를 휘두르는 자는 군주의 무리이다."[19]라고 했다. 군대를 운용하는 법도에 있어서, 깃발을 이용해서 낮에 시행할 일들을 대비했고, 명칭과 호칭을 이용해서 밤에 시행할 일들을 대비했을 것이니, '휘호(徽號)'라는 것은 표식의 호칭을 뜻한다.

集解 愚謂: 言"立權度量", 則此三者三代之法不同也. 文章, 謂禮樂制度. 檀弓疏引春秋緯元命包·樂緯稽耀嘉云: "夏以十三月爲正, 息卦受泰", 註云: "物之始, 其色尙黑, 以平旦爲朔." "殷以十二月爲正, 息卦受臨." 註云: "物之牙, 其色尙白, 以鷄鳴爲朔." "周以十一月爲正, 息卦受復", 註云: "其色尙赤, 以夜半爲朔." 是三代改正·朔, 易服色之事也. 服如"服牛乘馬"之服, 謂戎事所乘, 若夏乘驪, 殷乘翰, 周乘騵, 是也. 色, 謂祭祀所用之牲色, 若夏玄牡, 殷白牡, 周騂犅, 是也. 徽, 謂旌旗, 若周禮九旗. 號, 謂號名, 周禮大司馬"仲夏敎茇舍", "辨號名之用", 是也. 別衣服, 若冠則夏毋追, 殷章甫, 周委貌; 弁則周弁, 夏收, 殷冔; 養老之衣, 則虞深衣, 夏燕衣, 殷縞衣, 周玄衣之類, 是也. 此節言數度文爲之末隨時變革, 所以明下文不可變革者之重也.

---

18) 노식(盧植, A.D.159?~A.D.192): =노씨(盧氏). 후한(後漢) 때의 유학자이다. 자(字)는 자간(子幹)이다. 어려서 마융(馬融)을 스승으로 섬겼다. 영제(靈帝)의 건녕(建寧) 연간(A.D.168~A.D.172)에 박사(博士)가 되었다. 채옹(蔡邕) 등과 함께 동관(東觀)에서 오경(五經)을 교정했다. 후에 동탁(董卓)이 소제(少帝)를 폐위시키자, 은거하며 『상서장구(尙書章句)』, 『삼례해고(三禮解詁)』를 저술했지만, 남아 있지 않다.

19) 『춘추좌씨전』「소공(昭公) 21년」: 乃徇曰, "揚徽者, 公徒也." 衆從之.

번역 내가 생각하기에, "도량형을 세운다."라고 말했다면, 이러한 세 가지 것들에 대해서 삼대(三代)[20]의 법도가 달랐다는 뜻이다. '문장(文章)'은 예악제도를 뜻한다. 『예기』「단궁(檀弓)」편에 대한 공영달의 소(疏)에서는 『춘추』의 위서(緯書)인 『원명포』와 『악』의 위서인 『계요가』를 인용하여, "하(夏)나라는 13월을 정월(正月)로 삼았으니, 12소식괘(消息卦)[21]가 태괘(泰卦: 乾下坤上 ☰ ☷)를 받아들인 것이다."라고 했고, 이 문장에 대한 주에서는 "만물의 시초가 되니, 그 색깔은 흑색을 숭상하여, 인(寅)의 자리를 삭(朔)으로 삼은 것이다."라고 했다. 그리고 "은나라는 12월을 정월로 삼았으니, 12소식괘가 임괘(臨卦: 兌下坤上 ☱ ☷)를 받아들인 것이다."라고 했고, 이 문장에 대한 주에서는 "만물의 맹아가 되니, 그 색깔은 백색을 숭상하여, 계명(雞鳴)을 삭(朔)으로 삼은 것이다."라고 했다. 그리고 "주나라는 11월을 정월로 삼았으니, 12소식괘가 복괘(復卦: 震下坤上 ☳ ☷)를 받아들인 것이다."라고 했고, 이 문장에 대한 주에서는 "그 색깔은 적색을 숭상하고, 야반(夜半)을 삭(朔)으로 삼은 것이다."라고 했다. 이것은 삼대가 정(正)과 삭(朔)을 고치며, 복식의 색깔을 바꿨던 사안을 뜻한다. '복(服)'은 "소를 부리고 말을 탄다."[22]라고 했을 때의 '복(服)'자이니, 전쟁에서 타게 되는 것으로, 마치 하나라에서 검은 말에 멍에를 메게 했고, 은나라에서 백색의 말에 멍에를 메게 했으며, 주나라에서 적색의 털빛에 검은색의 갈기를 가진 말에 멍에를 메게 했던 일에 해당한다.[23] '색(色)'은 제사에서 사용되는 희생물의 색깔을 뜻하니, 마치 하나라에서 흑색의 수소를 사용하고, 은나라

---

20) 삼대(三代)는 하(夏), 은(殷), 주(周)의 세 왕조를 말한다. 『논어』「위령공(衛靈公)」편에는 "斯民也, 三代 之所以直道而行也."라는 기록이 있고, 이에 대한 형병(邢昺)의 소(疏)에서는 "三代, 夏殷周也."로 풀이했다.

21) 소식괘(消息卦)는 복(復)·임(臨)·태(泰)·대장(大壯)·쾌(夬)·건(乾)·구(姤)·돈(遯)·부(否)·관(觀)·박(剝)·곤(坤) 등의 12괘(卦)를 통해 음양(陰陽)의 순환을 열두 달로 나타낸 것을 뜻한다.

22) 『역』「계사하(繫辭下)」: 服牛乘馬, 引重致遠, 以利天下, 蓋取諸隨.

23) 『예기』「단궁상(檀弓上)」【73b】: 夏后氏尚黑, 大事斂用昏, 戎事乘驪, 牲用玄. 殷人尚白, 大事斂用日中, 戎事乘翰, 牲用白. 周人尚赤, 大事斂用日出, 戎事乘騵, 牲用騂.

에서 백색의 수소를 사용하며, 주나라에서 적색의 장성한 소를 사용한 경우와 같다.24) '휘(徽)'는 깃발을 뜻하니, 마치 『주례』에 나오는 구기(九旗)와 같은 것이다. '호(號)'는 호칭과 이름을 뜻하니, 『주례』「대사마(大司馬)」편에서 "중하(仲夏)에는 발사(茇舍)25)에 대해서 가르친다."라고 했고, "호칭의 쓰임을 분별한다."라고 한 말에 해당한다.26) "의복을 구별한다."는 말은 관(冠)의 경우에는 하나라는 무추(毋追)를 사용하고, 은나라는 장보(章甫)를 사용하며, 주나라는 위모(委貌)를 사용한 것과 같고,27) 변(弁)의 경우에는 주나라는 변(弁)을 사용하고, 하나라는 수(收)를 사용하며, 은나라는 후(冔)를 사용한 것과 같으며,28) 노인을 봉양할 때의 복장에 있어서, 우(虞) 때에는 심의(深衣)29)를 사용하고,30) 하나라는 연의(燕衣)31)를 사용하며,32) 은나라는 호의(縞衣)33)를 사용하고,34) 주나라는 현의(玄衣)35)를 사용한

---

24) 『예기』「명당위(明堂位)」【402d】: 夏后氏牲尙黑, 殷白牡, 周騂剛.

25) 발사(茇舍)는 군대가 풀 등을 제거하여, 야지에서 휴식을 취한다는 뜻이다.

26) 『주례』「하관(夏官)·대사마(大司馬)」: 中夏, 敎茇舍, 如振旅之陳. 群吏撰車徒, 讀書契, 辨號名之用. 帥以門名, 縣鄙各以其名, 家以號名, 鄉以州名, 野以邑名, 百官各象其事, 以辨軍之夜事. 其他皆如振旅.

27) 『예기』「교특생(郊特牲)」【336a】: 委貌, 周道也. 章甫, 殷道也. 毋追, 夏后氏之道也.

28) 『예기』「교특생(郊特牲)」【336a】: 周弁, 殷冔, 夏收.

29) 심의(深衣)는 일반적으로 상의와 하의가 서로 연결된 옷을 뜻한다. 제후, 대부(大夫), 사(士)들이 평상시 집안에 거처할 때 착용하던 복장이기도 하며, 서인(庶人)에게는 길복(吉服)에 해당하기도 한다. 순색에 채색을 가미하기도 했다.

30) 『예기』「왕제(王制)」【179b】: 有虞氏, 皇而祭, 深衣而養老.

31) 연의(燕衣)에는 두 가지 뜻이 있다. 첫 번째는 잔치 때 입는 복장으로, 천자가 군신(群臣)들과 주연을 할 때 입는 복장을 가리킨다. 두 번째는 일상적으로 입는 복장을 뜻한다. 또한 천자가 퇴조(退朝) 후 한가롭게 거처할 때 착용하는 복장을 뜻하기도 한다.

32) 『예기』「왕제(王制)」【179c】: 夏后氏, 收而祭, 燕衣而養老.

33) 호의(縞衣)는 백색이 명주로 상의와 하의를 만든 옷이다. 또한 피변복(皮弁服)을 뜻하기도 하며, 상(喪)이나 흉사(凶事)를 당했을 때 착용하는 복장을 뜻하기도 한다.

34) 『예기』「왕제(王制)」【179c】: 殷人, 冔而祭, 縞衣而養老.

35) 현의(玄衣)는 고대의 제사 때 착용했던 적백색의 예복을 뜻하며, 천자는

것36) 등이 이러한 경우에 해당한다. 이곳 문단은 여러 가지 제도에 대한 일들을 나열했는데, 이것들은 지엽적인 것들이라 여겨서, 시기에 따라 변혁을 한다고 했으니, 아래문장에서 변혁시킬 수 없는 중대한 사안을 나타내기 위해서이다.

集解 輔氏廣曰: 聖人之治, 有所更易, 無非所以奉天命而順人心, 固非私意所能與也.

번역 보광37)이 말하길, 성인의 다스림에는 바꿀 수 있는 점이 있지만, 천명을 받들어서 인심에 따르지 않는 것이 없으니, 사사로운 뜻에 따라 할 수 있는 일이 아니다.

소소한 제사를 지낼 때 이 복장을 착용했다. 또 경(卿)이나 대부(大夫)들이 착용했던 명복(命服)을 뜻하기도 한다.
36) 『예기』「왕제(王制)」【179c】: 周人, 冕而祭, 玄衣而養老.
37) 경원보씨(慶源輔氏, ?~?): =보광(輔廣)·보한경(輔漢卿). 남송(南宋) 때의 학자이다. 자(字)는 한경(漢卿)이고, 호(號)는 잠암(潛庵)·전이(傳貽)이다. 여조겸(呂祖謙)과 주자(朱子)에게서 학문을 배웠다. 저서로는 『사서찬소(四書纂疏)』, 『육경집해(六經集解)』 등이 있다.

그림 6-1   ▣ 사대(四代) 때의 깃발

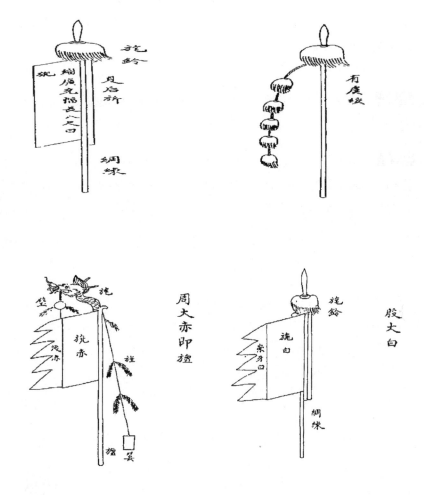

※ 출처: 『삼례도(三禮圖)』 2권

그림 6-2 ■ 방조(房俎)

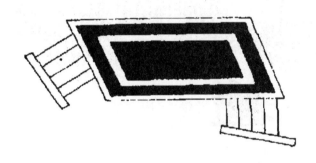

※ **출처:** 상단-『삼례도집주(三禮圖集注)』13권
　　　　하단-『육경도(六經圖)』9권

그림 6-3 ▣ 후대의 융로(戎路: =革路)

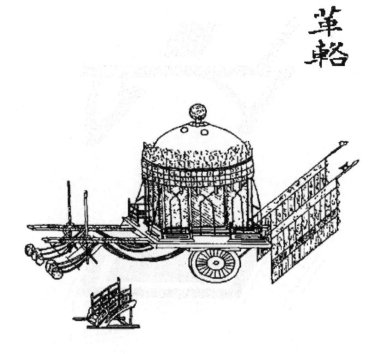

革輅

※ 출처:『황조예기도식(皇朝禮器圖式)』11권

그림 6-4 ▣ 위모(委貌)

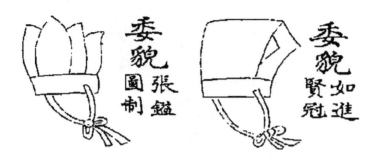

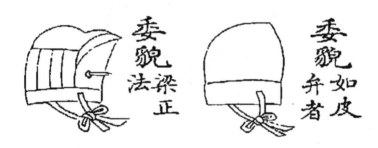

※ 출처: 『삼례도집주(三禮圖集注)』3권

그림 6-5   ▣ 장보(章甫)와 무추(毋追)

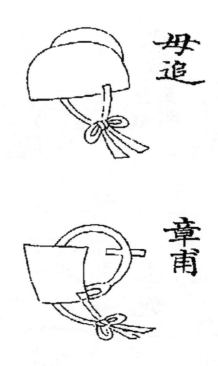

※ **출처:** 『삼례도집주(三禮圖集注)』 3권

● 그림 6-6 ▣ 수(收)와 후(冔)

夏
收

殷
冔

※ 출처:『삼례도(三禮圖)』 2권

그림 6-7 □ 변(弁)과 작변(爵弁)

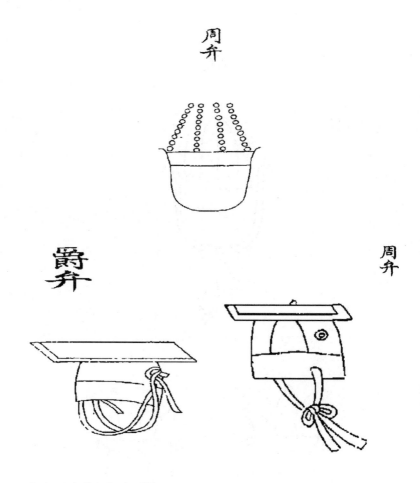

※ 출처: 상단-『삼례도(三禮圖)』2권
　　　　하단-『삼례도집주(三禮圖集注)』3권

그림 6-8 ■ 심의(深衣)

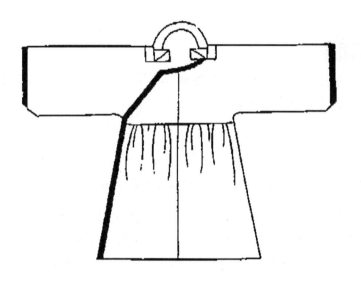

深衣即中衣麻衣長衣註見本章

※ **출처:** 『삼례도집주(三禮圖集注)』 3권

백성들을 위해 변혁할 수 없는 것

【426b】

其不可得變革者則有矣. 親親也, 尊尊也, 長長也, 男女有別,
此其不可得與民變革者也.

직역 그 變革을 不可得한 者는 有한다. 親을 親하고, 尊을 尊하며, 長을 長하고,
男女에 別이 有하니, 此는 그 民과 與하여 變革을 不可得한 者이다.

의역 그러나 그 중에는 변혁을 시킬 수 없는 것도 있다. 친근한 자를 친근하게
대하고, 존귀한 자를 존귀하게 대하며, 연장자를 연장자로 대하고, 남녀 사이에 구
별됨이 있는데, 이것들은 백성들과 함께 변혁시킬 수 없는 것들이다.

集說 此天地之常經, 故不可變革.

번역 이것들은 천지의 항상된 법칙이기 때문에, 변혁시킬 수 없다.

大全 慶源輔氏曰: 親親, 仁也. 尊尊·長長, 義也. 男女有別, 禮也. 知者,
知此者也. 信者, 信此者也. 其不得而變革者, 經也.

번역 경원보씨가 말하길, 친근한 자를 친근하게 대함은 인(仁)이다. 존귀
한 자를 존귀하게 대하며, 연장자를 연장자로 대하는 것은 의(義)이다. 남녀
사이에 구별됨이 있는 것은 예(禮)이다. 지(知)는 이러한 것들을 아는 것이다.
신(信)은 이러한 것들을 믿는 것이다. 변혁할 수 없는 것은 법도이다.

鄭注 四者, 人道之常.

번역 이 네 가지 것들은 인도의 항상된 도리이다.

釋文 長長, 並丁丈反, 後除注"隷者長"並同. 別, 彼列反.

번역 '長長'에서의 두 '長'자는 그 음이 모두 '丁(정)'자와 '丈(장)'자의 반절음이며, 뒤에 나오는 주의 기록 중 '隷者長'이라고 할 때의 '長'자를 제외하면, 나머지 글자들은 그 음이 이와 같다. '別'자는 '彼(피)'자와 '列(렬)'자의 반절음이다.

集解 四者乃人道之大故, 不可得而變革. 孔子言"殷因於夏禮, 周因於殷禮", 董子言"王者有改制之名, 無變道之實", 是也. 上文言人道之當先, 此又言人道之不變, 唯其不可變, 所以必當先也.

번역 이 네 가지 것들은 인도의 중요한 원칙이므로, 변혁을 시킬 수 없다. 공자가 "은(殷)나라는 하(夏)나라의 예법에 따르고 있고, 주(周)나라는 은나라의 예법에 따르고 있다."[1]라고 했고, 동중서가 "천자에게는 제도를 고친다는 명칭은 있어도, 도를 변화시키는 실질은 없다."라고 한 말에 해당한다. 앞에서는 인도에 있어서 마땅히 먼저 해야 할 것들을 언급했고, 이곳에서는 또한 인도에 있어서 바꿀 수 없는 것을 언급했으니, 오직 바꿀 수 없는 것들에 대해서 반드시 먼저 해야 하는 것이다.

---

1) 『논어』「위정(爲政)」: 子曰, "殷因於夏禮, 所損益, 可知也, 周因於殷禮, 所損益, 可知也. 其或繼周者, 雖百世, 可知也."

동성(同姓) 친족과 이성(異姓) 친족에 대한 다스림

【426b】

同姓從宗合族屬. 異姓主名治際會, 名著而男女有別.

직역 同姓은 宗을 從하여 族屬을 合한다. 異姓은 名을 主하여 際會를 治하니, 名이 著하면 男女에 別이 有한다.

의역 동성의 친족들은 대종 및 소종을 통해 종족들이 회합된다. 이성의 친족들은 명칭을 중심으로 회합을 하니, 명칭이 드러나면, 남녀 사이에 구별됨이 생긴다.

集說 同姓, 父族也. 從宗, 從大宗小宗也. 合聚其族之親屬, 則無離散陵犯之事. 異姓, 他姓之女來歸者也. 禮莫大於分, 分莫大於名. 卑者爲婦, 尊者爲母, 以婦與母之名, 治昏姻交際會合之事, 名分顯著, 尊卑有等, 然後男女有別, 而無淫亂賊逆之禍也.

번역 '동성(同姓)'은 부계의 친족을 뜻한다. '종종(從宗)'은 대종(大宗)[1] 및 소종(小宗)을 따른다는 뜻이다. 그의 종족인 친족들을 회합한다면, 떠나거나 흩어져서 참람되게 구는 일이 없게 된다. '이성(異姓)'은 다른 성씨의

---

1) 대종(大宗)은 소종(小宗)과 상대되는 말이다. 소종과 '대종'은 고대 종법제(宗法制)에 따른 구분이다. 적장자(嫡長子)의 한 계통만이 '대종'이 되고, 나머지 아들들은 소종이 된다. 예를 들어 천자의 적장자는 '대종'이 되고, 나머지 아들들은 소종이 된다. 만약 소종인 천자의 나머지 아들들이 제후가 되었다면, 본인의 나라에서는 '대종'이 되지만, 천자에 대해서는 역시 소종이 된다. 제후가 된 자의 적장자는 본인의 나라에서 '대종'이 되고, 나머지 아들들은 소종이 된다.

여자로 시집을 온 자이다. 예(禮)는 구분을 하는 것보다 큰 것이 없고, 구분은 명칭을 바로잡는 것보다 큰 것이 없다. 상대적으로 미천한 자는 며느리의 명칭을 갖고, 존귀한 자는 모친의 명칭을 가지니, 며느리와 모친의 명칭으로 혼인으로 맺어진 여자들과 회합하는 일을 다스리면, 명칭과 구분이 현저하게 밝혀지고, 신분에 등급이 정해지니, 이처럼 한 뒤에야 남녀 사이에 구별됨이 생기고, 음란하거나 패역하게 되는 근심이 없게 된다.

大全 東萊呂氏曰: 名著而男女有別, 大抵婦人尊卑, 本無定位, 隨其夫之尊卑爾, 故所主者在名.

번역 동래여씨가 말하길, 명칭이 드러나서 남녀 사이에 구별됨이 생긴다고 했는데, 대체로 부인들 사이의 신분 차이는 본래 정해진 지위가 없고, 남편의 신분에 따를 뿐이다. 그렇기 때문에 중심으로 삼는 것이 명칭에 달려 있다.

鄭注 合, 合之宗子之家, 序昭穆也. 異姓, 謂來嫁者也, 主於母與婦之名耳. 際會, 昏禮交接之會也. 著, 明也. 母·婦之名不明, 則人倫亂也. 亂者, 若衛宣公·楚平王爲子取而自納焉.

번역 '합(合)'자는 종자의 집을 중심으로 회합시켜서, 소목(昭穆)에 따른 서열을 정하는 것이다. '이성(異姓)'은 시집온 여자들을 뜻하니, 모친이나 며느리라는 명칭을 중심으로 할 따름이다. '제회(際會)'는 혼례를 통해 맺어진 자들이 모인다는 뜻이다. '저(著)'자는 "밝힌다[明]."는 뜻이다. 모친과 며느리의 명칭이 불분명하다면, 인륜의 질서가 혼란스럽게 된다. 혼란스러운 경우는 위(衛)나라 선공(宣公)이나 초(楚)나라 평왕(平王)이 아들의 여자를 자신의 아내로 들인 일과 같다.

釋文 際音祭. 著, 知慮反. 爲, 于僞反, 下"相爲"同.

번역 '際'자의 음은 '祭(제)'이다. '著'자는 '知(지)'자와 '慮(려)'자의 반절음이다. '爲'자는 '于(우)'자와 '僞(위)'자의 반절음이며, 아래문장에 나오는 '相爲'에서의 '爲'자도 그 음이 이와 같다.

孔疏 ●"同姓"至"有別". ○正義曰: 此一節論同姓從宗, 異姓主名, 明男女有別之事, 各隨文解之.

번역 ●經文: "同姓"~"有別". ○이곳 문단은 동성의 친족들이 종주를 따르고, 이성의 친족들이 명칭을 위주로 함을 논의하여, 남녀 사이에 구별됨이 있는 사안을 밝히고 있으니, 각각의 문장에 따라서 풀이하겠다.

孔疏 ●"同姓從宗"者, 同姓, 父族也. 從宗, 謂從大小宗也.

번역 ●經文: "同姓從宗". ○'동성(同姓)'은 부계 친족들을 뜻한다. '종종(從宗)'은 대종이나 소종을 따른다는 뜻이다.

孔疏 ●"合族屬"者, 謂合聚族人親疏, 使昭爲一行, 穆爲一行, 同時食, 故曰"合族屬"也.

번역 ●經文: "合族屬". ○친소 관계에 있는 족인들을 회합하여, 소(昭) 항렬을 이루는 자들을 한 행으로 만들고, 목(穆) 항렬을 이루는 자들을 한 행으로 만들어서, 함께 식사를 한다는 뜻이다. 그렇기 때문에 "족속들을 회합한다."라고 말한 것이다.

孔疏 ●"異姓主名, 治際會"者, 異姓謂他姓之女, 來爲己姓之妻, 繫夫之親, 主爲母·婦之名. 夫若爲父行, 則主母名. 夫若子行, 則主婦名. 治, 正也. 際會, 所以主此母·婦之名, 正昏姻交接會合之事.

번역 ●經文: "異姓主名, 治際會". ○'이성(異姓)'은 다른 성씨의 여자로, 자기 가문의 아녀자가 된 여자들을 뜻하는데, 이들은 남편의 친족과 연계되어, 모친이나 며느리라는 명칭을 중심으로 구분하게 된다. 남편이 만약 부친 항렬이 된다면, 그 아내는 모친이라는 명칭을 중심으로 관계가 정해진다. 남편이 만약 자식 항렬이 된다면, 그 아내는 며느리라는 명칭을 중심으로 관계가 정해진다. '치(治)'자는 "바로잡다[正]."는 뜻이다. '제회(際會)'는 이러한 모친이나 며느리라는 명칭을 중심으로 삼아서, 혼인으로 맺어진 인척들과 회합을 할 때의 사안을 바로잡는 것이다.

孔疏 ●"名著而男女有別"者, 若母・婦之名著, 則男女尊卑異等, 各有分別, 不相淫亂, 凡姓族異者, 所以別異人也, 猶萬物皆各有名, 以相分別. 天子賜姓賜氏, 諸侯但賜氏, 不得賜姓, 降於天子也. 故隱八年左傳云: "無駭卒, 公問族於衆仲, 衆仲對曰: '天子建德, 因生以賜姓, 胙之土而命之氏. 諸侯以字爲諡, 因以爲族, 官有世功, 則有官族, 邑亦如之'", 以此言之, 天子因諸侯先祖所生, 賜之曰姓. 杜預云: 若舜生媯汭, 賜姓曰媯; 封舜之後於陳, 以所封之土, 命爲氏. 舜後姓媯而氏曰陳, 故鄭駁異義云: "炎帝姓姜, 大皞之所賜也. 黃帝姓姬, 炎帝之所賜也. 故堯賜伯夷姓曰姜, 賜禹姓曰姒, 賜契姓曰子, 賜稷姓曰姬, 著在書傳." 如鄭此言, 是天子賜姓也. 諸侯賜卿大夫以氏, 若同姓, 公之子曰公子, 公子之子曰公孫. 公孫之子, 其親已遠, 不得上連於公, 故以王父字爲氏, 若適夫人之子, 則以五十字伯仲爲氏, 若魯之仲孫・季孫是也. 若庶子妾子, 則以二十字爲氏, 則展氏・臧氏是也. 若男女, 則以父祖官及所食之邑爲氏, 以官爲氏者, 則司馬・司城是也; 以邑爲氏者, 若韓・趙・魏是也. 凡賜氏族者, 此爲卿乃賜. 有大功德者, 生賜以族, 若叔孫得臣是也. 雖公子之身, 若有大功德, 則以公子之字賜以爲族, 若仲遂是也. 其無功德, 死後乃賜族, 若無駭是也. 若子孫不爲卿, 其君不賜族, 子孫自以王父字爲族也. 氏・族對之爲別, 散則通也. 故左傳云"問族於衆仲", 下云"公命以字爲展氏", 是也. 其姓與氏, 散亦得通, 故春秋有姜氏・子氏, 姜・子皆姓而云氏是也.

번역 ●經文: "名著而男女有別". ○만약 모친이나 며느리라는 명칭이 드러나게 된다면, 남녀의 신분 차등에 각각 본분에 따른 구별이 생겨서, 서로 문란하게 되지 않으니, 무릇 성이 다른 족인들에 대해서는 성이 다른 자임을 구별하는 방법이다. 이것은 만물이 각각 제 자신의 이름을 가지고 있어서, 서로 구분되는 것과 같다. 천자는 성(姓)과 씨(氏)를 하사하는데, 제후는 단지 씨(氏)만 하사하고, 성(姓)은 하사할 수 없으니, 천자보다 낮추기 때문이다. 그래서 은공(隱公) 8년에 대한『좌전』의 기록에서는 "무해(無駭)가 죽었는데, 은공은 중중(衆仲)에게 족명(族名)의 하사에 대해서 물었다. 그러자 중중은 '천자는 덕이 있는 자를 제후로 세워서, 그가 태어난 땅의 이름에 따라서 성(姓)을 하사하고, 영토를 하사하며, 하사한 땅의 이름에 따라 씨(氏)에 대한 명을 줍니다. 제후는 신하의 자(字)에 따라서 시호(諡號)를 정해주고, 그것으로 족명을 정해주며, 관직에 부임하여 대대로 공적을 세웠다면, 관직의 이름으로 족명을 삼는 경우가 있고, 고을에 부임하여 잘 다스리면 또한 고을의 이름에 따라 족명을 삼는 경우도 있습니다.'"[2]라고 했다. 이를 통해 말해보면, 천자는 제후의 시조가 태어난 곳에 따라서 그에게 성(姓)을 하사한다. 두예[3]는 순(舜)임금과 같은 경우 규예(嬀汭)에서 태어났으므로, 성(姓)을 하사하며, '규(嬀)'라고 했고, 순임금의 후예는 진(陳)나라에 분봉을 시켜서, 분봉을 받은 토지에 따라서, 그에게 씨(氏)를 명해주었다. 따라서 순임금의 후예는 성(姓)은 규(嬀)이고, 씨(氏)는 진(陳)이다. 그렇기 때문에 정현은『오경이의』[4]를 반박하며, "염제(炎帝)[5]의 성

---

2) 『춘추좌씨전』「은공(隱公) 8년」: 無駭卒, 羽父請諡與族. 公問族於衆仲. 衆仲對曰, "天子建德, 因生以賜姓, 胙之土而命之氏. 諸侯以字爲諡, 因以爲族. 官有世功, 則有官族. 邑亦如之."

3) 두예(杜預, A.D.222~A.D.284): =두원개(杜元凱). 서진(西晉) 때의 유학자이다. 경조(京兆) 두릉(杜陵) 출신이다. 자(字)는 원개(元凱)이다.『춘추경전집해(春秋經典集解)』를 저술하였는데, 이 책은 현존하는『춘추(春秋)』의 주석서 중 가장 오래된 것이며,『십삼경주소(十三經注疏)』의『춘추좌씨전정의(春秋左氏傳正義)』에도 채택되어 수록되었다.

4) 『오경이의(五經異義)』는 후한(後漢) 때의 학자인 허신(許愼)이 지은 책이다. 유실되었는데, 송대(宋代) 때 학자들이 다시 모아서 엮었다. 오경(五經)에 관한 고금(古今)의 유설(遺說)과 이의(異義)를 싣고, 그에 대한 시비(是非)를 판별한 내용들이다.

5) 염제(炎帝)는 신농(神農)이다. 소전(少典)의 아들이고, 오행(五行)으로 구분했을 때 화(火)를 주관하며, 계절로 따지면 여름을 주관하고, 방위로 따지면 남쪽을 주관하는 자이다.『여씨춘추(呂氏春秋)』「맹하기(孟夏紀)」편에는 "其日丙丁, 其帝炎帝."이라는 기록이 있고, 이에 대한 고유(高誘)의 주에서

(姓)은 강(姜)이며, 태호(太皞)[6]에게서 하사받은 것이다. 황제(黃帝)[7]의 성
(姓)은 희(姬)이며, 염제에게서 하사받은 것이다. 그렇기 때문에 요(堯)임금
은 백이(伯夷)에게 성(姓)을 하사하며, '강(姜)'이라고 한 것이고, 우(禹)임

---

6) 는 "炎帝, 少典之子, 姓姜氏, 以火德王天下, 是爲炎帝, 號曰神農, 死託祀於南
方, 爲火德之帝."라고 풀이했다. 한편 '염제'는 신농의 후손들을 지칭하기도
한다. 『사기(史記)』「봉선서(封禪書)」편에는 "神農封泰山, 禪云云; 炎帝封泰
山, 禪云云."라는 기록이 나오는데, 이에 대한 『사기색은(史記索隱)』의 주
에서는 "神農後子孫亦稱炎帝而登封者, 律曆志, '黃帝與炎帝戰於阪泉', 豈黃
帝與神農身戰乎? 皇甫謐云炎帝傳位八代也."라고 풀이했다. 즉 신농의 자손
들 또한 시조의 명칭에 따라서 '염제'라고 부르기도 하는데, 『사기』「율력지
(律曆志)」편에는 황제(黃帝)와 '염제'가 판천(阪泉)에서 전쟁을 벌였다는 기
록이 있는데, 어떻게 시대가 다른 두 사람이 직접 전쟁을 할 수 있는가?
황보밀(皇甫謐)은 이 문제에 대해서 여기에서 말하는 '염제'는 신농의 8대
손이라고 풀이했다.

6) 태호(太皞)는 태호(太昊)라고도 부른다. '태호'는 복희(伏犧)를 가리킨다. 오
행(五行)으로 구분했을 때 목(木)을 주관하며, 계절로 따지면 봄을 주관하
고, 방위로 따지면 동쪽을 주관하는 자이다. 『여씨춘추(呂氏春秋)』「맹춘기
(孟春紀)」편에는 "其帝, 太皞, 其神, 句芒."이라는 기록이 있고, 이에 대한
고유(高誘)의 주에서는 "太皞, 伏羲氏, 以木德王天下之號, 死祀於東方, 爲木
德之帝."라고 풀이했다.

7) 황제(黃帝)는 헌원씨(軒轅氏), 유웅씨(有熊氏)이라고도 부른다. 전설시대에
존재했다고 전해지는 고대 제왕(帝王)이다. 소전(少典)의 아들이고, 성(姓)
은 공손(公孫)이다. 헌원(軒轅)이라는 땅의 구릉 지역에 거주하였기 때문
에, 그를 '헌원씨'라고도 부르는 것이다. 또한 '황제'는 희수(姬水) 지역에도
거주를 하였기 때문에, 이 지역의 이름을 따서 성(姓)을 희(姬)로 고치기도
하였다. 그리고 수도를 유웅(有熊) 땅에 마련하였기 때문에, 그를 '유웅씨'
라고도 부르는 것이다. 한편 오행(五行) 관념에 따라서, 그는 토덕(土德)을
바탕으로 제왕이 되었다고 여겼는데, 흙[土]이 상징하는 색깔은 황(黃)이므
로, 그를 '황제'라고 부르는 것이다. 『역』「계사하(繫辭下)」편에는 "神農氏
沒, 黃帝 · 堯 · 舜氏作, 通其變, 使民不倦."이라는 기록이 있는데, 이에 대한
공영달(孔穎達)의 소(疏)에서는 "黃帝, 有熊氏少典之子, 姬姓也."라고 풀이
했다. 한편 '황제'는 오제(五帝) 중 하나를 뜻한다. 오행(五行)으로 구분했
을 때 토(土)를 주관하며, 계절로 따지면 중앙 계절을 주관하고, 방위로 따
지면 중앙을 주관하는 신(神)이다. 『여씨춘추(呂氏春秋)』「계하기(季夏紀)」
편에는 "其帝黃帝, 其神后土."라는 기록이 있고, 이에 대한 고유(高誘)의 주
에서는 "黃帝, 少典之子, 以土德王天下, 號軒轅氏, 死託祀爲中央之帝."라고
풀이했다.

금에게 성(姓)을 하사하며, 사(姒)라고 한 것이고, 설(契)에게 성(姓)을 하
사하며, '희(姬)'라고 한 것이니, 『서전』에 기록되어 있다."라고 했다. 이러
한 정현의 주장대로라면, 이것은 천자가 성(姓)을 하사한다는 사실을 나타
낸다. 제후는 경과 대부에게 씨(氏)를 하사하는데, 만약 동성(同姓)인 경우
라면, 군주의 자식에 대해서는 '공자(公子)'라고 부르고, 공자의 자식에 대
해서는 '공손(公孫)'이라고 부른다. 공손의 자식은 그 친족관계가 이미 멀어
진 것이니, 위로 군주와 연계를 시킬 수 없기 때문에, 왕부(王父)[8]의 자(字)
를 씨(氏)로 삼는다. 만약 정부인의 자식인 경우라면, 50세가 되었을 때 맏
이[伯]나 둘째[仲] 등의 명칭으로 씨(氏)를 삼으니, 마치 노(魯)나라의 중손
(仲孫)이나 계손(季孫)과 같은 경우가 여기에 해당한다. 만약 서자나 첩의
자식인 경우라면, 20세 때 자(字)로 씨(氏)를 삼으니, 전씨(展氏)나 장씨(臧
氏)와 같은 경우가 여기에 해당한다. 남녀의 경우라면, 부친이나 조부의 관
직 및 식읍으로 받은 고을의 이름으로 씨(氏)를 삼는데, 관직으로 씨(氏)를
삼는다면, 사마(司馬)나 사성(司城)과 같은 경우가 여기에 해당하며, 읍의
이름으로 씨(氏)를 삼는다면, 한(韓)이나 조(趙) 및 위(魏)와 같은 경우가
여기에 해당한다. 무릇 씨(氏)와 족명(族名)을 하사하는 경우는 곧 그 대상
이 경(卿)의 신분이 되었을 때 하사를 받게 된다. 큰 공덕을 가진 자에 대해
서는 그의 생전에 족명을 하사하니, 숙손득신(叔孫得臣)[9]과 같은 경우가
여기에 해당한다. 비록 공자 본인이라 하더라도, 큰 공덕을 갖게 된다면,
공자의 자(字)로써 그에게 족명을 하사하니, '중수(仲遂)'와 같은 경우가 여
기에 해당한다. 공덕이 없다면, 그가 죽은 뒤에 족명을 하사하니, '무해(無
駭)'[10]와 같은 경우가 여기에 해당한다. 만약 자손이 경(卿)의 신분이 되지
못한다면, 그의 군주는 그에게 족명을 하사할 수 없고, 자손들은 스스로
왕부의 자(字)로 족명을 삼는다. 씨(氏)와 족명은 상대적으로 말하면 구별
이 되지만, 범범하게 말하면 통용이 된다. 그렇기 때문에 『좌전』에서는 "중

---

8) 왕부(王父)는 부친의 아버지, 즉 조부(祖父)를 지칭하는 말이다. 『이아』「석
   친(釋親)」편에는 "父之考爲王父."라는 기록이 있다.
9) <그림 8-6> 참조. 숙손득신(叔孫得臣)은 숙손장숙(叔孫莊叔)이다.
10) <그림 8-8> 참조.

중(衆仲)에게 족명에 대해서 물었다."라고 한 것이고, 그 뒤에서는 "군주는 명령하여 자(字)로 전씨(展氏)를 삼았다."[11]라고 한 것이다. 성(姓)과 씨(氏)는 범범하게 말하면 이 또한 통용된다. 그렇기 때문에『춘추』에는 강씨(姜氏)나 자씨(子氏)의 기록이 있는데, '강(姜)'과 '자(子)'는 모두 성(姓)에 해당하지만, 씨(氏)라고 부른 것이다.

孔疏 ◎注"若衛"至"納焉". ○正義曰: 按春秋左氏傳桓十六年: "初, 衛宣公烝於夷姜, 生急子, 娶於齊而美. 公取之, 生壽及朔." 又昭十九年左傳: 楚平王, 郹陽封人之女奔之, 生大子建, 爲大子建良秦女而美, 平王自納之. 是其淫亂之事也.

번역 ◎鄭注: "若衛"~"納焉". ○『춘추좌씨전』환공(桓公) 16년의 기록을 살펴보면, "애초에 위(衛)나라 선공(宣公)은 이강(夷姜)과 간통을 하여, 급자(急子)를 낳았고, 제(齊)나라에서 급자의 아내를 들였는데, 그녀가 아름다웠다. 그래서 선공은 그녀를 아내로 들여서, 수(壽)와 삭(朔)을 낳았다."[12]라고 했고, 또 소공(昭公) 19년에 대한『좌전』의 기록에서는 초(楚)나라 평왕(平王) 때 격양(郹陽) 땅을 지키는 사람의 여식이 평왕을 따라와서, 그녀를 첩으로 삼아 태자인 건(建)을 낳았고, 태자 건을 위해서 진(秦)나라에서 아내를 들이도록 했는데, 그녀가 아름다워서, 평왕이 그녀를 자신의 아내로 들였다고 했다.[13] 이것이 바로 음란하게 된 일화이다.

集解 愚謂: 同姓從宗, 合族屬者, 若宗子祭則族人皆侍, 是也. 異姓主名, 治際會者, 異姓之女, 於己本無親屬, 故繫其夫而定母·婦之名, 以治際會之事

---

11)『춘추좌씨전』「은공(隱公) 8년」: 公命以字爲展氏.

12)『춘추좌씨전』「환공(桓公) 16년」: 初, 衛宣公烝於夷姜, 生急子, 屬諸右公子. 爲之娶於齊, 而美, 公取之. 生壽及朔.

13)『춘추좌씨전』「소공(昭公) 19년」: 楚子之在蔡也, 郹陽封人之女奔之, 生大子建. 及卽位, 使伍奢爲之師, 費無極爲少師, 無寵焉, 欲讒諸王, 曰, "建可室矣." 王爲之聘於秦, 無極與逆, 勸王取之.

也. 際會, 謂於吉凶之事相交際而會合也. 若特牲禮宗婦在房中, 士喪禮婦人俠牀東面, 衆婦人戶外北面, 是也. 鄭氏專以昏禮言, 非是. 蓋同姓族屬漸衆, 懼其離, 有宗以統之, 則不至於離. 異姓男女相聚, 懼其亂, 有名以別之, 則不至於亂.

번역 내가 생각하기에, "동성(同姓)은 종주를 따라서 족속들을 회합한다."는 말은 마치 종자가 제사를 지낸다면, 족인들이 모두 시중을 드는 경우를 뜻한다. "이성(異姓)은 명칭을 중심으로 회합을 다스린다."라고 한 말은 이성(異姓)인 여자들은 본인과 본래 친속관계가 없기 때문에, 그녀의 남편과 연계하여, 모친이나 며느리 등의 명칭을 정하여, 회합하는 일을 다스린다는 뜻이다. '제회(際會)'는 길흉의 사안에 대해서, 서로 교류하여 회합하는 때를 뜻한다. 마치 『의례』「특생궤식례(特牲饋食禮)」편에서 종족의 며느리들은 방안에 있다고 하고, 『의례』「사상례(士喪禮)」편에서 부인들은 상(牀)을 끼고서 동쪽을 바라보며, 나머지 며느리들은 호(戶) 밖에서 북쪽을 바라본다고 한 경우에 해당한다. 정현은 전적으로 혼례를 통해서 설명을 했는데, 잘못된 주장이다. 무릇 동성의 족속들은 점차 불어나게 되어, 관계가 끊어질 것을 염려하였으니, 종주를 두어서 통합을 하면, 관계가 끊어지는 지경에는 이르지 않는다. 이성인 남녀가 함께 모였을 때에는 문란하게 될 것을 염려하였으니, 명칭을 정해서 구별을 한다면, 문란하게 되는 지경에는 이르지 않는다.

그림 8-1 ◼ 태호(太昊) 복희씨(伏羲氏)

氏 羲 伏 昊 太

※ 출처: 『삼재도회(三才圖會)』「인물(人物)」 1권

그림 8-2 ▣ 염제(炎帝) 신농씨(神農氏)

※ 출처: 『삼재도회(三才圖會)』「인물(人物)」1권

그림 8-3 ◼ 황제(黃帝) 헌원씨(軒轅氏)

氏　轅　軒　帝　黃

※ 출처: 『삼재도회(三才圖會)』「인물(人物)」1권

● 그림 8-4 ▣ 노(魯)나라 세계도(世系圖)

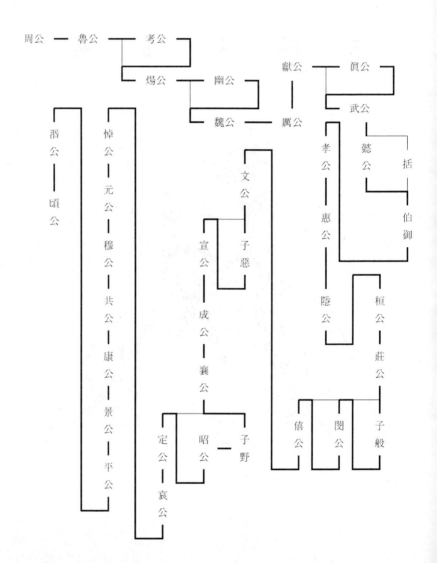

※ 출처: 『역사(繹史)』 1권 「역사세계도(繹史世系圖)」

그림 8-5　■ 노(魯)나라 맹손씨(孟孫氏)의 가계도(家系圖)

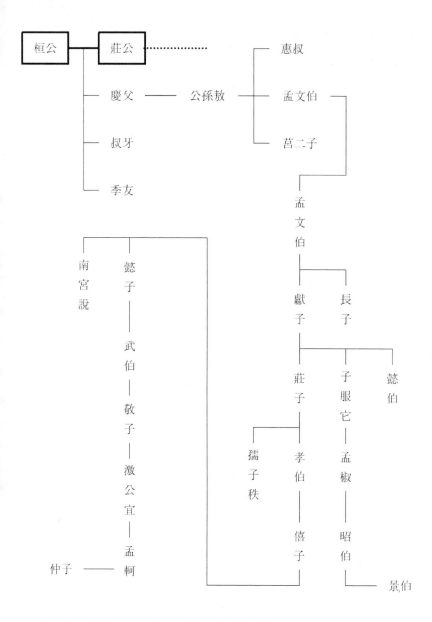

※ 출처: 『역사(繹史)』 1권 「역사세계도(繹史世系圖)」

그림 8-6 ▣ 노(魯)나라 숙손씨(叔孫氏)의 가계도(家系圖)

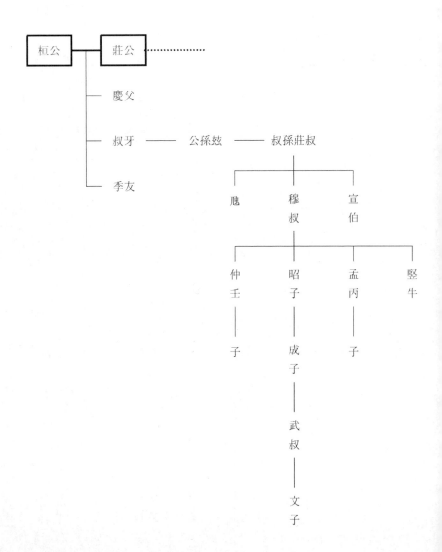

※ **출처:**『역사(繹史)』1권 「역사세계도(繹史世系圖)」

그림 8-7 ▣ 노(魯)나라 계손씨(季孫氏)의 가계도(家系圖)

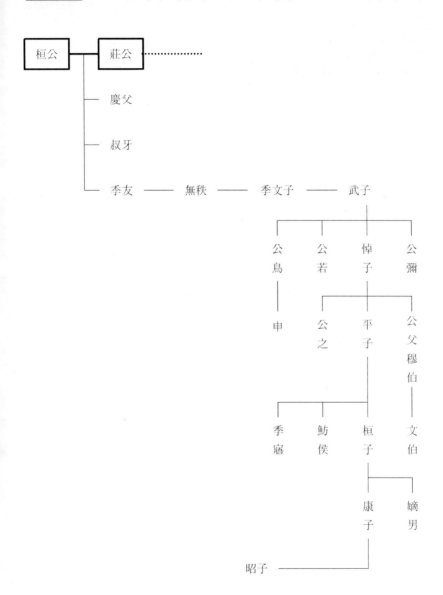

※ 출처: 『역사(繹史)』 1권 「역사세계도(繹史世系圖)」

● 그림 8-8 ▣ 노(魯)나라 전씨(展氏)의 가계도(家系圖)

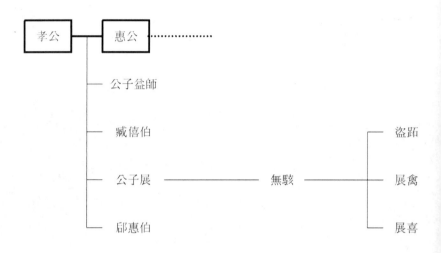

※ 출처:『역사(繹史)』 1권「역사세계도(繹史世系圖)」

그림 8-9 ▣ 노(魯)나라 장씨(臧氏)의 가계도(家系圖)

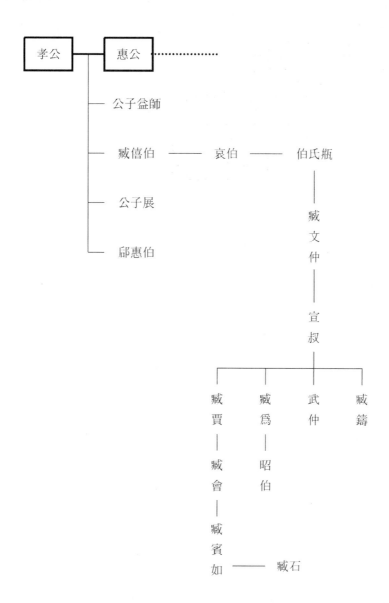

※ **출처:** 『역사(繹史)』1권「역사세계도(繹史世系圖)」

그림 8-10 ▣ 노(魯)나라 중수(仲遂)의 가계도(家系圖)

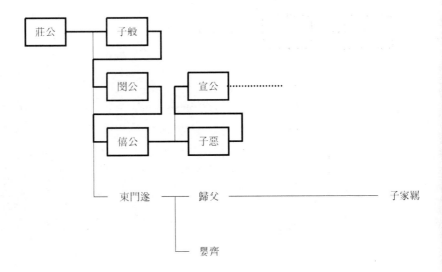

◎ 중수(仲遂) : =동문수(東門遂)

※ 출처: 『역사(繹史)』 1권 「역사세계도(繹史世系圖)」

그림 8-11 ◼ 위(衛)나라 세계도(世系圖) Ⅰ :
강숙(康叔)부터 영공(靈公)까지

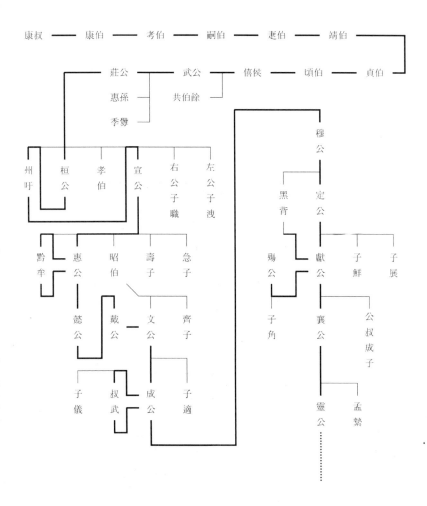

※ **출처:**『역사(繹史)』1권「역사세계도(繹史世系圖)」

● 그림 8-12 ▣ 초(楚)나라 세계도(世系圖) Ⅱ :
　　　　　　　 장왕(莊王)부터 부추(負芻)까지

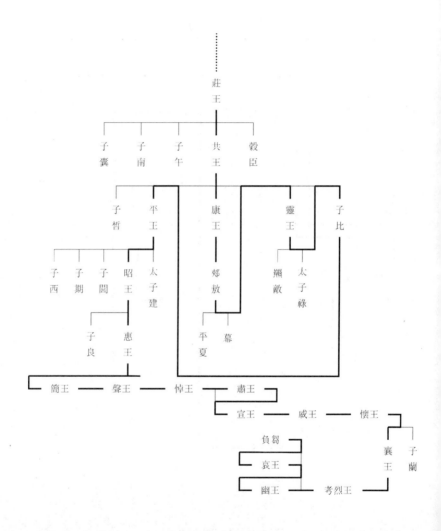

※ 출처: 『역사(繹史)』 1권 「역사세계도(繹史世系圖)」

【426c】

其夫屬乎父道者, 妻皆母道也; 其夫屬乎子道者, 妻皆婦道
也. 謂弟之妻婦者, 是嫂亦可謂之母乎? 名者人治之大者也,
可無愼乎?

직역 그 夫가 父道에 屬한 者는 妻는 皆히 母道이며; 그 夫가 子道에 屬한 者는
妻는 皆히 婦道이다. 弟의 妻를 婦라 謂하는 者는 是는 嫂를 亦히 之를 母라 謂함이
可한가? 名者는 人治의 大者이니, 可히 愼이 無한가?

의역 아녀자들은 남편의 항렬에 따르므로, 만약 남편이 부친 항렬에 속한다면,
그의 처도 모두 모친 항렬에 해당한다. 반대로 남편이 자식 항렬에 속한다면, 그의
처도 모두 며느리 항렬에 해당한다. 동생의 처는 제수인데, 그녀에 대해서 며느리
라고 부를 수 없다. 만약 이처럼 부르게 된다면, 형수에 대해서 또한 모친이라고
부를 수 있게 되는데, 가능하겠는가? 명칭이라는 것은 인도의 다스림 중 가장 큰
것이니, 신중히 하지 않을 수 있겠는가?

集說 屬, 聯也. 父之兄弟爲伯叔父, 則其妻謂之伯叔母; 兄弟之子爲從子,
則其妻謂之婦, 此於昭穆爲宜. 弟之妻不可謂之爲婦, 猶兄之妻不可謂之爲母,
以紊昭穆也. 故云謂弟之妻婦者, 是嫂亦可謂之母乎? 言皆不可也. 舊說, 弟
妻可婦嫂不可母, 失其指矣.

번역 '속(屬)'자는 "연계된다[聯]."는 뜻이다. 부친의 형제는 백부나 숙
부가 되니, 그의 아내는 '백모(伯母)'나 '숙모(叔母)'라고 부르고, 형제의 자
식은 조카[從子]가 되니, 그의 아내는 '며느리[婦]'라고 부르는데, 이것은 소
목(昭穆)의 항렬에 따라 합당한 것이다. 동생의 아내에 대해서 며느리라고
부를 수 없으니, 이것은 형의 아내에 대해서 모친이라고 부를 수 없는 경우
와 같은 것으로, 소목의 항렬을 문란하게 만들기 때문이다. 그렇게 때문에
"동생의 아내에 대해서 며느리라고 부른다면, 형수에 대해서 또한 모친이
라고 부를 수 있는가?"라고 했으니, 모두 불가하다는 뜻이다. 옛 학설에서

는 동생의 처에 대해서 '부수(婦嫂)'라고 부를 수 있지만, 모친이라고는 부를 수 없다고 하는데, 이것은 그 요지를 놓친 주장이다.

大全 長樂陳氏曰: 母婦無昭穆, 而昭穆係於父子之別. 嫂婦無長幼, 而長幼係於兄弟之倫. 故婦於世叔父母則大功, 世叔於婦亦大功, 以其相遠而親之也. 兄公與叔於嫂婦無服, 嫂婦於兄公與叔亦無服, 以其相邇而遠之也.

번역 장락진씨가 말하길, 모친과 며느리 등은 본래 소목(昭穆)의 항렬이 없지만, 그녀들의 소목 항렬은 부친이나 자식의 구별에 따르게 된다. 형수나 제수는 본래 장유의 관계가 없지만, 그녀들의 장유 관계는 형제들의 서열에 따르게 된다. 그렇기 때문에 며느리 항렬에 속한 여자들은 숙부나 숙모 항렬에 대해서 대공복(大功服)을 착용하고, 숙부나 숙모 항렬도 며느리 항렬의 여자에 대해서 대공복을 착용하니, 관계가 서로 멀지만 친근하게 대하기 때문이다. 남편의 형이나 동생은 형수나 제수에 대해서 상복관계가 없고, 형수나 제수도 남편의 형이나 동생에 대해서 또한 상복관계가 없으니, 그들은 서로 가깝지만 멀리 대하기 때문이다.

大全 山陰陸氏曰: 孔子曰, 必也正名乎, 是也. 若子路者, 猶以爲迂, 故曰可不愼乎.

번역 산음육씨14)가 말하길, 공자가 "반드시 명칭을 바로잡을 것이다."라고 한 말이 바로 이러한 뜻에 해당한다. 자로와 같은 자도 오히려 우원하다고 여겼기 때문에,15) "신중히 하지 않을 수 있겠는가?"라고 말한 것이다.

---

14) 산음육씨(山陰陸氏, A.D.1042~A.D.1102): =육농사(陸農師)・육전(陸佃). 북송(北宋) 때의 유학자이다. 자(字)는 농사(農師)이며, 호(號)는 도산(陶山)이다. 어려서 집안이 매우 가난했다고 전해지며, 왕안석(王安石)에게 수학하였으나 왕안석의 신법에 대해서는 반대하였다. 저서로는 『비아(埤雅)』, 『춘추후전(春秋後傳)』, 『도산집(陶山集)』 등이 있다.

15) 『논어』「위정(爲政)」: 子路曰, "衛君待子而爲政, 子將奚先?" 子曰, "必也正名乎!" 子路曰, "有是哉, 子之迂也! 奚其正?"

鄭注 言母·婦無昭穆於此, 統於夫耳. 母焉則尊之, 婦焉則卑之, 尊之卑之, 明非己倫, 以厚別也. 言不可也, 謂之婦與嫂者, 以其在己之列, 以名遠之耳. 復謂嫂爲母, 則令昭穆不明, 昆弟之妻, 夫之昆弟, 不相爲服, 不成其親也. 男女無親, 則遠於相見. 人治所以正人.

번역 모친 및 며느리 항렬에 해당하는 여자는 남편 가문에 대해서 본래 소목(昭穆) 항렬이 없으니, 남편에게 통솔될 따름이라는 뜻이다. 모친 항렬의 경우라면, 존귀하게 높이고, 며느리 항렬의 경우라면, 상대적으로 낮추는데, 존귀하게 높이고 낮추는 것은 단순히 남편의 족인들과의 서열을 나눈 것이 아니며, 이를 통해 구별을 두텁게 하는 것을 나타낸다. 형수를 모친으로 부르는 행위는 할 수 없다는 뜻이니, 며느리라고 부르거나 형수라고 부르는 것은 자신의 항렬에 달려 있는 문제이기 때문에, 명칭에 따라서 멀리 대한 것일 뿐이다. 재차 형수에 대해서 모친이라고 부르게 된다면, 소목의 항렬을 불분명하게 만들고, 곤제의 처와 남편의 곤제들은 서로를 위해서 상복을 착용하지 않으니, 친족관계가 성립되지 않기 때문이다. 남녀사이에 친족관계가 없다면, 서로 만나볼 때에도 멀리 대한다. 인도의 다스림은 사람을 올바르게 만드는 방법이다.

釋文 屬音燭. 嫂, 本又作㛐, 悉早反. 遠, 于萬反, 下同. 復, 扶又反. 令, 力呈反. 治, 眞吏反, 注同.

번역 '屬'자의 음은 '燭(촉)'이다. '嫂'자는 판본에 따라서 또한 '㛐'자로도 기록하니, '悉(실)'자와 '무(조)'자의 반절음이다. '遠'자는 '于(우)'자와 '萬(만)'자의 반절음이며, 아래문장에 나오는 글자도 그 음이 이와 같다. '復'자는 '扶(부)'자와 '又(우)'자의 반절음이다. '令'자는 '力(력)'자와 '呈(정)'자의 반절음이다. '治'자는 '眞(진)'자와 '吏(리)'자의 반절음이며, 정현의 주에 나오는 글자도 그 음이 이와 같다.

孔疏 ●"其夫"至"道也". ○正義曰: 此一經言他姓婦人來嫁己族, 本無昭穆於己親, 惟繫夫尊卑, 而定母·婦之號也.

[번역] ●經文: "其夫"~"道也". ○이곳 경문은 다른 성(姓)을 가진 여자가 시집을 와서 자신의 족인이 되었는데, 본래는 자신의 친족과 소목(昭穆) 관계가 없으므로, 오직 남편의 신분에 따라서, 모친이나 며느리 등의 명칭이 정해진다는 사실을 언급하고 있다.

[孔疏] ●"其夫屬乎父道"者, 道, 猶行列也. 若其夫隨屬於己之父行者, 其妻皆卽己之母行也, 故云"妻皆母道"也.

[번역] ●經文: "其夫屬乎父道". ○'도(道)'자는 항렬을 뜻한다. 만약 그녀의 남편이 자기 종족에서 부친 항렬에 속해 있다면, 그의 처는 모두 남편 종족의 모친 항렬에 해당한다. 그렇기 때문에 "처는 모두 모친 항렬이 된다."라고 말한 것이다.

[孔疏] ●"其夫屬乎子道者, 妻皆婦道也"者, 謂其夫隨屬於己之子行者, 其妻皆婦行也. 故婦人來嫁己伯父之列, 卽謂之爲母也. 來嫁於己之子姪之行, 卽謂之爲婦也.

[번역] ●經文: "其夫屬乎子道者, 妻皆婦道也". ○남편이 자기 종족에서 자식 항렬에 속해 있다면, 그의 처는 모두 며느리 항렬에 해당한다. 그렇기 때문에 여자가 시집을 왔는데, 그녀의 남편이 자기 가문의 백부나 숙부 항렬이 된다면, 그녀에 대해서는 모친이라고 부르게 된다. 만약 시집을 왔는데, 그녀의 남편이 자기 가문의 자식이나 조카 항렬에 해당한다면, 그녀에 대해서는 며느리라고 부르게 된다.

[孔疏] ◎注"言母"至"別也". ○正義曰: 云"母·婦無昭穆於此"者, 此謂己之族也. 言他姓之女, 或爲婦, 或爲母, 先無昭穆於己之親族. 云"統於夫耳"者, 言所以有母·婦名者, 謂繫統於夫, 始有母·婦之名也. 云"尊之卑之, 明非己倫,

以厚別也"者, 謂之爲母者則尊敬之, 謂之爲婦者卽卑遠之. 旣尊卑縣絶, 明知非己之倫位, 所以厚重相分別之義也. 凡男女若無尊卑, 倫類相聚, 卽淫亂易生, 爲無相分別也.

번역 ◎鄭注: "言母"~"別也". ○정현이 "모친 및 며느리에 해당하는 여자는 남편 가문에 대해서 소목(昭穆) 항렬이 없다."라고 했는데, '차(此)'는 남편의 친족을 뜻한다. 즉 다른 성(姓)을 가진 여자는 며느리 항렬이 되거나 모친 항렬이 되지만, 우선적으로 남편의 친족 가문에 대해서 소목 항렬이 없다는 뜻이다. 정현이 "남편에게 통솔될 따름이다."라고 했는데, 모친이나 며느리에 대한 명칭이 생긴 이유를 설명한 것이니, 남편에게 통솔되어, 비로소 모친이나 며느리라는 명칭이 생긴다는 의미이다. 정현이 "존귀하게 높이고 낮추는 것은 단순히 남편의 족인들과의 서열을 나눈 것이 아니며, 이를 통해 구별을 두텁게 하는 것을 나타낸다."라고 했는데, 그녀에 대해서 모친 항렬로 삼는 경우라면 존경하게 되고, 그녀에 대해서 며느리 항렬로 삼는다면 상대적으로 낮추고 멀리 대한다는 뜻이다. 이미 신분의 차등이 현격하게 구분되었는데, 이것은 단순히 남편의 신분 서열에 따른 것이 아니며, 이를 통해 서로 구분되는 뜻을 더욱 두텁게 하는 것임을 나타낸다. 남녀 사이에 만약 신분의 차이가 없다면, 족인들이 모였을 때, 문란함이 쉽게 발생하여, 서로 구분이 없게 된다.

孔疏 ●"謂弟"至"母乎". ○此一經論兄弟之妻相稱謂之義. 凡子行之妻, 乃謂之爲婦, 弟非子行, 其妻亦謂之婦者, 以兄弟同倫, 嫌相褻瀆. 弟雖非子行, 其妻同子行之妻, 謂之爲婦, 欲卑遠之. 弟妻旣得爲婦號, 記者恐兄妻得爲母號, 故記者明之云: "是嫂亦可謂之母乎?" 言嫂不可亦謂之爲母也. 然弟妻旣得爲婦, 兄妻不可亦得爲母者, 然弟小於己, 妻必幼稚, 故可謂之爲婦. 而嫂不可借子妻之名謂之爲婦. 嫂雖是兄妻, 年必與己相類, 旣不甚縣絶, 何得謂之爲母? 且弟妻旣爲婦, 兄妻又爲母, 便是昆弟之倫翻爲父子之例, 故嫂不可謂之爲母, 而借嫂老之名以爲兄妻之號也.

번역 ●經文: "謂弟"~"母乎". ○이곳 경문은 형제의 처들이 서로를 지칭할 때 사용하는 호칭의 뜻을 논의하고 있다. 무릇 자식 항렬에 속한 남편의 처는 곧 그녀에 대해서 며느리 항렬로 부르는데, 동생은 자신의 자식 항렬이 아닌데도 그 처에 대해서 또한 며느리 항렬로 부르는 이유는 형제는 항렬이 같아서, 서로 너무 가깝게 지낸다는 혐의를 받기 때문이다. 동생이 비록 자식 항렬에 속한 자가 아니더라도, 그의 처에 대해서는 자식 항렬에 속한 자의 처와 동일하게 대하여, 그녀를 며느리 항렬로 부르니, 낮추고 멀리 대하고자 하기 때문이다. 동생의 처에 대해서 이미 며느리라는 호칭을 쓸 수 있다고 했는데, 『예기』를 기록한 자는 아마도 형의 처에 대해서 모친이라는 명칭을 쓸 수 있다고 오해할 것을 염려했기 때문에, 『예기』에서는 그 사실을 명시하여, "형수에 대해서 또한 어머니라고 부를 수 있겠는가?"라고 말한 것이다. 즉 형수에 대해서는 또한 어머니라고 부를 수 없다는 뜻이다. 그러나 동생의 처에 대해서는 이미 며느리라는 칭호를 쓸 수 있다고 했는데, 형의 처에 대해서 또한 어머니라는 칭호를 쓸 수 없는 이유는 동생은 자신보다 나이가 어리니, 그의 처도 분명 나이가 어리기 때문에, 며느리라는 칭호를 쓸 수 있다. 그러나 형수는 자식 항렬에 속한 자의 처에게 쓰는 명칭에 따라서, 며느리라고 부를 수 없다. 형수가 비록 형의 처이고, 나이도 분명 자신과 비슷하겠지만, 이미 관계가 완전히 단절된 것이 아닌데, 어떻게 그녀에 대해서 모친이라는 명칭을 쓸 수 있겠는가? 또 동생의 처는 이미 며느리라고 불렀고, 형의 처에 대해서 또 어머니라고 여기게 된다면, 곤제 항렬에 속한 친족들을 도리어 부친이나 자식 항렬에 속한 자들로 여기게 된다. 그렇기 때문에 형수에 대해서는 모친이라는 칭호를 쓸 수 없고, '수로(嫂老)'라는 명칭을 빌려서, 형의 처에 대한 칭호로 삼는 것이다.

孔疏 ◎注"言不"至"相見". ○正義曰: "言不可"者, 謂嫂不可爲母也. 云"謂之婦與嫂者, 以其在己之列, 以名遠之耳"者, 謂之婦者弟妻, 謂之嫂者兄妻. "在己之列", 謂兄弟之妻作己之倫列, 恐相褻瀆, 故弟妻假以同子婦之名, 兄妻假以嫂老之名, 殊遠之也. 云"復謂嫂爲母, 則令昭穆不明"者, 既以子妻

之名名弟妻爲婦, 若又以諸父之妻名名兄妻爲母, 則上下全亂, 昭穆不明, 故
不可也. 鄭注喪服亦云: "弟之妻爲婦者, 卑遠之, 故謂之婦. 嫂者, 尊嚴之, 是
嫂亦可謂之母乎?" 言其不可也. 故言乎以疑之, 是弟妻可借婦名, 是兄妻不可
借母名, 與此注正合, 無相違也. 而皇氏引諸儒異同, 煩而不當, 無所用也. 云
"昆弟之妻, 夫之昆弟, 不相爲服, 不成其親也"者, 若男女尊卑隔絶, 相服成親,
義無混雜. 此兄弟之妻, 己之倫列, 若其成親爲服, 則數相聚見, 姦亂易生, 故
令之無服, 所以疏遠之. 云"男女無親, 則遠於相見"者, 以其全同路人, 恩親不
接, 故云遠以相見.

번역　◎鄭注: "言不"~"相見". ○정현이 "불가하다는 뜻이다."라고 했는
데, 형수에 대해서는 모친이라는 명칭을 쓸 수 없다는 뜻이다. 정현이 "며느
리라고 부르거나 형수라고 부르는 것은 자신의 항렬에 달려 있는 문제이기
때문에, 명칭에 따라서 멀리 대한 것일 뿐이다."라고 했는데, 며느리라고
부르는 여자는 동생의 처를 뜻하고, 형수라고 부르는 여자는 형의 처를 뜻
한다. "자신의 항렬에 달려 있다."라는 말은 형제의 처들에 대해서, 자기
형제들끼리의 등차 항렬을 적용하게 되면, 아마도 서로 너무 치근하게 대
하게 될 것을 염려했기 때문에, 동생의 처에 대해서는 자식 항렬의 부인에
게 붙이는 명칭을 빌려서 붙이고, 형의 처에 대해서는 수로(嫂老)라는 명칭
을 빌려서 붙이니, 자못 멀리 대하고자 하기 때문이다. 정현이 "재차 형수에
대해서 모친이라고 부르게 된다면, 소목의 항렬을 불분명하게 만든다."라
고 했는데, 이미 자식 항렬의 처에 대한 명칭으로 동생의 처를 불러, 며느리
라고 했는데, 만약 백부나 숙부 등의 처에 대한 명칭에 따라서, 형의 처에
대한 명칭으로 삼아 모친이라고 한다면, 상하 관계가 모두 문란하게 되고,
소목 관계가 불분명하게 된다. 그렇기 때문에 불가하다. 『의례』「상복(喪服)」
편에 대한 정현의 주에서는 또한 "동생의 처를 며느리라고 부르는 것은
낮추고 멀리 대하기 때문에, 며느리라고 부르는 것이다. 형수에 대해서는
존숭하고 엄하게 높인다고 하더라도, 형수에 대해서 또한 모친이라고 부를
수 있겠는가?"16)라고 했다. 이 말은 불가하다는 뜻이다. 그렇기 때문에 '호
(乎)'자를 기록하여 의문시했던 것이니, 동생의 처에 대해서는 명칭을 빌려

서 며느리라고 부를 수 있지만, 형의 처에 대해서는 명칭을 빌려서 모친이라고 부를 수 없다는 의미로, 이곳의 주와 완전히 합치되며, 서로 위배되는 점이 없다. 황간은 여러 학자들의 주장을 인용하여, 동이(同異) 문제를 밝혔는데, 번잡하고 마땅하지 않으므로, 인용해서 쓸 것이 없다. 정현이 "곤제의 처와 남편의 곤제들은 서로를 위해서 상복을 착용하지 않으니, 친족관계가 성립되지 않기 때문이다."라고 했는데, 만약 남녀사이의 신분이 엄격하게 구별되어, 서로를 위해 상복을 입어서 친족관계를 성립시킨다면, 도의상 혼잡스러울 것이 없다. 그러나 형제의 처에 대해서, 자기 족인들에게 적용되는 항렬을 따라, 만약 그녀를 친족으로 여겨 상복을 착용하게 된다면, 자주 서로 만나보게 되어, 간악하고 문란한 일들이 쉽게 발생한다. 그렇기 때문에 그들로 하여금 상복을 착용하지 못하게 하여, 소원하게 대하도록 한 것이다. 정현이 "남녀사이에 친족관계가 없다면, 서로 만나볼 때에도 멀리 대한다."라고 했는데, 완전히 관계가 없는 것처럼 하여, 은정과 친분이 서로 관여하지 않기 때문에, "서로 만나볼 때에도 멀리 대한다."라고 말한 것이다.

孔疏 ●"名者, 人治之大者也, 可無愼乎". ○名謂母·婦之名, 言得之則昭穆明, 失之則上下亂, 是人治之大者也, 可得不愼之乎? 言須愼名也.

번역 ●經文: "名者, 人治之大者也, 可無愼乎". ○'명(名)'은 모친이나 며느리 등의 명칭을 뜻하니, 이러한 명칭을 정한다면, 소목(昭穆)의 질서가 분명해지고, 그것을 잃는다면, 상하 관계가 문란하게 되므로, 인도를 다스리는 중요한 것에 해당하니, 신중히 하지 않을 수가 있겠느냐는 의미이다. 즉 명칭에 대해서 신중히 처리해야만 한다는 뜻이다.

訓纂 江氏永曰: 按喪服傳亦有此文, 彼釋夫之昆弟何以無服, 意謂弟妻不

---

16) 이 문장은 『의례』「상복(喪服)」편의 "傳曰, 何以大功也? …… 故名者, 人治之大者也, 可無愼乎?"라는 기록에 대한 정현의 주이다.

可謂婦, 猶嫂不可謂母, 是以不爲制服以遠之. 而今人皆謂弟妻爲婦, 則當爲制婦之服, 同於子婦, 豈兄妻亦可爲制母之服而同於伯叔母乎? 是皆不可也. 舊說謂弟妻爲婦者, 卑遠之, 使下同於子妻, 則本無婦名, 假其子妻, 同推而遠之, 與本文意不協. 傳意似謂兄之妻, 尊之而爲嫂. 弟之妻, 但當謂弟之妻, 不可謂之婦. 猶兄弟之子但當謂兄之子弟之子, 不可謂之姪也. 譏時人稱"弟婦", 亂名實之失也.

번역　강영[17]이 말하길, 『의례』「상복(喪服)」편의 전문(傳文)에도 이러한 기록이 있는데, 「상복」편의 기록은 남편의 곤제에 대해서 상복을 착용하지 않는 이유를 풀이한 것이며, 그 의미는 동생의 처는 며느리라고 부를 수 없으니, 형수에 대해서 모친이라고 부를 수 없는 경우와 같다. 이러한 까닭으로 이러한 관계에 해당하는 상복 제도를 만들지 않아서 멀리 대한 것이다. 그런데 현재의 사람들이 모두 동생의 처에 대해서 며느리라고 부른다면, 마땅히 며느리에 대한 상복 제도를 제정해서, 자식 항렬의 며느리에 대한 경우와 동일하게 해야 하는데, 어떻게 형의 처에 대해서도 또한 모친에 대한 상복 제도를 만들어서, 백모나 숙모에 대한 경우와 동일하게 할 수 있겠는가? 이러한 것들은 모두 할 수 없다. 옛 학설에서는 동생의 처에 대해서 며느리라고 부른 것은 낮추고 멀리 대하여, 그녀로 하여금 자식의 처와 동일하게 낮추도록 했던 것이니, 본래는 며느리라는 명칭이 없었으나, 자식의 처에 대한 명칭을 빌려서, 동일하게 미루어 보아, 멀리 대한 것이라고 했다. 그러나 그 주장은 본래의 문장 뜻과 합치되지 않는다. 「상복」편의 전문에 나타난 뜻은 아마도 형의 처에 대해서는 존귀하게 높여서 형수로 여기고, 동생의 처에 대해서는 단지 동생의 처라고만 부르며, 며느리라고 부를 수 없다는 의미 같다. 이것은 형제의 자식에 대해서 단지 형의 자식이나 동생의 자식이라고 부르며, 조카라고 부를 수 없는 경우와 같다. 따라서 이것은 당시 사람들이 '제부(弟婦)'라고 지칭했던 것을 기록한 것이

---

17) 강영(江永, A.D.1681~A.D.1762) : 청(淸)나라 때의 경학자이다. 자(字)는 신수(愼修)이다. 『십삼경주소(十三經注疏)』에 대한 연구를 했으며, 특히 삼례(三禮)에 대해 해박했다.

니, 명분과 실질이 합치되지 않아 문란하게 된 것을 나타낸다.

集解 愚謂: 此一節本儀禮喪服傳之文, 言婦人爲夫之昆弟無服之義. 此篇引之, 則以明昆弟之妻所以不爲母·婦之名也. 道, 謂昭穆之行列也. 異姓婦人來嫁己族, 唯繫其夫以爲尊卑. 故其夫爲父道, 則其妻有母道, 而其名謂之母; 其夫爲子道, 則其妻有婦道, 而其名謂之婦. 昆弟昭穆同, 兄長於我, 而非有父道, 則其妻不可謂之母; 弟幼於我, 而非有子道, 則其妻不可謂之婦也. 爾雅曰: “兄之妻曰嫂, 弟之妻曰婦.” 是後世稱於兄妻猶但稱爲嫂, 不稱爲母, 而於弟妻則稱爲婦, 故記者緣類以曉之, 言若稱弟之妻爲婦, 則是嫂亦可謂之母矣, 而可乎? 言其不可也. 人治, 言治人道也. 蓋尊屬卑屬之妻, 其際會主名以治之, 昆弟之妻, 其際會又以不爲之名者治之, 以其無尊卑之分, 而尤嚴其別也. 蓋人道有四: 篇首二節, 言上治祖·禰之事; 此上二節, 申言男女有別之事; 此下二節, 申言旁治昆弟之事. 不言下治子·孫者, 子·孫與祖·禰相對, 能事祖·禰, 則子·孫之治在其中矣.

번역 내가 생각하기에, 이곳 문단은 본래 『의례』 「상복(喪服)」편의 전문(傳文) 기록으로, 부인들은 남편의 곤제에 대해서 상복 관계가 성립되지 않는다는 뜻을 나타낸다. 「대전」편에서 이 내용을 인용했다면, 인용문을 통해서 곤제의 처에 대해서는 모친이나 며느리의 명칭으로 부를 수 없는 뜻을 나타낸 것이다. '도(道)'는 소목(昭穆)에 따른 항렬이다. 이성(異姓)의 여자가 시집을 와서 자기 가문의 사람이 되었다면, 단지 그녀의 남편에 따라서 신분이 결정된다. 그렇기 때문에 남편이 부친 항렬이 된다면, 그의 처에게도 모친 항렬이 적용되는 것이며, 그녀에 대한 명칭을 모친이라고 부를 수 있다. 또 그녀의 남편이 자식 항렬이 된다면, 그의 처에게는 며느리 항렬이 적용되는 것이며, 그녀에 대한 명칭을 며느리라고 부를 수 있다. 곤제는 자신과 소목의 항렬이 같은데, 형은 나보다 연장자이지만, 부친의 항렬은 아니니, 그의 처에 대해서는 모친이라고 부를 수 없다. 또 동생은 나보다 어리지만, 자식 항렬이 아니니, 그의 처에 대해서는 며느리라고 부를 수 없다. 『이아』에서는 “형의 처에 대해서는 '용(嫂)'이라고 부르며, 동생의 처에 대해서는 '부(婦)'라고 부른다."[18]라고 했다. 이것은 후세에도 형의 처에 대해서는 단지 '수(嫂)'라고만 불렀고, 모친이라고 부르지 않았으며, 동생의 처에 대해서는 며느리라고 불렀음을 나타낸다. 그렇기 때문에 『예기』를 기록한 자가 관련된 기록에 따라서 그 사실을 밝힌 것이니, 만약 동생의 처에 대해서 며느리라고 부를 수 있다면, 형수에 대해서도 또한 모친이라고 부를 수 있게 되는데, 가능하겠냐고 말한 것이니, 불가하다는 의미이다. '인치(人治)'는 인도를 다스린다는 뜻이다. 무릇 존귀한 자와 미천한 자의 처에 대해서, 그녀들과 모일 때에는 명칭을 중심으로 다스리지만, 곤제의 처에 대한 경우, 그녀들과 모일 때에는 또한 명칭에 따라 그 관계를 다스릴 수 없으니, 본래 신분의 차이가 없어서, 더욱 엄격하게 구별해야 한다. 인도에는 네 가지가 있다. 「대전」편의 첫 머리에 있는 두 단락에서는 위로 조부와 부친 항렬을 다스리는 일을 언급했고, 이곳 앞의 두 문단에서는 남녀에게 구별이 생기는 일을 거듭 언급했으며, 이곳 뒤의 두 문단에서는 옆으로 곤제를 다스리는 일을 거듭 언급했다. 아래로 자식과 손자 항렬을 다스리는 일을 언급하지 않은 것은 자식 및 손자는 조부 및 부친과 상대가 되어, 조부와 부친을 섬길 수 있다면, 자식과 손자 항렬을 다스리는 일 또한 그 안에 포함되기 때문이다.

---

18) 『이아』「석친(釋親)」: 女子謂兄之妻爲嫂, 弟之妻爲婦.

그림 8-13   ◨ 대공복(大功服)

※ 출처: 『삼재도회(三才圖會)』「의복(衣服)」 3권

• 제9절 •

종족관계와 혼인문제

四世而緦, 服之窮也. 五世袒免, 殺同姓也. 六世親屬竭矣.
其庶姓別於上, 而戚單於下, 昏姻可以通乎?

직역　四世하여 緦함은 服의 窮이다. 五世하여 袒하고 免함은 同姓에 殺함이다.
六世하면 親屬이 竭한다. 그 庶姓은 上에서 別하여, 戚이 下에서 單이나, 昏姻은
可히 通하겠는가?

의역　4세대가 지나면, 같은 고조를 모시는 친족들이 되니, 서로를 위해서 시마
복(緦麻服)을 착용한다. 5세대가 지나면, 고조의 부친을 함께 모시는 친족들이 되
니, 서로를 위해서 단면(袒免)을 할 따름으로, 동성(同姓)인 친족이라도 줄게 된
다. 6세대가 지나면, 고조의 조부를 함께 모시는 친족들이 되니, 친족관계가 끝나게
된다. 씨(氏)는 정식 성(姓)에 있어서 윗세대에서 갈라져 나온 것이고, 친족관계도
후대에서 다하였다고 하지만, 혼인을 할 수 있겠는가?

集說　四世, 高祖也. 同高祖者服緦麻, 服盡於此矣, 故云服之窮也. 五世袒
免, 謂共承高祖之父者, 相爲袒免而已, 是減殺同姓也. 六世則共承高祖之祖
者, 并袒免亦無矣, 故曰親屬竭也. 上, 指高祖以上也. 姓爲正姓, 氏爲庶姓, 故
魯姬姓而三家各自爲氏, 春秋諸國皆然, 是庶姓別異於上世也. 戚, 親也. 單,
盡也. 四從兄弟, 恩親已盡, 各自爲宗, 是戚單於下也. 殷人五世以後, 則相與
通昏, 故記者設問云: 今雖周世, 昏姻可以通乎?

번역　4세대라는 말은 고조까지를 뜻한다. 고조가 같은 친족들에 대해서

는 시마복(總麻服)을 착용하니, 정규 상복 규정은 이 관계에서 다하기 때문에, "상복의 제도가 다한다."라고 말한 것이다. 5세대가 지난 자들에 대해서는 단면(袒免)[1]을 하니, 고조의 부친을 함께 모시는 자들은 서로를 위해서 단면만 할 따름이라는 뜻으로, 동성(同姓)인 친족이라도 줄이고 낮춘다는 뜻이다. 6세대가 지난 자들이라면, 고조의 조부를 함께 모시는 자들인데, 이들에 대해서는 단면 또한 없게 된다. 그렇기 때문에 "친속 관계가 끝난다."라고 말한 것이다. '상(上)'자는 고조 이상의 조상을 뜻한다. 성(姓)은 정식 성(姓)을 뜻하며, 씨(氏)는 서성(庶姓)이 된다. 그렇기 때문에 노(魯)나라는 희성(姬姓)의 국가이지만, 세 가문은 각각 제 자신의 씨(氏)를 갖췄던 것이니, 춘추시대의 제후국에서는 모두 이처럼 했다. 이것은 서성이 윗세대에서 별도로 갈라져 나온 것임을 뜻한다. '척(戚)'은 친족[親]을 뜻한다. '단(單)'자는 "다한다[盡]."는 뜻이다. 사종형제들은 은정과 친족관계가 이미 다하여, 각각 그 스스로 종가를 이루게 되니, 이것이 친족관계가 아래에서 다한다는 뜻이다. 은(殷)나라 때에는 5세대가 지난 뒤라면, 서로 혼인을 할 수 있었다. 그렇기 때문에 『예기』를 기록한 자는 의문 형식으로 기록하여, "현재 주(周)나라의 시대라 하지만, 혼인을 할 수 있는가?"라고 말한 것이다.

大全 嚴陵方氏曰: 四世者, 三從之親也, 以其疏而不足於哀也, 致其思而已, 故服謂之總焉. 五世者, 三從之外也, 以其尤疏, 但不襲不冠, 以變其吉爾, 故謂之袒免焉. 六世, 雖不變吉, 可也.

번역 엄릉방씨가 말하길, 4세대라는 말은 삼종의 친족들을 뜻하니, 그들은 관계가 소원하고, 애통함을 지극히 나타내기에는 부족하여, 그에 대한 추모를 다할 뿐이다. 그렇기 때문에 상복제도에 있어서, 그들을 위해서 시마복을 착용한다고 한 것이다. 5세대라는 말은 삼종 이외의 친족들을 뜻하

---

1) 단면(袒免)은 상의의 한쪽을 벗어 좌측 어깨를 드러내고, 관(冠)을 벗고 머리끈으로 머리를 묶는다는 뜻이다. 먼 친척이 죽었을 때, 해당하는 상복(喪服)이 없다면, 이처럼 '단면'을 해서 애도하는 마음을 표현하게 된다.

제9절 종족관계와 혼인문제 **141**

니, 그들은 더욱 관계가 소원하여, 단지 습(襲)[2]을 하지 않고, 관(冠)을 쓰지 않음으로써, 길복(吉服)에 변화만 줄 따름이다. 그렇기 때문에 그들을 위해서는 단면(袒免)을 한다고 했을 뿐이다. 6세대에 속한 자들에 대해서는 비록 길복에 변화를 주지 않더라도 괜찮다.

鄭注 四世共高祖, 五世高祖昆弟, 六世以外, 親盡無屬名. 問之也. 玄孫之子, 姓別於高祖. 五世而無服. 姓, 世所由生.

번역 4세대는 고조가 같은 자들이며, 5세대는 고조의 곤제에서 파생된 자손들을 뜻하고, 6세대 이외의 자들은 친족관계가 다하여, 친족관계에 따른 명칭이 없다. 마지막 말은 그러한 내용을 반문한 것이다. 현손의 자식인 경우, 성(姓)이 고조와 달라진 상황이다. 그리고 5세대가 지나서 상복관계가 형성되지 않은 경우이다. '성(姓)'은 세대가 지나서 그에 따라 파생된 것이다.

釋文 免音問. 殺, 色界反, 徐所列反. 戚, 千歷反. 單音丹. 昏姻, 如字.

번역 '免'자의 음은 '問(문)'이다. '殺'자는 '色(색)'자와 '界(계)'자의 반절음이며, 서음(徐音)은 '所(소)'자와 '列(렬)'자의 반절음이다. '戚'자는 '千(천)'자와 '歷(력)'자의 반절음이다. '單'자의 음은 '丹(단)'이다. '昏姻'은 글자대로 읽는다.

孔疏 ●"四世"至"然也". ○正義曰: 此一節論殷·周統緒宗族之異, 各依文解之.

---

2) 습(襲)은 고대에 의례를 시행할 때 하는 복장 방식 중 하나이다. 겉옷으로 안에 입고 있던 옷들을 완전히 가리는 방식이다. 한편 '습'은 비교적 성대한 의식 때 시행하는 복장 방식으로도 사용되어, 안에 있고 있는 옷을 드러내지 않음으로써, 공경의 뜻을 표하기도 했다.

번역 ●經文: "四世"~"然也". ○이곳 문단은 은(殷)나라와 주(周)나라에서 종족들을 통솔하여 질서를 세웠던 부분의 차이점을 논의하고 있으니, 각각의 문장에 따라서 풀이하겠다.

孔疏 ●"四世而緦, 服之窮也"者, 四世, 謂上至高祖下[3]至己兄弟, 同承高祖之後, 爲族兄弟, 相報緦麻, 是服盡於此, 故緦麻服窮, 是"四世"也. 爲親兄弟期, 一從兄弟大功, 再從兄弟小功, 三從兄弟緦麻, 共承高祖爲四世, 而緦服盡也.

번역 ●經文: "四世而緦, 服之窮也". ○4세대는 위로 고조로부터 밑으로 자신의 형제들까지를 뜻하니, 모두 고조를 함께 모시는 후손들을 의미한다. 이러한 동족의 형제들에 대해서는 서로를 위해 상복을 입을 때, 시마복(緦麻服)을 착용하니, 이러한 관계에서 정규 상복제도가 다하기 때문에, 시마복을 착용하여 상복관계가 다하는 것은 바로 '4세대'에 한정된다. 친형제를 위해서는 기년복(期年服)[4]을 착용하고, 일종형제에 대해서는 대공복(大功服)을 착용하며, 재종형제에 대해서는 소공복(小功服)을 착용하고, 삼종형제에 대해서는 시마복을 착용하는데, 함께 고조를 받드는 자는 4세대가 되어, 시마복을 통해 상복 관계가 다하게 된다.

孔疏 ●"五世袒免, 殺同姓也"者, 謂其承高祖之父者也, 言服袒免而無正服, 減殺同姓也.

---

3) '하(下)'자에 대하여. '하'자 앞에는 본래 '이(以)'자가 기록되어 있었는데, 완원(阮元)의 『교감기(校勘記)』에서는 "혜동(惠棟)의 『교송본(校宋本)』에는 '하'자 앞에 '이'자가 없고, 위씨(衛氏)의 『집설(集說)』에도 동일하게 기록되어 있다. 이곳 판본은 잘못하여 연문으로 들어간 것이며, 『민본(閩本)』·『감본(監本)』·『모본(毛本)』에도 연문으로 잘못 기록되었다."라고 했다.

4) 기년복(期年服)은 1년 동안 상복(喪服)을 입는다는 뜻이다. 또는 그 기간 동안 입게 되는 상복을 뜻하기도 하는데, 일반적으로 자최복(齊衰服)을 가리키는 용어로 사용된다. '기년복'이라고 할 때의 '기년(期年)'은 1년을 뜻하는데, '자최복'은 일반적으로 1년 동안 입게 되는 상복이 되기 때문이다.

번역 ●經文: "五世祖免, 殺同姓也". ○그들은 고조의 부친을 함께 받드는 자들임을 뜻하니, 그들을 위해서 상복을 착용할 때에는 단면(袒免)만 하고, 정규 상복이 없으니, 동성의 친족에 대해서 줄이고 낮춘다는 의미이다.

孔疏 ●"六世, 親屬竭矣"者, 謂其承高祖之祖者也, 言不服袒免, 同姓而已, 故云"親屬竭"矣.

번역 ●經文: "六世, 親屬竭矣". ○그들은 고조의 조부를 함께 받드는 자들임을 뜻하니, 그들을 위해서 단면(袒免)을 하지 않는 것은 단순히 동성(同姓)의 관계일 뿐임을 뜻한다. 그렇기 때문에 "친족관계가 끝난다."라고 말한 것이다.

孔疏 ●"其庶姓別於上"者, 此作記之人, 以殷人五世以後, 可以通婚, 故將殷法以問於周, 云周家五世以後, 庶姓別異於上, 與高祖不同, 各爲氏族, 不共高祖, 別自爲宗, 是"別於上"也.

번역 ●經文: "其庶姓別於上". ○『예기』를 작성한 사람은 은(殷)나라 때에는 5세대가 지난 이후에 서로 혼인을 할 수 있다고 했기 때문에, 은나라의 예법을 가지고 주(周)나라의 예법에 대해서 스스로 질문을 던진 것이니, 즉 주나라 때 5세대가 지난 이후, 성씨가 고조 이상의 조상으로부터 갈라져 나와서, 고조의 성(姓)과 달라지고, 각각의 씨(氏)와 족명(族名)을 쓰고 있으며, 고조를 함께 모시지 않아서, 별도로 종가가 된 상태이니, 이것은 "위로부터 갈라져 나온다."는 말에 해당한다.

孔疏 ●"而戚單於下"者, 戚, 親也; 單, 盡也. 謂四從兄弟, 因親盡於下, 各自爲宗, 不相尊敬. 庶, 衆也. 高祖以外, 人轉廣遠, 分姓衆多, 故曰庶姓也. 高祖以上, 復爲五宗也.

번역 ●經文: "而戚單於下". ○'척(戚)'은 친족[親]을 뜻한다. '단(單)'은

"다한다[盡]."는 뜻이다. 즉 사종형제의 경우, 친족관계가 후대에서 끝나서, 각각 스스로 종가를 세우고, 더 이상 서로를 존경하지 않는 상태를 의미한다. '서(庶)'자는 여럿[衆]이라는 뜻이다. 고조 이외의 조상에서 파생된 후손은 먼 세대가 지나고 관계도 매우 멀어져서, 성씨가 여러 가지로 분파되었기 때문에, '서성(庶姓)'이라고 말한 것이다. 고조 이상의 조상에서 파생된 후손들은 재차 그들의 관계 속에서 오종(五宗)[5]을 이룬다.

孔疏 ●"婚姻可以通乎"者, 問者旣見姓別親盡, 雖是周家, 婚姻應可以通乎? 問其可通與否.

번역 ●經文: "婚姻可以通乎". ○질문을 한 내용은 이미 성이 달라지고 친족관계가 다했는데, 비록 주(周)나라의 시대라 하더라도, 혼인이 통용되어야 하느냐는 의미이니, 혼인을 할 수 있는지 또는 아닌지를 물은 것이다.

孔疏 ◎注"問之"至"由生". ○正義曰: "問之"者, 是記者以殷法而問周五世後, 昏姻可以通否. 云"玄孫之子, 姓別於高祖"者, 玄孫與高祖服屬仍同, 其姓與高祖不異. 玄孫之子則四從兄弟, 承高祖父之後, 至己五世而無服, 各事小宗, 因字因官, 爲氏不同高祖之父. 是庶姓別於上, 庶姓爲衆姓也, 則氏族之謂也. 云"姓, 世所由生"者, 據五世無服, 不相稟承, 各爲氏姓, 故云"姓, 世所由生".

번역 ◎鄭注: "問之"~"由生". ○정현이 "물었다"라고 했는데, 이것은 『예기』를 기록한 자가 은(殷)나라 때의 예법을 통해, 주(周)나라에서도 5세대

---

5) 오종(五宗)은 종법제(宗法制)와 관련된 용어이다. 시조(始祖)의 적통을 이어 받은 자는 대종(大宗)이 되며, 고조부, 증조부, 조부, 부친의 대(代)에서 각각 파생된 집안을 소종(小宗)이라고 부른다. 따라서 대종은 적통을 이은 한 사람 내지는 그 사람의 집만이 해당하며, 고조부가 같은 삼종형제, 증조부가 같은 재종형제, 조부가 같은 종형제, 그리고 부친이 같은 친형제 등은 4개의 소종 집단을 형성하게 된다. 따라서 '오종'은 대종인 1개의 집안과 소종인 4개의 집단을 포함하여 부르는 명칭이다.

가 지난 이후, 혼인을 할 수 있는지의 여부를 물었다는 뜻이다. 정현이 "현손의 아들이 고조와 성이 갈라졌다."라고 했는데, 현손은 고조와 상복을 착용하게 되는 친족관계가 된다는 점에서는 동일하여, 그의 성(姓)은 고조와 다르지 않다. 그런데 현손의 자식인 경우라면, 사종형제들과 고조의 부친을 계승한 후손이 되어, 이미 5세대가 지나면 상복관계가 없어지며, 각각 자신들의 소종을 섬기니, 종주의 자(字) 및 관직명에 따라서 그들의 씨(氏)를 정해, 고조의 부친과 달라진다. 이것은 서성(庶姓)이 위로부터 달라진 것이니, '서성(庶姓)'은 여러 성들을 뜻하므로, 곧 씨(氏)나 족명(族名)을 의미한다. 정현이 "'성(姓)'은 세대가 지나서 그에 따라 파생된 것이다."라고 했는데, 5세대가 지나면 상복관계가 없다는 것에 근거해보면, 서로 받들지 않아서, 각각 씨(氏)와 성(姓)을 만들게 된다. 그렇기 때문에 "'성(姓)'은 세대가 지나서 그에 따라 파생된 것이다."라고 말한 것이다.

集解 愚謂: 四世而緦者, 由高祖之子至己爲四世, 凡旁親承高祖之後者爲之服緦麻, 喪服"族曾祖‧族祖父母‧族父母‧族昆弟"爲四緦麻, 是也. 窮, 猶終也. 五服之殺, 至緦麻而終也. 同高祖之親謂之族, 以在九族之內也. 五世在九族之外, 不得爲同族, 但同姓而已. 同姓旣疏, 故殺其恩誼, 但爲之祖免而無服也. 竭, 盡也. 五世而別族, 則親屬固竭矣, 然相爲祖免, 則猶有未盡竭者焉. 至六世, 幷不爲祖免, 則相弔而已, 蓋其異於途人之泛然者幾希矣, 故曰"親屬竭矣".

번역 내가 생각하기에, "4세대가 지난 자들에 대해서 시마복(緦麻服)을 착용한다."라는 말은 고조의 자식으로부터 자기 세대에 이르러 4세대가 된 경우로, 무릇 방계의 친족들 중 고조를 받드는 후손들은 서로를 위해서 시마복을 착용하니, 『의례』「상복(喪服)」편에서 족증조부‧족조부모‧족부모‧족곤제를 위해서 착용한다고 한 경우가 바로 시마복을 착용하는 네 가지 경우이다. '궁(窮)'자는 "끝나다[終]."는 뜻이다. 오복(五服)[6]에서 차등적으

---

6) 오복(五服)은 죽은 자와 친하고 소원한 관계에 따라 입게 되는 다섯 가지

로 줄여서, 시마복에 이르러, 정규 상복 제도가 끝났다는 뜻이다. 고조를 함께 모시는 친족들을 '족(族)'이라고 부르는 것은 구족(九族)[7] 안에 포함되기 때문이다. 5세대가 지나가게 되면, 그들은 구족 이외에 해당하여, 동족이라고 여길 수 없고, 단지 동성(同姓)인 자들로 여길 따름이다. 성(姓)만 같은 자들은 이미 관계가 소원하게 되었기 때문에, 은정을 줄이게 되므로, 단지 그들을 위해서 단면(袒免)만 하고, 정규 상복은 없게 된다. '갈(竭)'자는 "다한다[盡]."는 뜻이다. 5세대가 지나서 종족에서 갈라지게 된다면, 친족관계가 모두 다하게 되는데, 그런데도 서로를 위해서 단면을 한다면, 여전히 관계를 완전히 끝내지 못하는 점이 있기 때문이다. 6세대가 되면, 모든 관계에서 단면을 하지 않으니, 서로를 위해서 조문만 할 따름이다. 무릇 이러한 자들을 대하는 방법은 일반인을 범범하게 대하는 것과 차이가 매우 적기 때문에, "친족관계가 다한다."라고 말한 것이다.

集解 愚謂: 庶姓, 謂共高祖之親, 皆係於高祖以爲姓, 所謂族也. 正姓唯一, 高祖之姓衆多, 故曰"庶姓". 庶姓別於上, 謂高祖之父, 親盡於上, 其出於高祖之父者, 別有所繫以爲族, 而不復繫高祖之父以爲族也. 戚單於下, 謂同出於高祖之父者, 親盡而不相爲服也. 姓別戚單, 疑可通昏, 故據而問之.

상복(喪服)을 뜻한다. 참최복(斬衰服), 자최복(齊衰服), 대공복(大功服), 소공복(小功服), 시마복(緦麻服)을 가리킨다. 『예기』「학기(學記)」편에는 "師無當於五服, 五服弗得不親."이라는 기록이 있는데, 이에 대한 공영달(孔穎達)의 소(疏)에서는 "五服, 斬衰也, 齊衰也, 大功也, 小功也, 緦麻也."라고 풀이했다. 또한 '오복'에 있어서는 죽은 자와 가까운 관계일수록 중대한 상복을 입고, 복상(服喪) 기간도 늘어난다. 위의 '오복' 중 참최복이 가장 중대한 상복에 속하며, 그 다음은 자최복이고, 대공복, 소공복, 시마복 순으로 내려간다.

7) 구족(九族)은 친족을 범칭하는 말이다. 자신을 중심으로 위로 고조부(高祖父)까지의 네 세대, 아래로 현손(玄孫)까지의 네 세대까지 포함된 친족을 지칭한다. 『서』「우서(虞書)·요전(堯典)」편에는 "克明俊德, 以親九族."이라는 기록이 있는데, 이에 대한 공안국(孔安國)의 전(傳)에서는 "以睦高祖, 玄孫之親."이라고 풀이하였다. 일설에는 '구족'을 부친쪽 친척 중 4촌, 모친쪽 친척 중 3촌, 처쪽 친척 중 2촌까지를 지칭하는 용어라고도 풀이한다.

번역 내가 생각하기에, '서성(庶姓)'은 고조를 함께 모시고 있는 친족을 뜻하는데, 이들은 고조로부터 파생되어 각각 고조의 성(姓)을 각자의 성으로 삼은 것이니, 이른바 '족(族)'에 해당하는 자들이다. 정식 성(姓)은 단지 1가지일 뿐인데, 고조의 성이 다양하게 분파되기 때문에, '서성(庶姓)'이라고 말한 것이다. 서성은 위로부터 갈라진다고 했는데, 고조의 부친을 모시는 자들은 위로 그 친족관계가 다 하고, 고조의 부친에게서 파생된 후손들은 계통을 잡아서 족인으로 삼는 자들이 별도로 있고, 재차 고조의 부친과 연계해서 그 후손들을 족인으로 삼지 않는다. 친척관계가 밑에서 다한다는 말은 고조의 부친에게서 파생된 자들은 그 친족관계가 다하여, 서로를 위해서 상복을 착용하지 않는다는 뜻이다. 성(姓)이 갈라지고, 친척 관계가 끝났다면, 혹시 혼인을 해도 괜찮은지에 대한 의문이 들었기 때문에, 이러한 사실들을 제시하여 질문을 던진 것이다.

그림 9-1 ◼ 자최복(齊衰服)

※ 출처: 『삼재도회(三才圖會)』「의복(衣服)」 3권

그림 9-2 ◘ 소공복(小功服)

※ **출처:** 『삼재도회(三才圖會)』「의복(衣服)」 3권

그림 9-3 ◼ 시마복(緦麻服)

圖 服 麻 緦

※ 출처: 『삼재도회(三才圖會)』 「의복(衣服)」 3권

그림 9-4 ◪ 면(免)과 괄발(括髮)

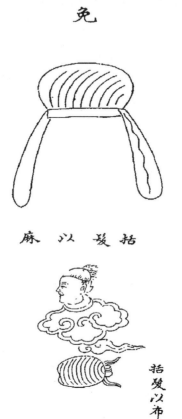

※ 출처: 『삼례도(三禮圖)』 3권

【427b】

繫之以姓而弗別, 綴之以食而弗殊, 雖百世而昏姻不通者, 周道然也.

직역 繫하길 姓으로써 하여 別을 弗하며, 綴하길 食으로써 하여 殊를 弗하니, 雖히 百世라도 昏姻이 不通한 者는 周道에서 然이라.

의역 혼인을 하는 것은 불가하다. 영원이 체천되지 않는 대종(大宗)이 있어서, 족인들을 통합할 때 성(姓)을 통해서 하여, 구별을 두지 않고, 그들을 음식에 대한 예법으로 회합을 시켜서, 차이를 두지 않으니, 비록 100세대가 지났더라도, 혼인을 할 수 없다. 이것은 주(周)나라의 도에서 이처럼 만든 것이다.

集說 周禮: 大宗百世不遷. 庶姓雖別, 而有本姓世繫以聯繫之, 不可分別也. 又連綴族人以飮食之禮, 不殊異也. 雖百世之遠, 無通昏之事, 此周道所以爲至, 而人始異於禽獸者也. 此是答上文設問之辭.

번역 주(周)나라의 예법에서는 대종(大宗)은 100세대가 지나더라도 체천되지 않는다고 했다. 서성(庶姓)이 비록 갈라졌지만, 본래의 성(姓)은 세대마다 연계되어, 이를 통해 족인들을 합치니, 구별할 수가 없다. 또 족인들을 음식에 대한 예법으로 모아서 회합하니, 차이를 둘 수 없다. 비록 100세대처럼 먼 시간이 흘렀더라도, 혼인을 하지 못하는 사안은 주나라의 도에서 이룩한 것으로, 사람이 비로소 금수와 달라진 점이다. 이것은 앞에서 질문을 했던 말에 대답을 한 기록이다.

大全 長樂陳氏曰: 恩出於情, 有時而可絶, 義出於理, 無時而可廢, 故六世而親屬竭者, 恩之可絶也, 百世而昏姻不通者, 義之不可廢也. 然恩之有絶, 其來尙矣, 而義之不廢, 特始於周, 故舜娶於堯, 而君子不以爲非禮, 昭公娶於吳, 而君子以爲不知禮, 以其時之文質不同故也.

번역 장락진씨가 말하길, 은정은 정감에서 나오므로, 때에 따라서 끊을 수가 있다. 그러나 도의는 이치에서 나오므로, 때에 따라 폐지할 수가 없다. 그렇기 때문에 6세대가 지나서 친족관계가 끊어진 경우, 은정도 끊어질 수가 있지만, 100세대가 지나더라도 혼인을 하지 못하는 것은 도의를 폐지할 수 없기 때문이다. 그러므로 은정이 끊어지는 것은 시간이 지나면서 항상 그런 것이지만, 도의를 폐지할 수 없는 것은 특별히 주(周)나라에서부터 비롯되었다. 그렇기 때문에 순(舜)임금이 요(堯)임금의 여식에게 장가를 들었던 것을 두고, 군자는 비례(非禮)라고 여기지 않았던 것이며, 소공(昭公)이 오(吳)나라의 여자를 아내로 들였던 것을 두고, 군자는 예(禮)를 알지 못한다고 했던 것이니, 각 시대의 규정과 바탕이 서로 달랐기 때문이다.

集說 周之禮, 所建者長也. 姓, 正姓也, 始祖爲正姓, 高祖爲庶姓. 繫之弗別, 謂若今宗室屬籍也. 周禮: "小史掌定繫世, 辨昭穆."

번역 주(周)나라 예(禮)에서는 건국을 한 자는 장자가 된다. '성(姓)'은 정통 성(姓)을 뜻하니, 시조의 성(姓)이 곧 정통 성(姓)이 되고, 고조가 새로 만든 씨(氏)는 서성(庶姓)이 된다. 통괄하여 구별을 하지 않는다는 말은 마치 현재의 종실에 있는 족보와 같은 것을 뜻한다. 『주례』에서는 "소사(小史)는 계세(繫世)와 같은 족보를 바로잡는 일을 담당하여, 소목(昭穆)을 변별한다."[8]라고 했다.

釋文 繫, 音計, 又戶計反. 別, 皇如字, 舊彼列反, 注及下同. 綴, 丁衛反. 連, 合也. 食音嗣. 定繫, 戶計反, 一音計.

번역 '繫'자의 음은 '計(계)'이며, 또한 '戶(호)'자와 '計(계)'자의 반절음도 된다. '別'자의 황음(皇音)은 글자대로 읽고, 구음(舊音)은 '彼(피)'자와 '列(렬)'자의 반절음이니, 정현의 주 및 아래문장에 나오는 글자도 그 음이

---

8) 『주례』「춘관(春官)·소사(小史)」: <u>小史掌邦國之志, 奠繫世, 辨昭穆</u>. 若有事, 則詔王之忌諱.

이와 같다. '綴'자는 '丁(정)'자와 '衛(위)'자의 반절음이다. '連'자는 합한다는 뜻이다. '食'자의 음은 '嗣(사)'이다. '定繫'에서의 '繫'자는 '戶(호)'자와 '計(계)'자의 반절음이며, 다른 음은 '計(계)'이다.

孔疏 ●"繫之"至"然也". ○前文記者以殷法而問周, 此經記者以周法而答問. 言周法婚姻不可通也.

번역 ●經文: "繫之"~"然也". ○앞의 문장에서 『예기』를 기록한 자가 은(殷)나라의 예법을 가지고 주(周)나라에 대한 경우를 질문하여, 이곳 경문에서는 『예기』를 기록한 자가 주나라의 예법을 가지고 답변을 한 것이다. 즉 주나라의 법도에서는 혼인이 통용되지 않는다는 뜻이다.

孔疏 ●"繫之以姓而弗別"者, 周法雖庶姓別於上, 而有世繫連繫之以本姓, 而不分別, 若姬氏·姜氏. 大宗百世不改也.

번역 ●經文: "繫之以姓而弗別". ○주(周)나라의 예법에서는 비록 서성(庶姓)이 되어 위로부터 갈라져 나왔지만, 본래의 성(姓)을 통해 세대가 연계되고 회합되는 점이 있어서, 완전히 구별되지 않으니, 마치 희씨(姬氏)나 강씨(姜氏)의 경우에는 대종의 성(姓)이므로, 100세대가 지나더라도 고쳐지지 않는다.

孔疏 ●"綴之以食而弗殊"者, 連綴族人以飲食之禮, 而不殊異也.

번역 ●經文: "綴之以食而弗殊". ○음식에 대한 예법으로 족인들을 회합하여, 차이를 두지 않는다는 뜻이다.

孔疏 ●"雖百世婚姻不通"者, 言雖相去百世, 而婚姻不得通.

번역 ●經文: "雖百世婚姻不通". ○비록 서로 세대가 멀어져서 100세대가 지났더라도, 혼인을 할 수 없다는 뜻이다.

孔疏 ●"周道然也"者, 言周道如此, 異於殷也. 是不許問者之辭也.

번역 ●經文: "周道然也". ○주(周)나라의 법도가 이와 같아서 은(殷)나라와는 다르다는 뜻이다. 이것은 질문한 내용을 허락하지 않는 말이다.

孔疏 ◎注"姓正"至"昭穆". ○正義曰: "姓, 正姓"者, 對氏族爲正姓也. 云"始祖爲正姓"者, 若炎帝姓姜, 黃帝姓姬. 周姓姬, 本於黃帝; 齊姓姜, 本於炎帝; 宋姓子, 本於契. 是始祖爲正姓也. 云"高祖爲庶姓"者, 若魯之三桓, 慶父·叔牙·季友之後, 及鄭之七穆, 子游·子國之後爲游氏·國氏之等. 云"若今宗室屬籍也"者, 以漢之同宗有屬籍, 則周家繫之以姓是也. 云"小史掌定繫世"者, 周禮小史之官, 掌定帝繫世本, 知世代昭穆, 故云"定繫世, 辨昭穆"也.

번역 ◎鄭注: "姓正"~"昭穆". ○정현이 "성(姓)은 정성(正姓)이다."라고 했는데, 씨(氏)나 족명(族名)과 대비해서 정통 성(姓)으로 여긴 것이다. 정현이 "시조의 성(姓)이 정통 성(姓)이 된다."라고 했는데, 예를 들어 염제(炎帝)의 성(姓)은 강(姜)이고, 황제(黃帝)의 성(姓)은 희(姬)이다. 주(周)나라는 본래의 성(姓)이 희(姬)인데, 이것은 황제의 성(姓)에 근본한 것이다. 또 제(齊)나라의 성(姓)은 강(姜)인데, 이것은 염제의 성(姓)에 근본한 것이다. 송(宋)나라의 성(姓)은 자(子)인데, 이것은 설(契)의 성(姓)에 근본한 것이다. 이것이 바로 시조의 성(姓)이 정통 성(姓)이 된다는 뜻이다. 정현이 "고조가 새로 만든 씨(氏)는 서성(庶姓)이 된다."라고 했는데, 마치 노(魯)나라에 있었던 삼환(三桓)[9]과 같은 경우로, 그들은 각각 경보(慶父)·숙아(叔牙)·계우(季友)의 후손들이며, 또 정(鄭)나라에 있었던 칠목(七穆)[10]과

---

9) 삼환(三桓)은 춘추시대(春秋時代) 때 노(魯)나라에 있었던 세 가문을 뜻한다. 맹손(孟孫: =仲孫), 숙손(叔孫), 계손(季孫)을 뜻하며, 이들은 모두 노나라 환공(桓公)의 후예이기 때문에, '삼환'이라고 부른다. 노나라 문공(文公) 이후에 '삼환'의 세력이 강성해져서, 노나라 정권을 장악하였다.

10) 칠목(七穆)은 정(鄭)나라 목공(穆公)의 자식 중 7명의 공자(公子)들로부터 비롯된 7개의 씨(氏)를 가리킨다. 7명의 공자는 자한(子罕), 자사(子駟), 자국(子國), 자양(子良), 자유(子游), 자풍(子豐), 자인(子印)을 뜻한다. 이들의

같은 경우로, 그들은 자유(子游) 및 자국(子國)의 후손이 유씨(游氏) 및 국씨(國氏)의 성을 쓰게 된 경우와 같다. 정현이 "마치 현재의 종실에 있는 족보와 같은 것을 뜻한다."라고 했는데, 한(漢)나라 때에는 종주가 같은 집안에는 족보와 같은 것이 있었으니, 이것은 곧 주나라 때 본래의 성(姓)으로 족인들을 통합했던 것에 해당한다. 정현이 "소사(小史)는 계세(繫世)와 같은 족보를 바로잡는 일을 담당한다."라고 했는데,『주례』에 나온 소사(小史)라는 관리는 제왕의 가계도가 기록된 세본(世本) 등을 바로잡는 일을 담당하여, 세대에 따른 소목(昭穆)의 서열을 안다. 그렇기 때문에 "족보를 바로잡고, 소목을 변별한다."라고 말한 것이다.

集解 愚謂: 百世而昏姻不通者, 周道然也, 則自殷以上, 男女別姓之禮固不如周之嚴矣. 然孔氏謂"殷不繫姓, 無繼別之宗, 五世而昏姻可通", <王制及小記疏.> 則恐不然. 盤庚告其臣曰: "玆予大享于先王, 爾祖其從與享之." 可知殷之臣其有功而祭於大烝者, 爲其後世之太祖矣. 周初分封列國, 所謂"殷民六族", "殷民七族", "懷姓九宗, 職官五正", 此皆殷之世家大族, 與國家相爲終始者, 何謂無繼別之宗乎? 姓本之始祖, 其所從來遠; 宗繫之別子, 其所從來近. 殷之昏姻, 雖辨姓之禮未嚴, 未必遂不辨宗也.

번역 내가 생각하기에, 100세대가 지나더라도 혼인을 할 수 없다는 것이 주(周)나라의 법도에서 그렇다고 했다면, 은(殷)나라로부터 그 이전의 경우에 남녀가 성(姓)이 달랐을 때의 혼례는 진실로 주나라처럼 매우 엄격하게 하지 않았을 것이다. 그런데 공영달[11]은 "은나라 때에는 본래의 성(姓)을 통해서 친족들을 연계시키지 않아서, 별자를 계승한 대종이 없었으니, 5세대가 지나게 되면, 혼인이 허용되었다."라고 했는데, <『예기』「왕제

후손은 한씨(罕氏), 사씨(駟氏), 국씨(國氏), 양씨(良氏), 유씨(游氏), 풍씨(豐氏), 인씨(印氏)가 되었다.
11) 공영달(孔穎達, A.D.574~A.D.648) : =공씨(孔氏). 당대(唐代)의 경학자이다. 자(字)는 중달(仲達)이고, 시호(諡號)는 헌공(憲公)이다.『오경정의(五經正義)』를 찬정(撰定)하는데 중심적인 역할을 했다.

(王制)」편 및 「상복소기(喪服小記)」편의 소(疏)에 나온다.> 아마도 그렇지는 않았을 것이다. 반경(盤庚)은 자신의 신하들에 대해서, "이에 나는 선왕에게 큰 제사를 지내고, 그대의 조상들도 그에 따라 흠향을 한다."[12]라고 했으니, 은나라 때의 신하 중 공덕을 세운 자가 있다면, 군주가 지내는 큰 종묘 제사에서 함께 제사를 받았던 경우도 있으니, 그는 그의 후대에 태조가 된다. 주나라 초기에는 땅을 분봉하여 여러 제후국들을 세웠으니, '은나라 유민 6민족'이나 '은나라 유민 7민족'이라고 말하고, "회성(懷姓)의 9개 종족과 직관(職官)의 오정(五正)이다."라고 했는데, 이들은 모두 은나라 때 대대로 가계가 이어진 큰 종족으로, 국가와 함께 가문이 시작되고 끝난 경우인데, 어떻게 별자의 뒤를 이어서 대종이 된 자가 없다고 하겠는가? 성(姓)은 시조의 성(姓)에 근본하여, 그것을 따르는 것이 매우 오래 전부터 유지된 일인데, 종가는 별자를 통해 연결되니, 그를 따르는 것은 오래 전부터 유지된 일이 아니다. 은나라의 혼인 제도가 비록 성을 분별하는 예법이 엄격하지 않았다고 하더라도, 종가를 구별하지 않는 정도는 아니었을 것이다.

集解 愚謂: 姓氏之別有三: 一曰姓, 始祖所受, 若殷之子, 周之姬, 百世不別者也, 此篇所謂"繫之以姓而弗別", 是也. 二曰氏, 別子之孫所受, 若魯之三桓, 鄭之七穆, 亦百世不別者也, 此篇所謂"別子爲祖, 繼別爲宗", 是也. 三曰族, 出於高祖者, 繫於高祖以爲稱, 若魯季氏之別出爲公甫氏, 孟氏之別出爲子服氏, 五世則別者也, 此篇所謂"庶姓別於上", 是也. 姓者, 諸侯所受於天子, 氏者, 大夫所受於諸侯, 而族, 則凡大夫士皆可係其高祖以爲稱, 而不必有所受也. 然通而言之, 則姓亦曰氏, 春秋書"姜氏"·"子氏", 是也. 氏, 亦曰族, 左傳"無駭卒, 羽父請謚與族", 是也. 族, 亦曰姓, 此言"庶姓", 是也.

번역 내가 생각하기에, 성씨(姓氏)의 구별에는 세 종류가 있다. 첫 번째는 '성(姓)'으로, 시조가 부여받은 것이니, 마치 은(殷)나라의 자(子), 주(周)

---

12) 『서』「상서(商書)·반경상(盤庚上)」: <u>玆予大享于先王, 爾祖其從與享之</u>, 作福作災, 予亦不敢動用非德.

나라의 희(姬)와 같은 경우에는 100세대가 지나더라도 갈라지지 않으니, 이곳 편에서 "연계하길 성(姓)으로 하며 갈라짐이 없다."라고 한 말에 해당한다. 두 번째는 '씨(氏)'이니, 별자[13]의 손자가 부여받은 것으로, 마치 노(魯)나라의 삼환(三桓), 정(鄭)나라의 칠목(七穆)과 같은 경우, 이 또한 100세대가 지나더라도 갈라지지 않으니, 이곳 편에서 "별자가 시조가 되어, 별자를 계승한 자가 대종이 된다."라고 한 말에 해당한다. 세 번째는 '족(族)'이니, 고조로부터 파생되어, 고조와 연계되어 그것을 칭호로 삼으니, 마치 노나라 계씨(季氏) 가문에서 별도로 파생되어 공보씨(公甫氏)[14]가 되고, 맹씨(孟氏)의 가문에서 별도로 파생되어 자복씨(子服氏)[15]가 된 경우와 같으니, 5세대가 지나게 되면 갈라지는 경우로, 이곳 편에서 "서성(庶姓)은 위에서 갈라진다."라고 한 말에 해당한다. '성(姓)'은 제후가 천자로부터 부여받는 것이며, '씨(氏)'는 대부가 제후로부터 부여받는 것이고, '족(族)'의 경우에는 대부와 사 중 모두 고조와 연계되어, 칭호로 삼게 되니, 반드시 부여받을 필요는 없다. 그런데 통괄적으로 말을 한다면, 성(姓) 또한 '씨(氏)'로 부르게 되니, 『춘추』에서 '강씨(姜氏)'나 '자씨(子氏)' 등으로 부른 경우가 여기에 해당한다. 씨(氏) 또한 '족(族)'으로 부르게 되니, 『좌전』에서 "무해(無駭)가 죽자 우보(羽父)가 시호 및 족명을 청원했다."라고 한 기록이 여기에 해당한다. 족(族) 또한 '성(姓)'이라고 부르니, 이곳에서 '서성(庶姓)'이라고 한 말이 이러한 경우에 해당한다.

---

13) 별자(別子)는 서자(庶子)와 같은 말로, 적정자 이외의 아들들을 뜻하는 말이다. 적장자는 대(代)를 이어받고, 나머지 '별자'들은 그 지위를 계승받지 못하므로, '별자'라고 부르는 것이다. 『예기』「대전(大傳)」편에는 "百世不遷者, 別子之後也, 宗其繼別子之所自出者."라는 기록이 있는데, 이에 대한 공영달(孔穎達)의 소(疏)에서는 "別子謂諸侯之庶子也. 諸侯之適子適孫繼世爲君, 而第二子以下悉不得禰先君, 故云別子."라고 풀이했다.

14) <그림 8-7> 참조.

15) <그림 8-5> 참조.

그림 9-5 ◨ 정(鄭)나라 칠목(七穆)의 가계도(家系圖)

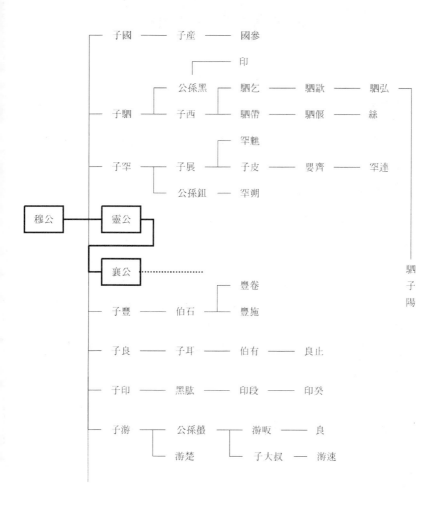

※ **출처:** 『역사(繹史)』 1권 「역사세계도(繹史世系圖)」

복술(服術)의 여섯 가지

【427c】

服術有六: 一曰親親, 二曰尊尊, 三曰名, 四曰出入, 五曰長
幼, 六曰從服.

직역 服術에는 六이 有하니, 一은 曰 親을 親함이고, 二는 曰 尊을 尊함이며,
三은 曰 名이고, 四는 曰 出入이며, 五는 曰 長幼이고, 六은 曰 從服이다.

의역 상복을 착용하는 방법에는 여섯 가지가 있다. 첫 번째는 친근한 자를 친
근하게 대하는 경우이고, 두 번째는 존귀한 자를 존귀하게 대하는 경우이며, 세
번째는 명칭에 따른 경우이고, 네 번째는 여자가 시집을 가지 않았느냐 갔느냐에
따른 경우이며, 다섯 번째는 나이에 따른 차등의 경우이고, 여섯 번째는 따라서
착용하는 경우이다.

集說 疏曰: 親親者, 父母爲首, 次妻子伯叔. 尊尊者, 君爲首, 次公卿大夫.
名者, 若伯叔母及子婦弟婦兄嫂之屬. 出入者, 女在室爲入, 適人爲出, 及爲人
後者. 長幼者, 長謂成人, 幼謂諸殤. 從服者, 下文六等, 是也.

번역 공영달의 소(疏)에서 말하길, 친근한 자를 친근하게 대하는 경우,
부모가 첫 번째가 되고, 그 다음으로는 처나 자식, 백부나 숙부에 대한 경우
가 된다. 존귀한 자를 존귀하게 대하는 경우, 군주가 첫 번째가 되고, 그
다음으로는 공(公) · 경(卿) · 대부(大夫) 등에 대한 경우가 된다. 명칭에 따
른 경우는 마치 백모 · 숙모 및 자부 · 제부 · 형수 등의 부류가 여기에 해당
한다. '출입(出入)'이라는 것은 여자가 아직 시집을 가지 않은 경우에는 '입

(入)'이 되고, 남에게 시집을 간 경우에는 '출(出)'이 되며, 남의 후손이 된 경우도 해당한다. '장유(長幼)'라는 것은 '장(長)'은 성인을 뜻하며, '유(幼)'는 요절한 자들을 뜻한다. '종복(從服)'이라는 것은 아래 문장에 나오는 여섯 등급의 경우가 여기에 해당한다.

鄭注 術猶道也. 親親, 父母爲首; 尊尊, 君爲首; 名, 世母叔母之屬也; 出入, 女子子嫁者及在室者; 長幼, 成人及殤也; 從服, 若夫爲妻之父母, 妻爲夫之黨服.

번역 '술(術)'자는 방법[道]과 같다. 친근한 자를 친근하게 대할 때, 부모에 대한 경우가 첫 번째이다. 존귀한 자를 존귀하게 대할 때, 군주에 대한 경우가 첫 번째이다. '명(名)'이라는 것은 세모·숙모 등의 부류에 해당한다. '출입(出入)'이라는 것은 딸자식이 시집을 가거나 아직 가지 못한 경우를 가리킨다. '장유(長幼)'라는 것은 성인과 요절한 자를 가리킨다. '종복(從服)'이라는 것은 남편이 처의 부모를 위해 상복을 착용하고, 처가 남편의 친족을 위해 상복을 착용하는 경우와 같다.

釋文 夫爲妻, 于僞反, 下至"其義然也"注皆同.

번역 '夫爲妻'에서의 '爲'자는 '于(우)'자와 '僞(위)'자의 반절음이며, 아래 '其義然也'라는 구문까지 정현의 주에 나오는 이 글자는 그 음이 모두 이와 같다.

孔疏 ●"服術"至"從服". ○正義曰: 此經明服術之制也. "一曰親親"者, 父母爲首, 次以妻·子·伯·叔. "二曰尊尊"者, 君爲首, 次以公卿大夫.

번역 ●經文: "服術"~"從服". ○이곳 경문은 상복을 착용하는 방법의 제도에 대해서 나타내고 있다. 경문의 "一曰親親"에 대하여. 부모의 경우가 첫 번째가 되고, 처·자식·백부·숙부에 대한 경우가 그 다음이 된다. 경문의 "二曰尊尊"에 대하여. 군주에 대한 경우가 첫 번째가 되고, 공(公)·경(卿)·대부(大夫)에 대한 경우가 그 다음이 된다.

孔疏 ●"三曰名"者, 若伯叔母及子婦幷弟婦兄嫂之屬也.

번역 ●經文: "三曰名". ○백모·숙모 및 자식의 부인·동생의 부인·형수 등의 부류와 같은 경우이다.

孔疏 ●"四曰出入"者, 若女子子在室爲入, 適人爲出, 及出繼爲人後者也.

번역 ●經文: "四曰出入". ○딸자식이 아직 시집을 가지 않았으면 입(入)이 되고, 남에게 시집을 가면 '출(出)'이 되며, 그 집을 나가서 남의 후계자가 된 자의 경우에 해당한다.

孔疏 ●"五曰長幼"者, 長, 謂成人; 幼, 謂諸殤.

번역 ●經文: "五曰長幼". ○'장(長)'은 성인이다. '유(幼)'는 요절한 자들을 뜻한다.

孔疏 ●"六曰從服"者, 卽下"從服"有六等是也.

번역 ●經文: "六曰從服". ○아래 문장에서 '종복(從服)'에는 여섯 등급이 있다고 한 말에 해당한다.

孔疏 ◎注"從服"至"黨服". ○正義曰: 按從服有六, 略擧夫妻相爲而言之也.

번역 ◎鄭注: "從服"~"黨服". ○살펴보면 종복(從服)에는 여섯 가지가 있는데, 대략적으로 남편과 처가 서로를 위해서 상복을 착용하는 경우를 언급한 것이다.

集解 術, 猶道也. 親親, 謂正卑之服. 尊尊, 謂正尊之服. 名, 謂異姓之女, 來嫁於己族, 主母・婦之名而爲之服. 喪服傳曰: "世母・叔母, 何以亦期也? 以名服也." 又曰: "從母", "何以小功也? 以名加也", 是也. 出入, 謂己族之女有出有入, 而服因之而有隆殺也. 未適人及反而在室者曰入, 適人曰出. 長, 謂旁親屬尊者之服. 幼, 謂旁親屬卑者之服也. 從服, 謂非己之正服, 從於人而服者也. 蓋親親者, 所以下治子・孫, 尊尊者, 所以上治祖・禰, 名者, 所以爲男女之別, 長幼者, 所以旁治昆弟也. 若出入, 則女子子爲親親之服, 姑・姉妹爲長幼之服, 而特其在家與適人之不同而已. 從服則夫之從妻, 但服其正尊, 子之從母, 妻之從夫, 兼服其旁尊, 亦皆不出乎尊尊長幼之義. 是服雖有六, 莫不由乎人道之四者而起也.

번역 '술(術)'은 방법[道]과 같다. 친근한 자를 친근하게 대한다는 말은 정통을 이은 자 중 신분이 낮은 자에 대한 상복을 뜻한다. 존귀한 자를 존귀하게 대한다는 말은 정통을 이은 자 중 신분이 높은 자에 대한 상복을 뜻한다. '명(名)'은 이성(異姓)의 여자가 자기 가문으로 시집을 와서, 모친 및 며느리의 명칭을 중심으로 질서를 정하여, 그녀에 대해 상복을 착용한다는 뜻이다. 『의례』「상복(喪服)」편의 전문(傳文)에서는 "세모와 숙모에 대해서 어째서 또한 기년복(期年服)을 착용하는가? 명칭에 따라 상복을 착용하기 때문이다."[1]라고 했고, 또 "종모[2]를 위해서 입는다."라고 하고, "어째서 소공복(小功服)인가? 명칭에 따라서 더하기 때문이다."[3]라고 한 말이 이러한 경우를 가리킨다. '출입(出入)'은 자기 족인의 여자에게 출(出)과 입(入)의 경우가 있는데, 상복은 각 경우에 따라서 높이거나 낮추게 된다는 뜻이다. 아직 남에게 시집을 가지 않았거나 갔다가 되돌아와서 자신의 집에 있는 경우는 '입(入)'이라고 부르고, 남에게 시집을 간 경우는 '출(出)'이라고 부른다. '장(長)'은 방계 친족 중 존귀한 자를 위해서 상복을 착용하는 경우를 뜻한다. '유(幼)'는 방계의 친족 중 신분이 낮은 자를 위해서 상복을 착용하

---

1) 『의례』「상복(喪服)」: 世母・叔母何以亦期也? 以名服也.
2) 종모(從母)는 모친의 자매인 이모를 뜻한다.
3) 『의례』「상복(喪服)」: 從母. 丈夫・婦人報. 傳曰, 何以小功也? 以名加也.

는 경우를 뜻한다. '종복(從服)'은 자신이 착용해야 하는 정규 상복에 해당하지 않고, 남을 따라서 상복을 착용하는 경우이다. 무릇 친근한 자를 친근하게 대하는 것은 밑으로 자식과 손자 항렬을 다스리는 방법이다. 존귀한 자를 존귀하게 대하는 것은 위로 조부와 부친 항렬을 다스리는 방법이다. '명(名)'은 남녀에 따른 구별을 세우는 방법이다. '장유(長幼)'는 옆으로 곤제 항렬을 다스리는 방법이다. '출입(出入)'과 같은 경우, 딸자식에 대한 경우는 친근한 자를 친근하게 대할 때의 상복 규정에 따라 착용하고, 고모나 자매에 대한 경우는 장유 관계에서의 상복 규정에 따라 착용한다. 다만 그녀가 아직 시집을 가지 않았거나 남에게 시집을 갔을 때의 차이만 있을 따름이다. '종복(從服)'의 경우, 남편이 아내를 따라 상복을 착용하는 경우에는 단지 정통을 이은 존귀한 자에 대해서만 상복을 착용하고, 자식이 모친을 따라 상복을 착용하거나 처가 남편을 따라 상복을 착용하는 경우에는 방계의 존귀한 자를 위해 상복을 착용하는 것까지 겸하게 되니, 이 또한 모두 존귀한 자를 존귀하게 높이며, 장유의 질서를 지킨다는 뜻에서 벗어나지 않는다. 이곳에서는 상복을 착용하는 방법에 비록 여섯 가지가 있다고 하는데, 이 모든 것들은 인도의 네 종류에 따라서 도출되지 않은 것이 없다.

• 제11절 •

종복(從服)의 여섯 가지

【427d】

從服有六: 有屬從, 有徒從, 有從有服而無服, 有從無服而有服, 有從重而輕, 有從輕而重.

직역 從服에는 六이 有하니, 屬從이 有하고, 徒從이 有하며, 服이 有함을 從하나 服이 無함이 有하고, 服이 無함을 從하나 服이 有함이 有하며, 重을 從이나 輕함이 有하고, 輕을 從이나 重함이 有한다.

의역 종복(從服)의 경우에는 여섯 가지가 있다. 첫 번째는 친속 관계에 따라 상복을 착용하는 경우이다. 두 번째는 공허하게 남을 따라서 친속 관계가 없는 자에 대해 상복을 착용하는 경우이다. 세 번째는 상복을 착용해야 하는 자를 따라서 상복을 착용해야 하지만 실제로 상복을 착용하지 않는 경우이다. 네 번째는 상복을 착용하지 않아야 하는 자를 따라서 상복을 착용하지 않지만 실제로 상복을 착용하는 경우이다. 다섯 번째는 수위가 높은 상복을 입는 자를 따라서 상복을 착용하지만, 수위가 낮은 상복을 착용하는 경우이다. 여섯 번째는 수위가 낮은 상복을 입는 자를 따라서 상복을 착용하지만, 수위가 높은 상복을 착용하는 경우이다.

集說 屬, 親屬也. 子從母而服母黨, 妻從夫而服夫黨, 夫從妻而服妻黨, 是屬從也. 徒, 空也. 非親屬而空從之服其黨, 如臣從君而服君之黨, 妻從夫而服夫之君, 妾服女君之黨, 庶子服君母之父母, 子服母之君母, 是徒從也. 如公子之妻爲父母期, 而公子爲君所厭, 不得服外舅外姑, 是妻有服而公子無服, 如兄有服而嫂無服, 是從有服而無服也. 公子爲君所厭, 不得爲外兄弟服, 而公子之妻則服之, 妻爲夫之昆弟無服, 而服娣姒, 是從無服而有服也. 妻爲其父

母期, 重也. 夫從妻而服之三月, 則爲輕. 母爲其兄弟之子大功, 重也. 子從母
而服之三月, 則爲輕. 此從重而輕也. 公子爲君所厭, 自爲其母練冠, 輕矣, 而
公子之妻爲之服期, 此從輕而重也.

번역 '속(屬)'자는 친속을 뜻한다. 자식은 모친을 따라서 모친의 친족을
위해서 상복을 착용하고, 처는 남편을 따라서 남편의 친족을 위해서 상복
을 착용하며, 남편은 처를 따라서 처의 친족을 위해서 상복을 착용하는 경
우가 '속종(屬從)'에 해당한다. '도(徒)'자는 "공허하다[空]."는 뜻이다. 친속
관계가 아님에도, 공허하게 남을 따라서 그의 친족을 위해 상복을 착용하
는 것이니, 마치 신하가 군주를 따라서 군주의 친족을 위해 상복을 착용하
고, 처가 남편을 따라서 남편의 군주를 위해서 상복을 착용하며, 첩이 여
군[1]의 친족을 위해서 상복을 착용하고, 서자가 군모[2]의 부모를 위해서 상
복을 착용하며, 자식이 모친의 군모를 위해서 상복을 착용하는 경우가 '도
종(徒從)'에 해당한다. 예를 들어 공자(公子)의 처는 자신의 부모를 위해서
기년상(期年喪)을 치르게 되지만, 공자는 군주에 의해서 수위를 낮추게 되
어, 장인과 장모에 대해서 상복을 착용하지 못하게 되니, 이것은 처는 상복
을 착용하지만, 공자는 상복을 착용하지 않는 경우이다. 또 예를 들어 형에
대해서는 상복을 착용하지만, 형수에 대해서는 상복을 착용하지 않는 경우
가 있는데, 이것은 상복을 착용하는 자를 따라서 상복을 착용해야 하지만
실제로는 상복을 착용하지 않는 경우이다. 공자는 군주에 의해 수위를 낮
추게 되어, 외가의 형제들에 대해서는 상복을 착용하지 않지만, 공자의 처
인 경우에는 그들을 위해서 상복을 착용하며, 처는 남편의 곤제를 위해서
상복을 착용하지 않지만, 손윗동서와 손아랫동서를 위해서는 상복을 착용
하니, 이것은 상복을 착용하지 않는 자를 따라서 상복을 착용하지 않아야
하지만 실제로는 상복을 착용하는 경우이다. 처는 그녀의 부모에 대해서
기년상을 치르니, 중복(重服)[3]을 착용한 경우이다. 남편은 처를 따라서 그

---

1) 여군(女君)은 본부인을 뜻하는 용어이다. 주로 첩 등이 정처를 지칭할 때
   쓰는 용어이다.
2) 군모(君母)는 서자가 부친의 정처를 지칭하는 용어이다.

들을 위해 3개월 상을 치르니, 이것은 수위가 낮은 상복을 착용한 것이다. 모친은 그녀의 형제 자식들을 위해서 대공복을 착용하니, 중복을 착용한 경우이다. 그러나 자식은 모친을 따라서 그들을 위해 상복을 착용할 때 3개월 상을 치르니, 이것은 수위가 낮은 상복을 착용한 경우이다. 이러한 경우 등은 수위가 높은 상복을 입은 자를 따라서 상복을 착용하지만, 수위가 낮은 상복을 착용하는 경우이다. 공자가 군주에 의해 수위를 낮추게 되면, 스스로 그의 모친에 대해서는 연관(練冠)[4]을 착용하니, 수위를 낮추는 것인데, 공자의 처는 공자의 모친을 위해서 기년복을 착용하니, 이것은 수위가 낮은 상복을 입은 자를 따라서 상복을 착용하지만, 수위가 높은 상복을 착용하는 경우이다.

鄭注 子爲母之黨. 臣爲君之黨. 公子爲其妻之父母. 公子之妻爲公子之外兄弟. 夫爲妻之父母. 公子之妻爲其皇姑.

번역 첫 번째 경우는 자식이 모친의 친족을 위해서 상복을 착용하는 경우이다. 두 번째 경우는 신하가 군주의 친족을 위해서 상복을 착용하는 경우이다. 세 번째 경우는 공자(公子)가 그의 처부모를 위해서 상복을 착용하는 경우이다. 네 번째 경우는 공자의 처가 공자의 외가 형제들을 위해서 상복을 착용하는 경우이다. 다섯 번째 경우는 남편이 처의 부모를 위해서 상복을 착용하는 경우이다. 여섯 번째 경우는 공자의 처가 그녀의 돌아가신 시어미를 위해서 상복을 착용하는 경우이다.

孔疏 ●"從服"至"而重". ○正義曰: "從服有六"者, 從術之中, 別有六種. "有屬從", 一也. 屬, 謂親屬, 以其親屬爲其支[5]黨, 鄭云"子爲母之黨", 是也.

---

3) 중복(重服)은 상복(喪服)의 단계를 뜻하는 용어 중 하나이다. 대공복(大功服) 이상이 되는 상복을 '중복'이라고 부른다.

4) 연관(練冠)은 상(喪) 중에 착용하는 관(冠)이다. 부모의 상 중에서 1주기에 지내는 제사 때 착용을 하였다.

5) '지(支)'자에 대하여. 『십삼경주소(十三經注疏)』 북경대 출판본에서는 "'지'

鄭擧一條耳, 妻從夫·夫從妻並是也.

번역   ●經文: "從服"~"而重". ○경문의 "從服有六"에 대하여. 남을 따라서 상복을 착용하는 방법 중에는 별도로 이러한 여섯 종류가 있다는 뜻이다. 경문의 "有屬從"에 대하여. 여섯 종류 중 첫 번째 경우이다. '속(屬)'자는 친속을 뜻하니, 친속 관계가 있어서, 그의 친족 무리를 위해서 상복을 착용하는 경우인데, 정현이 "자식이 모친의 친족을 위해서 상복을 착용한다."라고 한 말이 바로 이러한 경우를 가리킨다. 정현은 한 가지 사례만 들었을 뿐이니, 처가 남편을 따라서 상복을 착용하고, 남편이 처를 따라서 상복을 착용하는 경우가 모두 이러한 경우에 해당한다.

孔疏   ●"有徒從", 二也. 徒, 空也. 與彼無親, 空服彼之支黨, 鄭云"臣爲君之黨". 鄭亦略擧一條, 妻爲夫之君·妾爲女君之黨·庶子爲君母之親·子爲母之君母並是也.

번역   ●經文: "有徒從". ○여섯 종류 중 두 번째 경우이다. '도(徒)'자는 "공허하다[空]."는 뜻이다. 상대방과 친족관계가 없는데도, 공허하게 상대방의 친족을 위해서 상복을 착용하는 경우로, 정현은 "신하가 군주의 친족을 위해서 상복을 착용한다."라고 했다. 정현의 이 말 또한 한 가지 사례만 간략히 제시한 것이니, 처가 남편의 군주를 위해서 상복을 착용하고, 첩이 여군의 친족을 위해서 상복을 착용하며, 서자가 군모의 친족을 위해서 상복을 착용하고, 자식이 모친의 군모를 위해서 상복을 착용하는 경우 등이 모두 여기에 해당한다.

孔疏   ●"有從有服而無服", 三也. 鄭引服問篇云: "公子爲其妻之父母." 其妻爲本生父母期, 而公子爲君所厭, 不得服從, 是妻有服, 而公子無服, 是"從有服而無服". 嫂·叔無服亦是也.

자는 본래 '우(友)'자로 기록되어 있었는데, 문맥 및 『예기훈찬(禮記訓纂)』의 기록에 따라 글자를 수정했다."라고 했다.

번역 ●經文: "有從有服而無服". ○여섯 종류 중 세 번째 경우이다. 정현은 『예기』「복문(服問)」편의 내용을 인용하여, "공자(公子)가 그의 처부모를 위해서 상복을 착용한다."6)라고 했는데, 그의 처는 본래 자신을 낳아준 부모를 위해서 기년복을 착용하지만, 공자는 군주에 의해 수위를 낮추게 되므로, 처를 따라서 입게 되는 상복을 착용할 수 없다. 이것은 처는 상복을 착용하지만, 공자는 상복을 착용하지 않는 경우로, 곧 "상복을 착용하는 자를 따르지만 실제로 상복을 착용하지 않는다."라는 경우에 해당한다. 형제의 아내와 남편의 형제들에 대해서 상복을 착용하지 않는 경우 또한 이러한 경우에 해당한다.

孔疏 ●"有從無服而有服", 四也. 鄭亦引服問篇云: "公子之妻爲公子之外兄弟也." 公子被君厭, 爲己外親無服, 而妻猶服之, 是"從無服而有服". 娣·姒亦是也.

번역 ●經文: "有從無服而有服". ○여섯 종류 중 네 번째 경우이다. 정현은 또한 『예기』「복문(服問)」편의 내용을 인용하여, "공자의 처가 공자의 외가 형제들을 위해서 상복을 착용한다."7)라고 했다. 공자는 군주에 의해 수위를 낮추게 되어, 자신의 외친에 대해서 상복을 착용하지 않지만, 처는 여전히 그들을 위해서 상복을 착용하니, 이것은 "상복을 착용하지 않는 자를 따르지만 실제로 상복을 착용한다."라는 경우에 해당한다. 손윗동서와 손아랫동서에 대한 경우 또한 이러한 경우에 해당한다.

孔疏 ●"有從重而輕", 五也. 鄭引服問篇云: "夫爲妻之父母." 妻自爲其父母期, 爲重; 夫從妻服之三月, 爲輕, 是"從重而輕"也. 舅之子亦是也.

번역 ●經文: "有從重而輕". ○여섯 종류 중 다섯 번째 경우이다. 정현은

---

6) 『예기』「복문(服問)」, 【661c】: "有從有服而無服." 公子爲其妻之父母.
7) 『예기』「복문(服問)」, 【661b】: "有從無服而有服." 公子之妻爲公子之外兄弟.

『예기』「복문(服問)」편의 내용을 인용하여, "남편은 처의 부모를 위해서 상복을 착용한다."[8]라고 했다. 처는 스스로 그녀의 부모를 위해서 기년복을 착용하니, 중복(重服)에 해당한다. 그런데 남편은 처를 따라서 상복을 착용하지만, 3개월 동안 복상을 하니, 수위가 낮은 상복을 착용하는 것이다. 이것이 "무거운 상복을 착용하는 자를 따라서 상복을 착용하지만, 수위가 낮은 상복을 착용한다."는 경우이다. 시아비의 자식에 대한 경우 또한 이와 같다.

孔疏 ●"有從輕而重", 六也. 鄭引服問云: "公子之妻爲其皇姑." 公子爲君所厭, 自爲其母練冠, 是輕; 其妻猶爲服期, 是"從輕而重"也.

번역 ●經文: "有從輕而重". ○여섯 종류 중 여섯 번째 경우이다. 정현은 『예기』「복문(服問)」편의 내용을 인용하여, "공자의 처가 그녀의 돌아가신 시어미를 위해서 상복을 착용한다."[9]라고 했다. 공자는 군주에 의해 수위를 낮추게 되어, 그 스스로 그의 모친을 위해서 연관(練冠)을 착용하는데, 이것은 수위가 낮은 상복에 해당한다. 반면 그의 처는 여전히 그녀를 위해서 기년복을 착용하니, 이것은 "수위가 낮은 상복을 입는 자를 따라서 상복을 착용하지만, 수위가 높은 상복을 착용한다."는 경우이다.

集解 屬從 · 徒從, 說見小記.

번역 속종(屬從)과 도종(徒從)에 대해서는 그 설명이 『예기』「상복소기(喪服小記)」편에 나온다.

集解 愚謂: 從服有六, 實不外乎屬從 · 徒從而已, 其下四者, 皆屬從之別者也. 此上二節, 言服制不外乎人道也.

---

8) 『예기』「복문(服問)」【661b】: "有從重而輕." 爲妻之父母.
9) 『예기』「복문(服問)」【661a】: 傳曰, "有從輕而重." 公子之妻爲其皇姑.

번역 내가 생각하기에, 종복(從服)에는 여섯 종류가 있다고 했는데, 실제로는 속종과 도종에서 벗어나지 않을 따름이다. 그 나머지 네 종류는 모두 속종의 별개 상황이다. 그리고 앞의 두 문단은 상복의 제도가 인도에서 벗어나지 않는다는 사실을 나타낸다.

인(仁)·의(義)와 조상과 부모

【428a】

自仁率親, 等而上之至于祖, 名曰輕; 自義率祖, 順而下之至
于禰, 名曰重. 一輕一重, 其義然也.

직역 仁으로 自하여 親을 率함에, 等하여 上하여 祖에 至하니, 名하여 曰 輕이
라; 義로 自하여 祖를 率함에, 順하여 下하여 禰에 至하니, 名하여 曰 重이라. 一은
輕하고 一은 重하니, 그 義가 然하다.

의역 은정을 사용하여 부모에 따름에, 순차적으로 위로 올라가 조상에 이르게
되니, 이러한 경우를 가벼워진다고 부른다. 반면 의로움을 사용하여 조상을 따름에,
순차적으로 밑으로 내려가 부친에 이르게 되니, 이러한 경우를 무거워진다고 부른
다. 어떤 경우에는 가벼워지고, 또 어떤 경우에는 무거워지는 것은 그 도의에 따라
그러한 것이다.

集說 疏曰: 自, 用也. 仁, 恩也. 率, 循也. 親, 父母也. 等, 差也. 子孫若用恩
愛依循於親, 節級而上至于祖, 遠者恩愛漸輕, 故名曰輕也. 義主斷割, 用義循
祖, 順而下之至於禰, 其義漸輕, 祖則義重, 故名曰重也. 義則祖重而父母輕,
仁則父母重而祖輕. 一輕一重, 宜合如是, 故云其義然也. 按喪服條例, 衰服表
恩, 若高曾之服, 本應緦麻小功而進以齊衰, 豈非爲尊重而然耶? 至親以期斷,
而父母三年, 寧不爲恩深乎?

번역 공영달의 소(疏)에서 말하길, '자(自)'자는 "~을 쓰다[用]."는 뜻이
다. '인(仁)'자는 은정[恩]을 뜻한다. '솔(率)'자는 "따르다[循]."는 뜻이다.

'친(親)'자는 부모를 뜻한다. '등(等)'자는 차등[差]을 뜻하다. 자손이 만약 은정을 사용하여, 부모에게 의거해 따르면, 순차에 따라서 위로 올라가 조상에 이르고, 대수가 먼 조상에 대해서는 그 은정이 점진적으로 옅어지기 때문에, "가벼워진다고 부른다."라고 했다. 의로움은 판결하는 것을 위주로 하니, 의를 사용하여 조상에게 따르면, 순차적으로 낮아져서 부친에 이르게 되니, 그 의로움은 점진적으로 옅어지지만, 조상은 도의상 중대한 대상이기 때문에, "중대해진다고 부른다."라고 했다. 의로움에 따른다면 조상은 중대하고 부모는 상대적으로 덜 중요하며, 은정에 따른다면 부모는 중대하고 조상은 상대적으로 덜 중요하다. 어떤 것은 가벼워지고 어떤 것은 중대해진다는 것은 마땅히 이처럼 해야 한다. 그렇기 때문에 "그 도의에 따라 그러한 것이다."라고 말한 것이다. 『상복조례』를 살펴보면, 상복을 통해서 은정을 드러내니, 고조나 증조를 위해 착용하는 상복은 본래 시마복(緦麻服)과 소공복(小功服)을 착용해야 하지만, 단계를 높여서 자최복(齊衰服)을 착용하는데, 이것이 어찌 존귀한 자를 중대하게 대해서 이처럼 한 것이 아니겠는가? 지극히 친근한 자에 대해서는 기년복으로 제도를 단정했지만, 부모를 위해서는 삼년상을 치르니, 어찌 은정이 깊기 때문에 이처럼 한 것이 아니겠는가?

大全 馬氏曰: 以祖對禰, 則禰爲仁, 以禰對祖, 則祖爲義. 祖以義爲主, 禰以仁爲本, 故曰自仁率親, 等而上之以至于祖, 名曰輕, 以其義有所殺也. 自義率祖, 順而下之以至於禰, 名曰重, 以其仁有所隆也. 唯其仁有所隆, 義有所殺, 其理不得不然, 故曰一輕一重, 其義然也.

번역 마씨가 말하길, 조상을 부친과 대비해보면, 부친은 인(仁)에 해당하고, 부친을 조상과 대비해보면, 조상은 의(義)에 해당한다. 조상은 의(義)를 위주로 하고, 부친은 인(仁)을 근본으로 한다. 그렇기 때문에 "인(仁)을 통해 부친에 따른다면, 순차적으로 위로 올라가 조상에 이르게 되니, 이것을 가벼워진다고 부른다."라고 했으니, 의(義)에 따라서 줄이는 점이 있기 때문이다. "의(義)를 통해 조상을 따른다면, 순차적으로 낮아져서 부친에 이르게 되니, 이것을 무거워진다고 부른다."라고 했으니, 인(仁)에 따라서 융성하게 하는 점이 있기 때문이다. 다만 인(仁)에 따라 융성하게 하는 점이 있고, 의(義)에 따라 줄이는 점이 있는 것은 이치상 그렇게 하지 않을 수가 없다. 그렇기 때문에 "한 번은 가벼워지고 한 번은 무거워지는 것은 그 도리에 따라 그러한 것이다."라고 말한 것이다.

鄭注 自, 猶用也. 率, 循也. 用恩則父母重而祖輕, 用義則祖重而父母輕. 恩重者爲之三年, 義重者爲之齊衰. 然, 如是也.

번역 '자(自)'자는 "~을 쓰다[用]."는 뜻이다. '솔(率)'자는 "따르다[循]." 는 뜻이다. 은정을 사용한다면, 부모에 대해서는 무거워지고, 조상에 대해서는 가벼워지며, 의로움을 사용한다면, 조상에 대해서는 무거워지고, 부모에 대해서는 가벼워진다. 은정에 따라 무거워지는 대상에 대해서는 그를 위해서 삼년상을 치르고, 의로움에 따라 무거워지는 대상에 대해서는 그를 위해서 자최복을 착용한다. '연(然)'자는 이와 같다는 뜻이다.

釋文 上, 時掌反.

번역 '上'자는 '時(시)'자와 '掌(장)'자의 반절음이다.

孔疏 ●"自仁"至"然也". ○正義曰: 此一經論祖禰仁義之事也.

번역 ●經文: "自仁"~"然也". ○이곳 경문은 조상과 부친에 대해 인(仁)과 의(義)에 따르는 사안을 논의하고 있다.

孔疏 ○自, 用也. 仁, 恩也. 率, 循也. 親, 謂父母也. 等, 差也. 子孫若用恩愛依循於親, 節級而上, 至於祖遠者, 恩愛漸輕, 故云"名曰輕"也.

번역 ○'자(自)'자는 "~을 쓰다[用]."는 뜻이다. '인(仁)'자는 은정[恩]을 뜻한다. '솔(率)'자는 "따르다[循]."는 뜻이다. '친(親)'자는 부모를 뜻한다.

'등(等)'자는 차등[差]을 뜻하다. 자손이 만약 은정을 사용하여, 부모에게 의거해 따르면, 순차에 따라서 위로 올라가 대수가 먼 조상에 이르고, 그 조상에 대해서는 은정이 점진적으로 옅어지기 때문에, "가벼워진다고 부른다."라고 했다.

孔疏 ●"自義率祖, 順而下之至於禰, 名曰重"者, 義主斷割, 用義循祖, 順而下之, 至於禰, 其義漸輕, 祖則義重, 故云"名曰重"也.

번역 ●經文: "自義率祖, 順而下之至於禰, 名曰重". ○의로움은 판결하는 것을 위주로 하니, 의로움을 사용하여 조상에게 따르면, 순차적으로 낮아져서 부친에 이르게 되니, 그 의로움은 점진적으로 옅어지지만, 조상은 의리상 중대한 대상이기 때문에, "중대해진다고 부른다."라고 했다.

孔疏 ●"一輕一重, 其義然也"者, 言恩之與義, 於祖與父母, 互有輕重, 若義則祖重而父母輕, 若仁則父母重而祖輕. 一輕一重, 義宜也. 然, 如是也, 言人情道理, 宜合如是. 祖是尊嚴以上漸, 宜合輕, 父母恩愛漸近, 宜合重, 故云"其義然"也. 故鄭云: "恩重者爲之三年, 義重者爲之齊衰." 言其事合宜如此矣. 按喪服條例衰服表恩, 若高·曾之服, 本應緦麻小功而進以齊衰, 踰數等之服, 豈非爲尊重而然也? 至親以期斷, 而父母加三年, 寧不爲恩深? 故亦然矣.

번역 ●經文: "一輕一重, 其義然也". ○은정과 의로움은 조상과 부모에 대해서, 상호 낮추고 무겁게 하는 점이 있다는 뜻이다. 만약 의로움에 따른다면 조상은 중대하고 부모는 상대적으로 덜 중요하며, 은정에 따른다면 부모는 중대하고 조상은 상대적으로 덜 중요하다. 어떤 것은 가벼워지고 어떤 것은 중대해진다는 것은 도의상 마땅하다. '연(然)'자는 이와 같다는 뜻이니, 인정과 도리에 따라 마땅히 이처럼 해야 한다는 의미이다. 조상은 존엄한 존재인데, 위로 올라갈수록 점진적으로 옅어지니, 가벼워지는 것이 마땅하다. 부모는 은정에 따라 점진적으로 가까워지니, 무거워지는 것이 마땅하다. 그렇기 때문에 "그 도의에 따라 그러한 것이다."라고 말한 것이다. 그래서 정현은 "은정에 따라 무거워지는 대상에 대해서는 그를 위해서 삼년상을 치르고, 의로움에 따라 무거워지는 대상에 대해서는 그를 위해서 자최복을 착용한다."라고 했는데, 이것은 그 사안을 마땅히 이처럼 해야 한다는 의미이다. 『상복조례』를 살펴보면, 상복은 은정을 나타내는데, 만약 고조와 증조를 위한 상복인 경우라면, 본래 마땅히 시마복(緦麻服)과 소공 복(小功服)을 착용해야 하지만, 단계를 높여서 자최복(齊衰服)을 착용하는 데, 이것은 여러 등급을 뛰어넘은 복장이니, 어찌 존귀한 자를 중대하게 여겨서 이처럼 한 것이 아니겠는가? 지극히 친근한 자에 대해서는 기년복 으로 제도를 단정했지만, 부모를 위해서는 삼년상을 치르니, 어찌 은정이 깊기 때문에 이처럼 한 것이 아니겠는가? 그렇기 때문에 이와 같다고 한 것이다.

訓纂 江氏永曰: 自, 當訓由.

번역 강영이 말하길, '자(自)'자는 마땅히 '~로부터[由]'라는 뜻으로 풀 이해야 한다.

集解 此又以服之上殺, 明上治祖·禰之義也. 自, 猶從也. 率, 循也. 親, 謂 父也. 輕重, 謂服之隆殺也. 仁主於恩厚, 義主於斷制. 從乎仁, 則服隆於三年, 而其事循乎親, 等而上之, 而爲祖期, 爲曾祖三月, 而其服漸殺, 故曰輕. 輕者, 義之制也. 從乎義, 則服殺於三月, 而其事循乎祖, 順而下之, 而爲祖期, 爲父 母三年, 而其服轉隆, 故曰重. 重者, 仁之厚也. 一輕一重, 無非天理所當然, 非 以私意爲隆殺也. 蓋祖·禰皆尊尊之服, 然父則尊·親並極, 祖則尊雖極而恩 稍遠矣. 此服之輕重所以不同也.

번역 이 또한 상복의 수위가 위로 갈수록 줄어드는 경우를 통해서, 위로 조부와 부친 항렬을 다스린다는 뜻을 밝힌 것이다. '자(自)'자는 "~에 따르 다[從]."는 뜻이다. '솔(率)'자는 "따른다[循]."는 뜻이다. '친(親)'자는 부친 을 뜻한다. 가볍고 무겁다는 말은 상복의 수위를 높이고 낮춘다는 뜻이다.

인(仁)은 은정의 두터움을 위주로 하고, 의(義)는 단정하고 재단하는 일을 위주로 한다. 인(仁)에 따른다면, 상복을 삼년상으로 융성하게 높이고, 그 사안은 부친에 따라서 차례대로 위로 올라가서, 조부를 위해서 기년복을 착용하며, 증조부를 위해서 3개월상을 치르게 되는데, 해당 복장들은 점진적으로 낮아지기 때문에, 낮아진다고 말한 것이다. 낮아진다는 것은 의(義)에 따라 재단한 것이다. 의(義)에 따른다면, 상복은 3개월상으로 낮추니, 그 사안은 조상을 따라서 순차적으로 밑으로 내려가서, 조부를 위해서는 기년상을 치르고, 부모를 위해서는 삼년상을 치르니, 해당 복장들은 점진적으로 융성해지기 때문에, 무거워진다고 말한 것이다. 무거워진다는 것은 인(仁)의 두터움을 뜻한다. 어느 것은 가벼워지고 어느 것은 무거워지는데, 이것은 천리의 당연함이 아닌 것이 없고, 사적인 뜻에 따라 높이고 낮추는 것이 아니다. 무릇 조부와 부친에 대해서는 모두 존귀한 자를 존귀하게 높일 때의 상복에 해당하는데, 부친의 경우에는 존귀하면서도 친근함이 매우 지극하고, 조부의 경우에는 존귀함이 비록 지극하더라도, 은정에 대해서는 좀 더 멀어지게 된다. 이것이 상복에 있어서 수위를 낮추고 무겁게 하는 차이가 생긴 이유이다.

• 제13절 •

군주와 족인의 관계

【428c】

> 君有合族之道, 族人不得以其戚戚君, 位也.

직역 君에게는 族을 合할 道가 有하나, 族人은 그 戚으로 君을 戚함을 不得하니, 位이다.

의역 군주에게는 족인들을 회합할 수 있는 도리가 포함된다. 그러나 족인들의 경우에는 군주와 친족관계라 하더라도, 그 관계를 내세워 군주에게 친근하게 대할 수 없으니, 지위가 엄격히 구분되기 때문이다.

集說 君恩可以下施, 故於族人有合聚燕飮之禮. 而族人則皆臣也, 不敢以族屬父兄子弟之親而上親於君者, 一則君有絶宗之道, 二則以嚴上下之辨, 而杜篡代之萌也.

번역 군주의 은정은 밑으로 베풀 수가 있다. 그렇기 때문에 족인들에 대해서, 취합하여 연회를 할 수 있는 예법이 포함된다. 그러나 족인들의 경우는 모두 신하의 신분이 되어, 감히 친족 중 부친 및 형제 항렬 또는 자식이나 동생 항렬 등의 관계를 통해서 위로 군주에 대해 친근하게 대할 수 없다. 그 이유는 군주에게는 종족 관계를 끊을 수 있는 도리가 포함되기 때문이며, 다른 하나는 이것을 통해 상하 신분 관계를 엄격히 구분하여, 지위가 찬탈될 수 있는 위험의 싹을 막기 위해서이다.

集說 石梁王氏曰: 詳註下文以十一字爲句, 然位也當自爲句, 蓋族人不敢戚君者, 限於位也.

번역 석량왕씨가 말하길, 주석을 상세히 따져보니, "군유합족지도(君有
合族之道)"라는 구문 뒤의 11자를 하나의 구문으로 끊었다. 그러나 '위야(位
也)'는 마땅히 그 자체로 하나의 구문이 된다. 무릇 족인들은 감히 군주에게
친척관계를 내세워 친하게 대할 수 없으니, 지위에 따른 제한 때문이다.

大全 慶源輔氏曰: 君有合族之道, 親親, 仁也. 族人不得以其戚戚君, 尊尊,
義也. 上所行者仁, 下所守者義.

번역 경원보씨가 말하길, 군주에게는 족인들을 회합할 수 있는 도리가
있으니, 친근한 자를 친근하게 대하는 것은 인(仁)에 해당한다. 족인들은
감히 친척관계를 내세워서 군주에게 친근하게 대할 수 없으니, 존귀한 자
를 존귀하게 대하는 것은 의(義)에 해당한다. 윗사람이 시행하는 것은 인
(仁)이며, 아랫사람이 시행하는 것은 의(義)이다.

鄭注 君恩可以下施, 而族人皆臣也, 不得以父兄子弟之親自戚於君. 位,
謂齒列也. 所以尊君別嫌也.

번역 군주의 은혜로움은 밑으로 베풀 수 있지만, 족인들은 모두 신하의
신분이므로, 부친이나 형의 항렬 또는 자식이나 동생의 항렬이라는 친족관
계를 통해서 군주에게 친근하게 대할 수 없다. '위(位)'자는 나이에 따른
서열이다. 군주를 존귀하게 여겨서, 지위를 찬탈하려고 한다는 혐의와 구별
하기 위해서이다.

釋文 別, 彼列反.

번역 '別'자는 '彼(피)'자와 '列(렬)'자의 반절음이다.

孔疏 ●"君有"至"位也". ○正義曰: 此一經明人君旣尊, 族人不以戚戚君, 明君有絶宗之道也.

번역 ●經文: "君有"~"位也". ○이곳 경문은 군주는 이미 존귀한 자이므로, 족인들이 친족관계를 통해서 군주를 친근하게 대할 수 없으니, 군주에게는 종족 관계를 끊을 수 있는 도가 포함됨을 나타낸다.

孔疏 ●"合族"者, 言設族食燕飮, 有合食族人之道. 旣管領族人, 族人不得以其戚屬上戚於君位, 皆不得以父兄子弟之親上親君位也.

번역 ●經文: "合族". ○족인들과 연회를 하며 음식을 먹으니, 여기에는 족인들을 회합하여 식사를 하는 도가 포함됨을 뜻한다. 이미 족인들을 다스리고 있으니, 족인들은 자신의 친족관계를 통해서 위로 군주의 지위에 대해 친근하게 대할 수 없고, 모두들 부친이나 형의 항렬 또는 자식이나 동생의 항렬이라는 친척관계를 통해서 위로 군주의 지위에 대해 친근하게 대할 수 없는 것이다.

孔疏 ◎注"所以"至"嫌也". ○正義曰: 不敢計己親戚, 與君齒列, 是尊君也. 兄弟相屬, 多有篡代之嫌, 今遠自卑退, 是別嫌疑也.

번역 ◎鄭注: "所以"~"嫌也". ○감히 본인과 친척관계에 있다는 사실을 통해서 군주와 나이에 따른 서열을 따질 수 없으니, 군주를 존귀하게 대하기 때문이다. 군주의 형제처럼 매우 밀접한 자들에게는 지위를 찬탈할 수 있다는 혐의를 대부분 갖게 되는데, 현재 멀리 대하며 스스로를 낮추고 물리니, 이것은 혐의와 구별되기 위함이다.

集解 鄭氏讀"族人"以下十一字爲句, 石梁王氏讀"君"字爲句, "位也"爲句, 今從之.

번역 정현은 '족인(族人)'으로부터 그 이하의 11개 글자를 하나의 구문

으로 끊었고, 석량왕씨는 '군(君)'자에서 구문을 끊고, '위야(位也)'를 하나
의 구문으로 여겼는데, 현재는 석량왕씨의 주장에 따른다.

集解　愚謂: 此言君雖有綴姓合食之道, 以篤親族之恩, 而族人則不敢以其
戚戚君, 以尊卑之位不同也. 以明人君絶宗, 而宗法之所以立, 爲下文發其端也.

번역　내가 생각하기에, 이곳 문장은 군주에게 비록 성(姓)을 연계시켜
서 족인들을 회합하여 음식을 베푸는 도리가 포함되어, 이를 통해 친족들
에 대한 은정을 돈독히 하지만, 족인의 경우에는 감히 자신의 친척관계를
통해서 군주를 친근하게 대할 수 없으니, 신분의 위치가 다르기 때문이다.
이를 통해 군주는 종족관계를 끊을 수 있고, 종법제도가 성립되는 이유를
나타내니, 아래 문장을 기술하기 위해 그 서두를 나타낸 것이다.

• 제 14 절 •

종자(宗子)와 서자(庶子)

【428d】

> 庶子不祭, 明其宗也. 庶子不得爲長子三年, 不繼祖也.

직역 庶子가 不祭함은 그 宗을 明하기 때문이다. 庶子는 長子를 爲하여 三年을 不得함은 祖를 不繼하기 때문이다.

의역 서자가 자기 집에서 제사를 지내지 못함은 종가를 밝히기 위해서이다. 서자는 장자를 위해서 삼년상을 치르지 못하니, 조부를 계승하지 못했기 때문이다.

集說 說見前篇.

번역 설명이 앞 편에 나온다.[1]

---

1) 『예기』「상복소기(喪服小記)」【409d～410a】에는 "庶子不祭祖者, 明其宗也. 庶子不爲長子斬, 不繼祖與禰故也."라는 기록이 나오고, 이에 대한 진호(陳澔)의 『집설(集說)』에서는 "此據適士立二廟, 祭禰及祖. 今兄弟二人, 一適一庶, 而俱爲適士, 其適子之爲適士者, 固祭祖及禰矣, 其庶子雖適士, 止得立禰廟, 不得立祖廟而祭祖者, 明其宗有所在也. 庶子不得爲長子服斬衰三年者, 以己非繼祖之宗, 又非繼禰之宗, 則長子非正統故也."라고 풀이했다. 즉 "이 내용은 적사(適士)가 2개의 묘(廟)를 세워서, 부친과 조부에 대해서 제사를 지내는 것에 기준을 두었다. 현재 형제 2명이 있는데, 한 명은 적자이고, 다른 한 명은 서자이지만, 둘 모두 적사의 신분이 된다. 다만 그 중 적자인 적사만이 조부와 부친에게 제사를 지낼 수 있고, 서자가 비록 적사의 신분이라 하더라도, 단지 부친의 묘(廟)만 세울 수 있고, 조부의 묘(廟)를 세워서 조부에게 제사를 지낼 수 없으니, 이처럼 하는 것은 종가에 조부의 묘(廟)가 있음을 명시하기 위해서이다. 서자는 장자를 위해서 참최복(斬衰服)을 3년 동안 착용하지 못하니, 본인은 조부를 잇는 종자가 아니기 때문이거나 또

大全 朱子曰: 依大傳文, 直謂非大宗則不得祭別子之爲祖者, 非小宗則各不得祭其四小宗所主之祖禰也. 其小記則云, "庶子不祭禰, 明其宗也." 又云, "庶子不祭祖, 明其宗也." 文意重複, 似是衍字. 而鄭氏曲爲之說, 於"不祭禰", 則曰"謂宗子庶子俱爲下士, 得立禰廟也. 雖庶人亦然", 則其尊宗以爲本也. 於"不祭祖", 則云"禰則不祭矣, 言不祭祖者, 主謂宗子庶子俱爲適士, 得立祖禰廟者也. 凡正體在乎上者, 謂下正, 猶爲庶也." 族人上不戚君, 下又辟宗, 乃後能相序, 而疏亦從之. 上條云, "禰適, 故得立禰廟, 故祭禰. 禰庶, 故不得立禰廟, 故不得祭禰, 明其有所宗也." 下條云, "庶子適子俱是人子, 並宜供養, 而適子烝嘗, 庶子獨不祭者, 正是推本崇適, 明有所宗也." 又云, "父庶, 卽不得祭父, 何暇言祖, 而言'不祭祖', 故知是宗子庶子俱爲適士. 適子得立二廟, 自禰及祖, 是適宗子得立祖廟祭之, 而己是祖庶雖俱爲適士, 得自立禰廟, 而不得立祖廟祭之也. 正體, 謂祖之適也. 下正, 謂禰之適也. 雖爲禰適, 而於祖猶爲庶, 故禰適謂之爲庶也. 五宗悉然." 今姑從之, 然恐不如大傳語, 雖簡而事反該悉也.

번역 주자가 말하길, 「대전」편의 문장에 따르면, 단지 대종(大宗)이 아니라면, 별자를 조부로 삼아서 제사를 지낼 수 없고, 소종(小宗)이 아니라면, 각각 4종류의 소종이 주관하게 되는 조부와 부친에 대한 제사를 지낼 수 없다는 뜻이다. 『예기』「상복소기(喪服小記)」편에서는 "서자는 부친에 대한 제사를 지내지 않으니, 종자를 밝히기 위해서이다."[2]라고 했고, 또 "서자는 조부에 대한 제사를 지내지 않으니, 종자를 밝히기 위해서이다."[3]라고 했다. 문맥의 뜻이 중복되므로, 아마도 이것은 연문으로 들어간 기록인 것 같다. 그런데 정현은 왜곡된 해설을 하여, "부친에 대한 제사를 지내지 않는다."라는 기록에 대해서, "종자와 서자가 모두 하사(下士)여서, 부친의 묘(廟)를 세울 수 있는 경우를 뜻한다. 비록 종자가 서인이라도 또한 이처럼 한다."라

---

‡ 부친을 잇는 종자도 아니기 때문이며, 그것이 아니라면 여기에서 말한 장자는 대종의 적통을 이은 적장자가 아니기 때문이다."라는 뜻이다.

2) 『예기』「상복소기(喪服小記)」【410c】: 庶子不祭禰者, 明其宗也.

3) 『예기』「상복소기(喪服小記)」【409d】: 庶子不祭祖者, 明其宗也.

고 했으니, 종가를 높여서 근본으로 삼는다는 뜻이다. 또한 "조부에 대한 제사를 지내지 않는다."라는 기록에 대해서, "부친에 대해서는 제사를 지내지 않는다. 조부에 대해서 제사를 지내지 않는다는 말은 종자와 서자가 모두 적사(適士)⁴⁾여서, 조부와 부친의 묘(廟)를 세울 수 있는 경우를 위주로 한 말이다. 정체(正體)가 위에 있는 경우는 하정(下正)이 여전히 서자라는 뜻이다."라고 했다. 족인들은 위로 군주를 친근하게 대할 수 없으며, 밑으로도 종주를 피해야 하니, 이처럼 된 이후에야 질서체계를 세울 수 있는데, 공영달의 소(疏)에서도 또한 그 주장에 따르고 있다. 앞의 조목에 대해서는 "부친의 적자이기 때문에 부친의 묘(廟)를 세울 수 있어서, 부친에 대한 제사를 지내는 것이다. 부친의 서자이기 때문에 부친의 묘(廟)를 세우지 못하여, 부친에 대한 제사를 지낼 수 없으니, 이는 종주로 섬기는 자가 있음을 나타낸다."라고 했다. 뒤의 조목에 대해서는 "서자와 적자는 모두 사람의 자식이므로, 둘 모두는 마땅히 봉양을 해야 하지만, 적자는 증상(烝嘗)⁵⁾을 지내고, 서자만 유독 제사를 지내지 않으니, 이것은 근본을 돌이켜서 적자를 존숭하는 것으로, 종주로 삼는 대상이 있음을 드러내기 때문이다."라고 했다. 또 말하길, "부친의 서자는 곧 부친에 대한 제사를 지낼 수 없는데, 어찌 조부에 대해서 말할 필요가 있겠는가? 그런데도 '조부에 대해서는 제사를 지내지

---

4) 적사(適士)는 상사(上士)를 가리킨다. 사(士)라는 계급은 3단계로 세분되는데, 상사, 중사(中士), 하사(下士)가 그것이다. 『예기』「제법(祭法)」편의 경문에는 "適士二廟, 一壇, 曰考廟, 曰王考廟, 享嘗乃止."라는 기록이 있다. 이에 대한 정현의 주에서는 "適士, 上士也."라고 풀이했다.

5) 증상(烝嘗)은 종묘(宗廟)에서 지내는 가을 제사와 겨울 제사를 가리킨다. 또한 '증상'은 종묘에 대한 제사를 총칭하는 용어로도 사용된다. 사계절마다 큰 제사를 지내게 되는데, 계절별 제사 명칭이 다르며, 문헌마다 조금씩 차이를 보인다. 예를 들어 『춘추번로(春秋繁露)』「사제(四祭)」편에는 "四祭者, 因四時之所生孰而祭其先祖父母也. 故春曰祠, 夏曰礿, 秋曰嘗, 冬曰烝."이라고 하여, 봄 제사를 사(祠), 여름 제사를 약(礿), 가을 제사를 상(嘗), 겨울 제사를 증(烝)이라고 설명했다. 한편 『예기』「왕제(王制)」편에는 "天子諸侯宗廟之祭, 春曰礿, 夏曰禘, 秋曰嘗, 冬曰烝."이라고 하여, 봄 제사를 약(礿), 여름 제사를 체(禘), 가을 제사를 상(嘗), 겨울 제사를 증(烝)이라고 설명했다.

않는다.'라고 말했기 때문에, 종자와 서자가 모두 적사(適士)의 신분이 됨을
알 수 있다. 적사는 2개의 묘(廟)를 세울 수 있으니, 부친부터 조부까지이며,
적사의 종자는 조부의 묘(廟)를 세워서 제사를 지낼 수 있지만, 자신이 조부
에 대해 서자의 신분이라면, 비록 둘 모두 적사의 신분이라 할지라도, 본인
은 부친의 묘(廟)만 세울 수 있고, 조부의 묘(廟)를 세워서 제사를 지낼 수
없다. '정체(正體)'는 조부의 적자를 뜻한다. '하정(下正)'은 부친의 적자를
뜻한다. 비록 부친의 적자라고 할지라도, 조부에 대해서는 여전히 서자의
신분이 되기 때문에, 부친의 적자에 대해서 서자가 된다고 말한 것이다.
오종(五宗)이 모두 이와 같다."라고 했다. 현재 그 주장들에 따르지만, 아마
도 「대전」편에 기록된 말이 간략하지만 그 사안은 도리어 광범위한 경우를
모두 포괄한 것만 못한 것 같다.

鄭注 明, 猶尊也, 一統焉. 族人上不戚君, 下又辟宗, 乃後能相序.

번역 '명(明)'자는 "높인다[尊]."는 뜻이니, 하나로 통솔됨을 의미한다.
족인들은 위로 군주에 대해서 친근하게 대할 수 없고, 밑으로도 종자에 대
해 피하게 되니, 그런 뒤에야 질서체계를 세울 수 있다.

釋文 爲, 于僞反, 下"爲其士", 注"死爲之"·"爲其妻"·"爲之大功"·"不
相爲"皆同. 辟音避.

번역 '爲'자는 '于(우)'자와 '僞(위)'자의 반절음이며, 아래문장에 나오는
'爲其士'에서의 '爲'자와 정현의 주에 나오는 '死爲之'·'爲其妻'·'爲之大功'
·'不相爲'에서의 '爲'자는 모두 그 음이 이와 같다. '辟'자의 음은 '避(피)'이다.

孔疏 ●"庶子"至"義也". ○正義曰: 上經論人君絶宗, 此一節論卿·大夫
以下繼屬小宗大宗之義, 各依文解之.

번역 ●經文: "庶子"~"義也". ○앞의 경문은 군주는 종주 관계를 끊는
다는 것을 논의하고 있으며, 이곳 문단은 경과 대부로부터 그 이하의 계층

에 속한 자들이 소종 및 대종에게 속해 있다는 뜻을 논의하고 있다. 각각의 문장에 따라서 풀이하겠다.

孔疏 ●"庶子不祭, 明其宗也"者, 按小記云: "庶子不祭祖." 下文云: "不祭禰." 此直云"不祭"者, 嫌祖・禰俱不祭, 但小記辨明上士・下士, 故有"不祭祖"・"不祭禰"之文, 此則總而言之, 故直云"不祭".

번역 ●經文: "庶子不祭, 明其宗也". ○『예기』「상복소기(喪服小記)」편을 살펴보면, "서자는 조부에 대한 제사를 지내지 않는다."라고 했고, 그 다음 문장에서는 "부친에 대한 제사를 지내지 않는다."라고 했다. 그런데 이곳에서는 단지 "제사를 지내지 않는다."라고만 했다. 따라서 조부와 부친에 대해서 모두 제사를 지내지 않는다는 오해를 일으킨다. 다만 「상복소기」편에서는 상사(上士)와 하사(下士)6)를 구별했기 때문에, "조부에 대한 제사를 지내지 않는다."라는 문장이 있고, "부친에 대한 제사를 지내지 않는다."라는 문장이 있는 것이다. 이곳에서는 총괄적으로 언급했기 때문에, 단지 "제사를 지내지 않는다."라고만 말한 것이다.

孔疏 ●"庶子不得爲長子三年, 不繼祖也"者, 按小記云: "庶子不爲長子斬, 不繼祖與禰." 斬則三年, 與此一也. 小記文詳, 故云"不繼祖與禰", 此文解略, 故直云"不繼祖"也, 其義具在小記, 已備釋之.

번역 ●經文: "庶子不得爲長子三年, 不繼祖也". ○『예기』「상복소기(喪服小記)」편을 살펴보면, "서자는 장자를 위해서 참최복(斬衰服)을 착용하지 않으니, 조부와 부친을 계승하지 않았기 때문이다."라고 했다. 참최복은 삼년상을 치른다는 뜻이니, 이곳의 문장 내용과 동일하다. 「상복소기」편의 문장은 상세히 기록되었기 때문에 "조부와 부친을 계승하지 않았기 때문이

---

6) 하사(下士)는 고대의 사(士) 계급은 상(上)・중(中)・하(下)의 세 부류로 구분되기도 하였는데, 하사(下士)는 사 계급 중에서도 가장 낮은 등급의 부류이다.

다.”라고 말한 것이며, 이곳 문장은 간략히 기록했기 때문에, 단지 “조부를
계승하지 못했기 때문이다.”라고만 말한 것인데, 그 의미에 대해서는 모두
「상복소기」편에 수록되어, 이미 그곳에서 자세히 설명했다.

集解 愚謂: 庶子不得祭祖·禰, 而祖·禰由適子而祭, 此宗法之所以重也.

번역 내가 생각하기에, 서자가 조부와 부친에 대해서 제사를 지내지 못
하고, 조부와 부친은 적자를 통해서 제사를 받으니, 이것은 종법제를 중시
하게 되는 이유이다.

그림 14-1 ◪ 참최복(斬衰服)

圖 衰 斬

※ **출처:** 『삼재도회(三才圖會)』「의복(衣服)」3권

• 제 15 절 •

대종(大宗)과 소종(小宗)

【429a】

別子爲祖, 繼別爲宗, 繼禰者爲小宗. 有百世不遷之宗, 有五世則遷之宗. 百世不遷者, 別子之後也. 宗其繼別子之所自出[1]者, 百世不遷者也. 宗其繼高祖者, 五世則遷者也. 尊祖故敬宗, 敬宗, 尊祖之義也.

직역 別子가 祖가 爲하여, 別을 繼함이 宗이 爲하고, 禰를 繼한 者가 小宗이 爲한다. 百世라도 不遷하는 宗이 有하고, 五世면 遷하는 宗이 有한다. 百世라도 不遷하는 者는 別子의 後이다. 그 別子를 繼한 者를 宗하면,(그 別子에게서 自히 出한 所를 繼한 者를 宗하면) 百世라도 不遷하는 者이다. 그 高祖를 繼한 者를 宗하면, 五世면 遷하는 者이다. 祖를 尊한 故로 宗을 敬하니, 宗을 敬함은 祖를 尊하는 義이다.

의역 제후의 적장자를 제외한 나머지 아들 중 별자(別子)의 명령을 받게 되면, 별자는 자기 가문의 시조가 되고, 별자를 계승한 자는 대종(大宗)이 되며, 그 후손들 중 대종의 적장자 외에 나머지 아들은 부친을 계승하여 소종(小宗)이 된다. 따라서 100세대가 지나더라도 영원히 바뀌지 않는 대종의 종가가 생기고, 5세대가 지나면 바뀌는 소종의 종가가 생긴다. 100세대가 지나더라도 바뀌지 않는 자는 별자의

---

1) '지소자출(之所自出)'에 대하여. 『십삼경주소(十三經注疏)』 북경대 출판본에서는 "『민본(閩本)』·『감본(監本)』·『모본(毛本)』 및 『석경(石經)』·『가정본(嘉靖本)』과 위씨(衛氏)의 『집설(集說)』에는 동일하게 기록되어 있다. 주자는 '이 네 글자는 연문이다. 정현의 주에서도 또한 이 글자에 대한 해석이 없으니, 소(疏)를 작성했던 시기에 잘못하여 연문으로 들어간 것일 뿐이다.'"라고 했다.

적통을 계승한 대종이다. 별자를 계승하여 그에게 제사를 지내는 집을 종가로 삼으면, 그 종가는 100세대가 지나더라도 바뀌지 않는 대종의 가문이 된다. 고조를 계승하여 그에게 제사를 지내는 집을 종가로 삼으면, 그 종가는 5세대가 지나면 바뀌는 소종의 가문이 된다. 조상을 존숭하기 때문에 종가를 공경하니, 종가를 공경하는 것은 조상을 존숭하는 도의에 해당한다.

集說 宗其繼別子者, 百世不遷者也. "之所自出"四字, 朱子曰衍文也. 凡大宗, 族人與之爲絕族者, 五世外皆爲之齊衰三月, 母妻亦然. 爲小宗者, 則以本親之服服之. 餘並說見前篇.

번역 별자를 계승한 자를 종주로 삼는 자는 100세대가 지나도록 체천되지 않는 종가이다. '지소자출(之所自出)'이라는 네 글자에 대해, 주자는 "연문이다."라고 했다. 무릇 대종의 경우, 족인들이 대종과 친족관계가 끊어진 경우라면, 5세대가 넘어간 자들은 모두 대종을 위해서 자최복(齊衰服)을 착용하고 3개월 동안 복상하며, 그의 모친과 처에 대해서도 또한 이처럼 한다. 소종을 위한 경우라면, 본래의 친족관계에 따른 상복으로 복상한다. 나머지 설명은 앞 편에 나온다.2)

---

2) 『예기』「상복소기(喪服小記)」【409b】에는 "別子爲祖, 繼別爲宗. 繼禰者爲小宗. 有五世而遷之宗, 其繼高祖者也. 是故祖遷於上, 宗易於下. 尊祖故敬宗, 敬宗所以尊祖禰也."라는 기록이 있고, 이에 대한 진호(陳澔)의 『집설(集說)』에서는 "別子有三, 一是諸侯適子之弟, 別於正適; 二是異姓公子來自他國, 別於本國不來者; 三是庶姓之起於是邦爲卿大夫, 而別於不仕者, 皆稱別子也. 爲祖者, 別與後世爲始祖也. 繼別爲宗者, 別子之後, 世世以適長子繼別子, 與族人爲百世不遷之大宗也. 繼禰者爲小宗, 謂別子之庶子, 以其長子繼己爲小宗, 而其同父之兄弟宗之也. 五世者, 高祖至玄孫之子. 此子於父之高祖無服, 不可統其父同高祖之兄弟, 故遷易而各從其近者爲宗矣. 故曰有五世而遷之宗, 其繼高祖者也. 四世之時, 尚事高祖, 五世則於高祖之父無服, 是祖遷於上也. 四世之時, 猶宗三從族人, 至五世則不復宗四從族人矣, 是宗易於下也. 宗是先祖正體, 惟其尊祖, 是以敬宗也."라고 풀이했다. 즉 "별자(別子)에는 세 종류가 있다. 첫 번째는 제후의 적자 동생으로, 정통 적자와는 구별되는 자이다. 두 번째는 이성(異姓)의 공자(公子)가 다른 나라로부터 이주한 자로, 그의 본국에 남아있던 자와 구별되는 자이다. 세 번째는 군주와 이성이거나 친

大全 長樂陳氏曰: 大宗則一, 故雖至於五世之外, 猶爲之齊衰三月, 此所謂百世不遷也. 小宗則有四, 有繼禰而親兄弟宗之, 爲之服期年, 有繼祖而同堂宗之, 爲之服九月, 有繼曾祖而再從宗之, 爲之服五月, 有繼高祖者而三從宗之, 爲之服三月, 至於四從親屬盡絶, 則不爲之服, 此所謂五世則遷者也. 蓋太宗始祖之親, 始祖之廟以義立, 而百世不毁, 小宗高祖之統, 高祖之廟以恩立, 而五世則遷, 以其廟有遷不遷之不同, 故其宗所以易不易之不齊也. 凡此皆卿大夫之制, 至於公子則具下文.

번역 장락진씨가 말하길, 대종은 하나이다. 그렇기 때문에 5세대가 넘더라도, 여전히 대종을 위해서는 자최복을 입고 3개월상을 치르니, 이것이 바로 "100세대가 지나더라도 바뀌지 않는다."는 뜻이다. 소종의 경우에는 네 종류가 있다. 부친을 계승하여 제사를 지내는 자는 친형제들이 그를 종주로 여겨서, 그를 위해 기년상을 치른다. 조부를 계승하여 제사를 지내는 자는 동당의 형제들이 그를 종주로 여겨서, 그를 위해 9개월상을 치른다. 증조부를 계승하여 제사를 지내는 자는 재종형제들이 그를 종주로 여겨서,

---

속 관계가 없는 자 중에서 이 나라에서 일어나 경이나 대부가 되어, 벼슬을 하지 않는 자와 구별되는 자인데, 이들에 대해서 모두 '별자(別子)'라고 지칭한다. '위조(爲祖)'라는 말은 별도로 후세의 시조가 된다는 뜻이다. '계별위종(繼別爲宗)'이라는 말은 별자의 후손이 대대로 적장자가 별자의 뒤를 계승하여, 족인들에 대해서 영원히 체천되지 않는 대종(大宗)이 된다는 뜻이다. '계녜자위소종(繼禰者爲小宗)'이라는 말은 별자의 서자들에 있어서, 그들의 장자가 그들을 이어서 소종이 되고, 부친이 같은 형제들이 그를 소종으로 삼는다는 뜻이다. '오세(五世)'라는 말은 고조로부터 현손의 자식에 이르기까지를 뜻한다. 이러한 자식들은 부친의 고조에 대해서 상복 관계가 없어서, 그의 부친과 고조가 같은 형제들에 대해서 통솔하지 못하기 때문에, 체천되고 바뀌어, 각각 그들과 대수가 가까운 자를 종주로 삼는다. 그렇기 때문에 '5세대가 지나서 종주를 옮기는 자들은 고조를 잇는 자이다.'라고 말한 것이다. 4세대가 지났을 때에는 여전히 고조를 섬기지만, 5세대가 되면 고조의 부친에 대해서는 상복 관계가 없으니, 이것이 조상이 위로 체천되는 경우이다. 4세대가 지났을 때에는 여전히 삼종의 족인들을 통솔하지만, 5세대가 되면 사종의 족인들을 재차 통솔하지 못하니, 이것이 종주가 밑으로 바뀌는 경우이다. 종자는 선조의 정통을 계승한 자이니, 선조를 존숭하기 때문에, 종자를 공경하는 것이다."라는 뜻이다.

그를 위해 5개월상을 치른다. 고조부를 계승하여 제사를 지내는 자는 삼종형제들이 그를 종주로 여겨서, 그를 위해 3개월상을 치른다. 사종형제가 되어 친족관계가 끊어진 경우라면, 이전 종주를 위해서 상복을 착용하지 않으니, 이것이 "5세대가 지나면 바뀐다."라는 뜻이다. 대종은 시조의 적통을 이어 친애하는 자이고, 시조의 묘(廟)는 의(義)에 따라 세우니, 100세대가 지나더라도 훼철되지 않고, 소종은 고조에게 통솔되고, 고조의 묘(廟)는 은정에 따라 세우니, 5세대가 지나면 체천된다. 묘(廟)에는 체천되고 체천되지 않는 차이점이 있기 때문에, 종가에 있어서도 바뀌거나 바뀌지 않는 차이점이 있는 것이다. 무릇 이러한 내용들은 모두 경과 대부 등에 대한 제도이며, 공자(公子)에 대한 경우는 아래문장에서 기술하고 있다.

大全 東萊呂氏曰: 尊祖故敬宗, 敬宗, 尊祖之義也. 蓋諸侯必敬宗子者, 以宗子是祖之嫡, 尊所以自來, 故敬嫡也.

번역 동래여씨가 말하길, 조상을 존숭하기 때문에 종가를 공경하니, 종가를 공경하는 것은 조상을 존숭하는 도의에 해당한다. 무릇 제후라도 반드시 종자를 공경하는 것은 종자는 시조의 적통을 계승한 자이므로, 자신이 유래된 대상에 대해서 존숭하기 때문에, 종가의 적자를 공경하는 것이다.

鄭注 別子, 謂公子若始來在此國者, 後世以爲祖也. 別子之世適也, 族人尊之, 謂之大宗, 是宗子也. 父之適也, 兄弟尊之, 謂之小宗. 遷, 猶變易也. 繼別子, 別子之世適也. 繼高祖者, 亦小宗也. 先言"繼禰"者, 據別子子弟之子也. 以高祖與禰皆有繼者, 則曾祖亦有也, 則小宗四, 與大宗凡五.

번역 '별자(別子)'는 공자(公子)나 처음으로 이 나라에 이주하여 머문 자로, 후세에 그를 시조로 삼게 되는 자를 뜻한다. 별자의 가계에서 대대로 적자의 지위를 계승한 자이므로, 족인들이 그를 존숭하니, 그를 '대종(大宗)'이라고 부르며, 이 자가 바로 '종자(宗子)'이다. 부친의 적자에 대해서는 형제들이 그를 존숭하니, 그를 '소종(小宗)'이라고 부른다. '천(遷)'자는 변

화되고 바뀐다는 뜻이다. 별자를 계승한 자는 별자의 가문에서 대대로 적
자를 맡은 자를 뜻한다. 고조를 계승한 자 또한 소종을 가리킨다. 앞에서는
"부친을 계승한다."라고 말했는데, 이것은 별자의 자제에게서 나온 자식을
기준으로 한 말이다. 고조와 부친의 경우 모두 계승하는 자가 있다면, 증조
와 조부에 대해서도 또한 계승하는 자가 있으니, 소종은 4종류가 되며, 대
종까지 합하면 모두 5종류의 종가가 있게 된다.

釋文 適, 丁歷反, 下文及注皆同.

번역 '適'자는 '丁(정)'자와 '歷(력)'자의 반절음이며, 아래문장 및 정현의
주에 나오는 글자들도 그 음이 모두 이와 같다.

孔疏 ●"別子爲祖". ○前旣云明其宗, 故此以下廣陳五宗義也. "別子", 謂
諸侯之庶子也, 諸侯之適子適孫繼世爲君, 而第二子以下悉不得禰先君, 故云
"別子". 並爲其後世之始祖, 故云"爲祖"也.

번역 ●經文: "別子爲祖". ○앞에서는 이미 종가에 대해서 밝힌다고 했
기 때문에, 이곳 문장부터 그 이하의 내용들은 오종(五宗)의 의의에 대해서
폭넓게 나타낸 것이다. '별자(別子)'는 제후의 서자를 뜻하니, 제후의 적자
와 적손은 대대로 그 가계를 전수하여 군주가 되고, 둘째 아들로부터 그
이하의 아들들은 모두 선군을 부친으로 섬겨 제사를 지낼 수 없다. 그렇기
때문에 '별자(別子)'라고 부른다. 아울러 그는 후세에 자기 가문의 시조가
되기 때문에, "시조가 된다."라고 말한 것이다.

孔疏 ◎注"別子"至"祖也". ○正義曰: "別子謂公子者", 諸侯適子繼世爲
君, 其適子之弟別於正適, 是諸侯之子, 故謂之"別子"也. 云"若始來在此國
者", 此謂非君之戚, 或是異姓始來在此國者, 故亦謂之"別子", 以其別於在本
國不來者.

번역 ◎鄭注: "別子"~"祖也". ○정현은 "별자(別子)는 공자(公子)이다."

라고 했는데, 제후의 적자는 대대로 가계를 계승하여 군주가 되고, 적자의 동생은 적통을 이은 자와 구별되는데, 이들은 제후의 아들들이다. 그렇기 때문에 '별자(別子)'라고 부른 것이다. 정현이 "처음으로 이 나라에 와서 이주한 경우이다."라고 했는데, 여기에서 말한 자는 그 나라의 군주와 친척 관계에 있는 자가 아니며, 혹은 다른 성(姓)을 가진 자가 처음으로 이 나라에 이주한 경우를 뜻한다. 그렇기 때문에 이러한 자들에 대해서도 또한 '별자(別子)'라고 부른 것이니, 본국에 머물며 이 나라로 이주하지 않은 자와 구별되기 때문이다.

孔疏 ●"繼別爲宗". ○謂別子之適子世繼別子爲大宗也, 族人與之爲絶宗也, 五世外皆爲之齊衰三月, 母·妻亦然.

번역 ●經文: "繼別爲宗". ○별자의 적자는 대대로 별자의 지위를 계승하여 대종(大宗)이 된다는 뜻이니, 족인들은 그에 대해서 종족 관계가 끝나게 되더라도, 5세대가 지난 자들은 모두 그를 위해서 자최복을 입고 3개월 상을 치르니, 그의 모친 및 처에 대해서도 또한 이처럼 한다.

孔疏 ●"繼禰者爲小宗". ○謂父之適子, 上繼於禰, 諸兄弟宗之, 謂之小宗, 以本親之服服之.

번역 ●經文: "繼禰者爲小宗". ○부친의 적자가 위로 부친에 대한 제사를 계승하여, 여러 형제들이 그를 종주로 삼으니, 그를 '소종(小宗)'으로 부르고, 그는 소종이기 때문에 본래의 친족관계에 따른 상복으로 복상한다는 뜻이다.

孔疏 ●"有百世不遷之宗", 此一經覆說大宗小宗之義, 并明敬宗所以尊祖也. 云"有百世不遷之宗"者, 謂大宗也. 云"有五世則遷之宗"者, 謂小宗也. 云"百世不遷者, 別子之後也. 宗其繼別子之所自出者, 百世不遷者也", 此覆明大宗子百世不遷之義也. 云"宗其繼高祖者, 五世則遷者也", 此覆明小宗五世

則遷之義. 云"尊祖故敬宗, 敬宗, 尊祖之義也"者, 此總結大宗小宗, 以大宗是
遠祖之正體, 小宗是高祖之正體, 尊崇其祖, 故敬宗子, 所以敬宗子者, 尊崇先
祖之義也.

번역 ●經文: "有百世不遷之宗". ○이곳 경문은 대종과 소종의 의의에
대해서 재차 설명한 것이며, 아울러 종가를 공경하는 것이 조상을 존숭하
는 방법이 됨을 나타내고 있다. 경문에서 "100세대가 지나더라도, 체천되지
않는 종가가 있다."라고 했는데, 이 말은 대종(大宗)을 가리킨다. 경문에서
"5세대가 지나면 체천되는 종가가 있다."라고 했는데, 이 말은 소종(小宗)
을 가리킨다. 경문에서 "100세대가 지나더라도 체천되지 않는 자는 별자의
적통을 이은 후손이다. 별자로부터 파생된 적통을 계승한 자를 종가로 섬
기니, 그 종가는 100세가 지나더라도 바뀌지 않는다."라고 했는데, 이것은
대종의 자식은 100세대가 지나더라도 대종의 지위가 바뀌지 않는다는 뜻을
재차 설명한 말이다. 경문에서 "고조를 계승하여 제사를 지내는 자를 종가
로 섬기니, 그 종가는 5세대가 지나면 바뀐다."라고 했는데, 이것은 소종이
5세대가 지나면 바뀌는 뜻을 재차 설명한 말이다. 경문에서 "조상을 존숭하
기 때문에 종가를 공경하며, 종가를 공경하는 것은 조상을 존숭하는 도의
이다."라고 했는데, 이것은 대종과 소종에 대해서 총괄적으로 결론을 맺은
것으로, 대종은 시조의 정통을 계승한 자이고, 소종은 고조의 정통을 계승
한 자이므로, 조상을 존숭하기 때문에, 종자를 공경하니, 종자를 공경하는
것은 조상을 존숭하는 도의라는 의미이다.

孔疏 ◎注"遷猶"至"凡五". ○正義曰: "繼別子, 別子之世適也"者, 解經
"宗其繼別子"之文, 以是別子適子適孫, 世世繼別子, 故云"別子之世適". 經
云"別子之所自出"者, 自, 由也, 謂別子所由出, 或由此君而出, 或由他國而來,
後世子孫, 恒繼此別子, 故云"繼別子之所自出". 云"繼高祖者, 亦小宗也"者,
以前文云"繼禰者爲小宗", 是小宗定稱在於繼禰. 今此經云"宗其繼高祖者",
緣無小宗之文, 故云"繼高祖者", 亦小宗也. 云"先言繼禰者, 據別子子弟之子
也"者, 鄭以經繼高祖爲小宗, 何以前文先云"繼禰者爲小宗"? 鄭釋此意, 先云

"繼禰者", 又承上繼別爲大宗之下, 則從別子言之. 別子子者, 別子之適子弟之子者, 別子適子之弟所生子也. 弟則是禰, 其長子則是小宗, 故云"繼禰爲小宗", 因別子而言也. 云"以高祖與禰皆有繼者, 則曾祖亦有也"者, 鄭以此經文宗其繼高祖者, 上文云"繼禰爲小宗", 是高祖與禰皆有繼文, 唯曾祖及祖無繼文, 故云"明曾祖亦有也". 云"小宗四與大宗凡五"者, 小宗四謂: 一是繼禰, 與親兄弟爲宗; 二是繼祖, 與同堂兄弟爲宗; 三是繼曾祖, 與再從兄弟爲宗; 四是繼高祖, 與三從兄弟爲宗. 是小四幷繼別子之大宗, 凡五宗也.

번역 ◎鄭注: "遷猶"~"凡五". ○정현이 "별자(別子)를 계승한다는 것은 별자의 가계에서 대대로 적자의 지위를 계승하는 것이다."라고 했는데, 이것은 경문에서 "별자를 계승한 자를 종가로 섬긴다."라고 한 문장을 풀이한 말이니, 별자의 적자나 적손은 대대로 별자의 지위를 계승하기 때문에, '별자의 가계에서 대대로 적자의 지위를 계승한 자'라고 말한 것이다. 경문에서는 "별자로부터 파생되어 나온 자이다."라고 했는데, '자(自)'자는 '~로부터[由]'라는 뜻이니, 별자로부터 파생된 자이거나 또는 그 나라의 군주로부터 파생된 자이거나 또는 다른 나라에서 이주하여 온 경우에, 그 후세의 자손들 중 적자는 항상 별자를 계승하게 된다. 그렇기 때문에 "별자로부터 파생되어 나온 자를 계승한다."라고 말한 것이다. 정현이 "고조를 계승한 자 또한 소종을 가리킨다."라고 했는데, 앞 문장에서는 "부친을 계승한 자는 소종이 된다."라고 했고, 이것은 소종의 본래 칭호가 정해지는 것은 부친을 계승하여 제사를 지내는데 있음을 뜻한다. 현재 이곳 경문에서는 "고조를 계승한 자를 종가로 섬긴다."라고 했는데, 별도로 소종에 대한 문장이 없기 때문에 "고조를 계승한 자이다."라고 말한 것 또한 소종에 해당한다. 정현이 "앞에서는 '부친을 계승한다.'라고 말했는데, 이것은 별자의 자제에게서 나온 자식을 기준으로 한 말이다."라고 했는데, 정현은 경문에서 고조를 계승한 자를 소종으로 삼는다고 했는데, 어찌하여 앞 문장에서는 먼저 "부친을 계승한 자는 소종이 된다."라고 말했는가? 정현은 그 의미를 풀이한 것이다. 즉 앞에서 "부친을 계승한 자이다."라고 했는데, 이것은 또한 앞에서 "별자를 계승한 자가 대종이 된다."라는 문장 뒤에 연이어 있으니,

별자를 따라서 언급한 것이다. 별자의 자식은 별자의 적자에게 있는 동생의 자식들을 뜻한다. 즉 별자의 적자에게 있는 동생에게서 파생된 자식이다. 별자의 동생은 자신의 자식에 대해 부친이 되고, 그의 장자는 소종이 된다. 그렇기 때문에 "부친을 계승한 자는 소종이 된다."라고 말한 것이니, 이것은 별자에 대한 내용에 따라서 언급한 것이다. 정현이 "고조와 부친의 경우 모두 계승하는 자가 있다면, 증조와 조부에 대해서도 또한 계승하는 자가 있다."라고 했는데, 정현은 이곳 경문 문장에서 고조를 계승한 자를 종주로 삼는다고 했고, 앞의 문장에서는 "부친을 계승한 자가 소종이 된다."라고 했으니, 이것은 고조와 부친에 대해서는 모두 계승한다는 기록이 있는 것인데, 오직 증조와 조부에 대해서는 계승한다는 기록이 없다. 그렇기 때문에 "증조와 조부에 대해서도 또한 있음을 나타낸다."라고 말한 것이다. 정현이 "소종은 4종류가 되며, 대종까지 합하면 모두 5종류의 종가가 있게 된다."라고 했는데, 소종은 4종류가 있다는 말은 첫 번째는 부친을 계승한 소종으로, 그의 친형제들은 그를 종주로 삼게 된다. 두 번째는 조부를 계승한 소종으로, 동당의 형제들은 그를 종주로 삼게 된다. 세 번째는 증조를 계승한 소종으로, 재종형제들은 그를 종주로 삼게 된다. 네 번째는 고조를 계승한 소종으로, 삼종현제들은 그를 종주로 삼게 된다. 이것이 바로 소종의 4종류이며, 별자를 계승한 대종과 합하면, 모두 5종류의 종가가 있게 된다.

訓纂 薛綜述鄭氏禮五宗圖曰: 天子之子稱王子, 王子封諸侯, 若魯·衛是也. 諸侯之子稱公子, 公子還自仕, 食采於其國, 爲卿大夫, 若魯公子季友者是也. 則子孫自立此公子之廟, 謂之別子, 爲祖則嫡, 嫡相承作大宗, 百代不絶. 大宗之庶子, 則皆爲小宗, 小宗有四五代而遷. 己身, 庶也. 宗禰, 宗己父庶也. 宗祖, 宗己祖庶也. 宗曾祖, 宗己曾祖庶也. 宗高祖, 宗己高祖庶也. 則遷而唯宗大宗耳.

번역 설종[3]은 『정씨례오종도(鄭氏禮五宗圖)』를 조술하며 말하길, 천자의 자식은 '왕자(王子)'라고 부르고, 왕자가 제후로 분봉된 것은 노(魯)나라와 위(衛)나라와 같은 경우이다. 제후의 자식은 '공자(公子)'라고 부르니, 공자가 벼슬살이를 하여, 그 나라에 채읍을 받게 되면, 경(卿)이나 대부(大夫)가 되는데, 노나라의 공자인 계우(季友)와 같은 경우이다. 즉 그의 자손들은 스스로 이러한 공자의 묘(廟)를 세울 수 있는데, 이들을 '별자(別子)'라고 부르며, 조부에 대해서는 적자가 되고, 적자가 서로 지위를 계승하여 대종(大宗)이 되며, 이 가문은 100세대가 지나더라도 관계가 끊어지지 않는다. 대종의 서자(庶子)는 모두 소종(小宗)이 된다. 소종에게는 4세대나 5세대가 지나면 체천되는 도의가 포함된다. 본인은 서자의 신분이고, 부친을 종주로 삼는 것은 서자의 신분이었던 자기의 부친을 종주로 삼는 것이다. 또 소종 중 조부를 종주로 삼는 것은 서자의 신분이었던 자기의 조부를 종주로 삼는 것이다. 또 소종 중 증조를 종주로 삼는 것은 서자의 신분이었던 자기의 증조를 종주로 삼는 것이다. 또 소종 중 고조를 종주로 삼는 것은 서자의 신분이었던 자기의 고조를 종주로 삼는 것이다. 따라서 바뀌는 자는 오직 대종을 종주로 섬기는 소종들일 따름이다.

訓纂 朱子曰: "之所自出"四字疑衍, 注中亦無其文.

번역 주자가 말하길, '지소자출(之所自出)'이라는 네 글자는 아마도 연문 같으니, 정현의 주에서도 이 글자에 대한 해석이 없다.

集解 愚謂: 上言"族人不得戚君", 下言"公子有宗道", 則別子本主謂諸侯之庶子, 鄭氏欲廣言立大宗之法, 故幷始來在此國者言之. 蓋公子之重視大夫, 若始來此國而爲大夫, 固當爲其後世之大祖, 與公子同也. 其不爲大夫者, 仍宗其宗子之在故國者, 而不得自立宗, 曲禮所謂"反告於宗後", 是也.

번역 내가 생각하기에, 앞에서는 "족인들은 군주를 친근하게 대할 수

---

3) 설종(薛綜, ?~A.D.243) : 삼국시대(三國時代) 오(吳)나라의 학자이다. 자(字)는 경문(敬文)이다. 저서로는 『사재(私載)』·『오종도술(五宗圖述)』 등이 있다.

없다."라고 했고, 아래문장에서는 "공자(公子)에게는 종주의 도의가 포함된다."라고 했으니, 별자(別子)는 본래 제후의 서자를 위주로 한 말인데, 정현은 대종을 세우는 법도를 폭넓게 설명하고자 했기 때문에, 처음 이 나라에 이주한 자의 경우까지도 함께 언급한 것이다. 공자의 중대함은 대부에 비견되는데, 만약 처음 이 나라에 이주하여 대부가 된 자가 있다면, 마땅히 후세의 자기 후손들에 대해서는 태조가 되어야 하므로, 공자에 대한 경우와 동일하다. 만약 대부가 되지 못한 자가 있다면, 그의 자손들은 옛 본국에 남아 있는 종자를 종자로 섬기게 되고, 별도로 종가를 세울 수 없으니, 『예기』「곡례(曲禮)」편에서 "돌아가서 종족의 후손에게 그 사실을 알린다."[4] 라고 한 말에 해당한다.

---

4) 『예기』「곡례하(曲禮下)」【49b】: 去國三世, 爵祿有列於朝, 出入有詔於國, 若兄弟宗族猶存, 則反告於宗後. 去國三世, 爵祿無列於朝, 出入無詔於國, 唯興之日, 從新國之法.

그림 15-1 ◼ 대종자(大宗子)

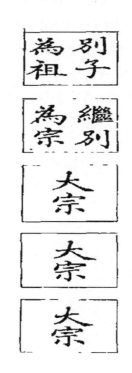

※ 출처:『삼례도집주(三禮圖集注)』4권

그림 15-2 ▣ 소종자(小宗子)

子 宗 小

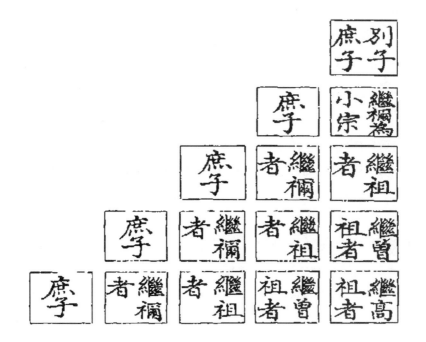

※ 출처: 『삼례도집주(三禮圖集注)』 4권

공자(公子)와 종법제

【429c】

> 有小宗而無大宗者, 有大宗而無小宗者, 有無宗亦莫之宗者,
> 公子是也.

직역 小宗은 有하나 大宗이 無한 者와 大宗은 有하나 小宗은 無한 者와 宗이 有無하고 亦히 之를 宗함도 莫한 者는 公子가 是이다.

의역 특수한 경우로, 소종(小宗)은 있어도 대종(大宗)이 없는 경우가 있고, 대종은 있어도 소종이 없는 경우가 있으며, 종자도 없고, 종자로 삼을 자도 없는 경우가 있으니, 이러한 경우는 오직 공자(公子)에게만 해당한다.

集說 君無適昆弟, 使庶兄弟一人爲宗, 以領公子, 其禮亦如小宗. 此之謂有小宗而無大宗也. 君有適昆弟使之爲宗, 以領公子, 更不得立庶昆弟爲宗. 此之謂有大宗而無小宗也. 若公子止一人, 無他公子可爲宗, 是無宗也, 則亦無他公子宗於己矣. 此之謂無宗亦莫之宗也. 前所論宗法, 是通言卿大夫大小宗之制, 此則專言國君之子, 上不得宗君, 下未爲後世之宗, 有此三事也.

번역 군주에게 적자인 곤제가 없어서, 서자 형제들 중 첫째 서열 1명을 종자로 세워, 그를 통해 공자(公子)들을 통솔하게 하면, 그에 대한 예법은 또한 소종(小宗)에 대한 경우와 같게 된다. 이것이 소종은 있어도 대종(大宗)이 없는 경우를 뜻한다. 군주에게 적자인 곤제가 있어서, 그를 종자로 세우고, 그를 통해 공자들을 통솔하게 하면, 다시금 서자인 곤제들을 종자로 세울 수 없다. 이것이 대종은 있어도 소종이 없는 경우이다. 만약 공자가 단지 1명일뿐이고, 종자로 삼을 수 있는 다른 공자가 없다면, 이것은 종자가 없는 경우인데, 이러한 경우에는 또한 자신을 종주로 받들 공자들이 없게 된다. 이것이 종자도 없고 또한 종주로 섬기는 자도 없는 경우이다. 앞에서 논의한 종법제는 경과 대부에게 적용되는 대종과 소종의 제도를 범범하게 말한 것이고, 이곳에서는 전적으로 제후의 자식 중 위로는 군주를 종주로 삼을 수 없고, 밑으로는 후세의 종주가 아직 못된 경우로 이러한 세 가지 경우가 있다는 사실만을 언급하였다.

大全 程子曰: 凡言宗者, 以祭祀爲主. 言人宗於此, 而祭祀也. 別子爲祖, 上不敢宗諸侯, 故不祭. 下亦無人宗之, 此無宗亦莫之宗也. 別子之嫡子, 卽繼父爲大宗, 此有大宗而無小宗也. 別子之諸子, 祭其別子, 別子雖是祖, 然是諸子之禰, 繼禰者爲小宗, 此有小宗而無大宗也. 有小宗而無大宗, 此句極難理會. 蓋本是大宗之祖, 別子之諸子稱之, 却是禰也.

번역 정자가 말하길, 무릇 '종(宗)'이라고 하는 말들은 제사를 위주로 말한 것이다. 즉 사람들은 이러한 자를 종자로 삼아서 제사를 지낸다는 의미이다. 별자가 시조가 되더라도, 위로는 제후를 종주로 삼을 수 없다. 그렇기 때문에 군주를 제외한 나머지 가문에서 제후에 대한 제사를 지내지 않는 것이다. 밑으로 또한 그를 종주로 삼을 자가 없을 수도 있는데, 이것이 바로 종주도 없고 또 종주로 삼을 자도 없는 경우이다. 별자의 적자는 곧 부친을 계승하여 대종이 되는데, 이것은 대종은 있어도 소종이 없는 경우이다. 별자의 여러 아들들은 별자에 대해 제사를 지내서, 별자가 비록 시조가 되지만, 그는 여러 아들들의 부친이 되고, 그 부친을 이은 서자는 소종이 되니, 이것이 소종은 있어도 대종은 없는 경우이다. 그러나 소종은 있어도 대종이 없는 경우를 언급했는데, 이 구문은 매우 이해하기 어렵다. 아마도 본래 대종의 시조에 대해서, 별자의 여러 아들들이 그를 지칭하며, 부친이라고 말한 것 같다.

鄭注 公子有此三事也. 公子, 謂先君之子, 今君昆弟.

번역 공자(公子)에게는 이러한 세 가지 경우가 발생한다. '공자(公子)'는 선군의 자식들로, 현재 군주의 곤제들이다.

孔疏 ●"有小"至"是也". ○正義曰: 以前經明卿・大夫・士有大宗有小宗, 以相繼屬, 此經明諸侯之子, 身是公子, 上不得宗君, 下未爲後世之宗, 不可無人主領之義, 各依文解之.

번역 ●經文: "有小"~"是也". ○앞의 경문에서는 경・대부・사에게는 대종과 소종이 있어서, 그들을 통해 서로 친속관계를 유지하는 내용을 나타냈고, 이곳 경문에서는 제후의 아들인 경우, 본인은 공자(公子)의 신분이지만, 위로는 군주를 종주로 삼을 수 없고, 아래로는 후세의 종가가 아직 되지 못하여, 종주가 되어 통솔할 사람이 없다는 뜻을 나타내고 있으니, 각각의 문장에 따라서 풀이하겠다.

孔疏 ●"有小宗而無大宗"者, 謂君無適昆弟, 遣庶兄弟一人爲宗, 領公子禮如小宗, 是"有小宗而無大宗".

번역 ●經文: "有小宗而無大宗". ○군주에게 적자인 곤제가 없는 경우, 서자 형제들 중 첫 번째 서열인 자를 보내서 종자로 삼고, 공자(公子)들을 통솔하게 하니, 그 예법은 소종과 같다는 뜻이다. 이것이 바로 "소종은 있지만 대종은 없다."는 경우에 해당한다.

孔疏 ●"有大宗而無小宗"者, 君有適昆弟, 使之爲宗, 以領公子, 更不得立庶昆弟爲宗, 是"有大宗而無小宗"也.

번역 ●經文: "有大宗而無小宗". ○군주에게 적자인 곤제가 있어서, 그를 종자로 삼아서, 공자(公子)들을 통솔하게 했는데, 다시금 곤제의 동생을 종자로 세울 수 없으니, 이것이 바로 "대종은 있지만 소종은 없다."는 경우에 해당한다.

孔疏 ●"有無宗亦莫之宗"者, 公子唯一, 無他公子可爲宗, 是"有無之宗", 亦無他公子來宗於己, 是亦"莫之宗"也.

번역 ●經文: "有無宗亦莫之宗". ○공자(公子)가 오직 1명만 있고, 종주로 삼을 수 있는 다른 공자가 없으면, 이것은 종자가 없는 경우이다. 또 찾아와서 자신을 종주로 받들 다른 공자가 없으니, 이것은 또한 종주로 섬기는 자가 없는 경우이다.

孔疏 ●"公子是也", 言公子有此三事, 他人無, 唯公子也.

번역 ●經文: "公子是也". ○공자(公子)에게는 이러한 세 가지 경우가 발생하는데, 다른 계층에게는 이러한 일이 없고, 오직 공자에게만 발생한다는 뜻이다.

集解 愚謂: 上言立宗之義已盡, 此下二節, 又言公子立宗之法, 乃立宗之權也.

번역 내가 생각하기에, 앞에서는 종자를 세우는 뜻에 대해서 이미 모두 설명했으므로, 이곳 구문부터 그 이하의 두 문단은 또한 공자(公子)에게 있어 종자를 세우는 법도를 언급했으니, 곧 종자를 세우는 권도(權道)에 해당한다.

【429d】

公子有宗道. 公子之公, 爲其士大夫之庶者, 宗其士大夫之適
者, 公子之宗道也.

직역 公子에게는 宗道가 有하다. 公子의 公이, 그 士・大夫의 庶者를 爲하여,
그 士・大夫의 適者를 宗하니, 公子의 宗道이다.

의역 공자(公子)에게는 종주의 도리가 포함되어 있다. 공자들의 군주인 자는
자신의 서자 형제들 중 사나 대부의 신분인 자들을 위해서, 적자 형제들 중 사나
대부의 신분인 자를 세워 그를 종주로 삼게 되니, 이것이 바로 공자에게 포함된
종주의 도리이다.

集說 此又申言公子之宗道. 公子之公, 謂公子之適兄弟爲君者, 爲其庶兄
弟之爲士爲大夫者, 立適公子之爲士大夫者爲宗, 使此庶者宗之, 故云宗其士
大夫之適者. 此適, 是君之同母弟, 適夫人所生之子也.

번역 이 내용 또한 공자(公子)에게 해당하는 종주의 도리를 거듭 설명
한 것이다. '공자의 공(公)'은 공자의 적자 형제들로 군주가 된 자를 뜻하는
데, 그의 서자 형제들 중 사나 대부의 신분이 된 자들을 위해서, 적자인
공자들 중 사나 대부가 된 자를 종주로 세워서, 이러한 서자들로 하여금
그를 종주로 받들게 한다는 뜻이다. 그렇기 때문에 "사나 대부 중의 적자를
종주로 삼게 한다."라고 말한 것이다. 여기에서 말한 적자는 군주와 같은
어머니에게서 태어난 동생으로, 곧 정부인이 출생한 자식을 뜻한다.

鄭注 公子不得宗君, 君命適昆弟爲之宗, 使之宗之, 是公子之宗道也. 所
宗者適, 則如大宗, 死爲之齊衰九月, 其母則小君也, 爲其妻齊衰三月. 無適而
宗庶, 則如小宗, 死爲之大功九月. 其母・妻無服, 公子唯己而已, 則無所宗,
亦莫之宗.

번역 　공자(公子)는 군주를 종주로 삼을 수 없고, 군주가 적자인 곤제들에게 종주가 되라고 명령하여, 그를 한 일파의 종자로 삼게 되니, 이것이 공자에게 포함된 종주의 도리이다. 종주로 삼게 되는 자는 적자이니, 곧 대종의 경우와 같게 되어, 그가 죽었을 때에는 그를 위해 자최복을 입고 9개월 동안 복상하며, 그의 모친은 소군[1]이 되고, 그의 처에 대해서는 자최복으로 3개월 동안 복상한다. 적자가 없어서 서자를 종주로 삼게 되면, 소종의 경우와 같게 되어, 그가 죽었을 때에는 그를 위해서 대공복을 입고 9개월 동안 복상한다. 그의 모친과 처에 대해서는 상복을 착용하지 않으니, 공자에 대해서는 오직 그 본인에게만 적용할 따름이므로, 곧 종주로 세운 자도 없고, 종주로 섬기는 자도 없는 경우이다.

釋文 　唯己, 音紀.

번역 　'唯己'에서의 '己'자는 그 음이 '紀(기)'이다.

孔疏 　●"公子"至"道也". ○正義曰: 此一節覆說上公子宗道之意, 云"公子有宗道"一句, 爲下起文, 言公子有族人來, 與之爲宗敬之道.

번역 　●經文: "公子"~"道也". ○이곳 문단은 앞에서 말한 공자(公子)에게 포함된 종주의 도리에 대한 의미를 재차 설명한 것이니, "공자에게는 종주의 도리가 있다."라고 한 말이 하나의 구문이 되어, 뒤의 문장들을 일으키는 서두가 되므로, 곧 공자에게 족인들이 붙게 되어, 그를 종자로 삼아 공경하는 도리를 실천한다는 뜻이다.

孔疏 　●"公子之公"者, 公, 君也, 謂公子之君, 是適兄弟爲君者.

번역 　●經文: "公子之公". ○'공(公)'자는 군주를 뜻하니, 공자(公子)들

---

1) 소군(小君)은 주대(周代)에 제후의 부인을 지칭하던 용어이다. 『춘추』「희공(僖公) 2년」편에는 "夏五月辛巳, 葬我小君哀姜."이라는 용례가 있다.

의 군주이며, 적자인 형제들 중 군주가 된 자를 가리킨다.

孔疏 ●"爲其土大夫之庶者", 則君之庶兄弟爲土大夫, 所謂"公子"者也.

번역 ●經文: "爲其土大夫之庶者". ○군주의 서자 형제들 중 사나 대부가 된 자들이니, '공자(公子)'라고 부르는 자들이다.

孔疏 ●"宗其土大夫之適"者, 言君爲此公子土大夫庶者, 宗其土大夫適者, 謂立公子適者. 土大夫之身與庶公子爲宗, 故云"宗其土大夫之適"也. 此適者卽君之同母弟, 適夫人所生之子也.

번역 ●經文: "宗其土大夫之適". ○군주는 이처럼 서자로서 사나 대부가 된 공자(公子)들을 위해서, 적자 중 사나 대부가 된 자를 종주로 세운다는 뜻이니, 즉 공자 중 적자를 종주로 세운다는 뜻이다. 사나 대부 본인은 서자인 공자들에 대해서 종주의 신분이 된다. 그렇기 때문에 "적자인 사나 대부를 종주로 세운다."라고 말한 것이다. 여기에서 말한 적자는 곧 군주와 같은 어머니에게서 태어난 동생으로, 정부인이 낳은 자식이다.

孔疏 ●"公子之宗道也"者, 言此適公子爲庶公子宗, 是公子宗道, 結上"公子有宗道"文也.

번역 ●經文: "公子之宗道也". ○여기에서 말한 적자인 공자(公子)가 서자인 공자들의 종주가 된다는 뜻이니, 이것은 공자에게 포함된 종주의 도리를 뜻하며, 앞에서 "공자에게는 종주의 도리가 포함된다."라고 한 말을 결론 맺은 것이다.

孔疏 ◎注"公子"至"之宗". ○正義曰: 云"公子不得宗君"者[2], 君尊, 族人

---

2) '자(者)'자에 대하여. '자'자는 본래 없던 글자인데, 완원(阮元)의 『교감기(校勘記)』에서는 "혜동(惠棟)의 『교송본(校宋本)』에는 '자'자가 기록되어 있고,

不敢以戚君, 故不得宗君也. 云"君命適昆弟爲之宗, 使之宗之"者, 公子旣不
得宗君, 其父子宗親之事, 無人主領, 故君命適兄弟爲之宗, 使宗領之也. 云
"所宗者適, 則如大宗, 死爲之齊衰九月, 其母則小君也"者, 以經文公子旣有
小宗大宗, 故知適者如大宗, 庶者如小宗. 云"則如大宗"者, 大宗之正, 本是別
子之適, 今公子爲大宗, 謂禮如之耳, 非正大宗, 故云"如"也. "死爲齊衰九月"
者, 以君在厭降兄弟降一等, 故九月, 以其爲大宗, 故齊衰; 與君同母, 故云"其
母則小君也". 云"爲其妻齊衰三月"者, 同喪服3)宗子之妻也. 旣立適爲大宗,
則不復立庶爲小宗. 前經所謂"有大宗而無小宗", 是也. 云"無適而宗庶, 則如
小宗, 死爲之大功九月. 其母·妻無服"者, 此則庶子爲宗, 禮如小宗, 與尋常兄
弟相爲, 君在厭降一等, 故死爲之大功九月, 母則庶母, 妻則兄弟之妻, 故無服
也. 旣無適子可立, 但立庶子爲小宗, 前文所謂"有小宗而無大宗者"也. 云"公
子唯己而已, 則無所宗, 亦無之宗"者, 無所宗, 則前經云"有無宗"也; 亦無之
宗者, 則前經云"亦莫之宗". 鄭於此注遙釋前耳.

번역 ◎鄭注: "公子"~"之宗". ○정현이 "공자(公子)는 군주를 종주로
삼을 수 없다."라고 했는데, 군주는 존귀한 신분이므로, 족인들은 감히 군주
를 친근하게 대할 수 없다. 그렇기 때문에 군주를 종주로 삼을 수 없다.
정현이 "군주가 적자인 곤제들에게 종주가 되라고 명령하여, 그를 한 일파
의 종자로 삼게 된다."라고 했는데, 공자들은 이미 군주를 종주로 삼을 수
없어서, 부자관계 등에서 나타나는 종주와 친척관계에 대한 일들에 대해,
주관하고 통솔할 사람이 없게 된다. 그렇기 때문에 군주는 적자인 형제들
중 한 명에게 명령하여, 그를 종주로 삼아, 그로 하여금 나머지 족인들을
통솔하도록 만든다. 정현이 "종주로 삼게 되는 자는 적자이니, 곧 대종의
경우와 같게 되어, 그가 죽었을 때에는 그를 위해 자최복을 입고 9개월 동

『모본(毛本)』에도 동일하게 기록되어 있으며, 『감본(監本)』에는 글자가 누
락되었다."라고 했다.

3) '복(服)'자에 대하여. '복'자는 본래 없던 글자인데, 완원(阮元)의 『교감기(校
勘記)』에서는 "혜동(惠棟)의 『교송본(校宋本)』에는 '복'자가 기록되어 있고,
위씨(衛氏)의 『집설(集說)』에도 동일하게 기록되어 있다. 따라서 이곳 판본
은 '복'자가 누락된 것이다."라고 했다.

안 복상하며, 그의 모친은 소군이 된다."라고 했는데, 경문에서 공자에게는 이미 소종과 대종이 발생한다고 했다. 그렇기 때문에 적자에 대해서는 대종과 같이 대하고, 서자에 대해서는 소종과 같이 대하게 됨을 알 수 있다. 정현이 "곧 대종과 같이 대한다."라고 했는데, 대종의 정통을 이은 자는 본래 별자(別子)의 적자이며, 현재 상황은 공자가 대종이 되었으니, 예법에 따라 동일하게 대할 따름이며, 본래의 대종은 아니다. 그렇기 때문에 "~와 같다[如]."라고 말한 것이다. 정현이 "그가 죽었을 때, 그를 위해서 자최복으로 9개월 동안 복상한다."라고 했는데, 군주는 형제들에 대해서 염강4)을 하여 한 등급을 낮추기 때문에, 9개월 동안 복상하고, 그가 대종이 되었기 때문에 자최복을 착용하는 것이다. 또 군주와 모친이 동일하기 때문에, "그의 모친은 소군이 된다."라고 말한 것이다. 정현이 "그의 처에 대해서는 자최복으로 3개월 동안 복상한다."라고 했는데, 종자의 처에 대한 상복과 동일하게 따르는 것이다. 이미 적자를 세워서 대종으로 삼았다면, 다시 서자를 소종으로 삼을 수 없다. 앞의 경문에서 "대종은 있지만 소종이 없다."라고 한 경우에 해당한다. 정현이 "적자가 없어서 서자를 종주로 삼게 되면, 소종의 경우와 같게 되어, 그가 죽었을 때에는 그를 위해서 대공복을 입고 9개월 동인 복상한다. 그의 모친과 처에 대해서는 상복을 착용하지 않는다."라고 했는데, 이것은 서자가 종자가 된 경우로, 그 예법은 소종에 대한 예법과 같아서, 일반 형제들은 서로를 위해서 상복을 착용하지만, 군주는 염강을 해서 한 등급을 내리기 때문에, 그가 죽었을 때 대공복을 착용하고 9개월 동안 복상하며, 그의 모친은 서모(庶母)5)가 되고, 그의 처는 형제의

---

4) 염강(厭降)은 상례(喪禮)에 있어서, 돌아가신 모친을 위해 자식은 본래 삼년상(三年喪)을 치러야 하지만, 부친이 생존해 계신 경우라면, 수위를 낮춰서 기년상(期年喪)으로 치르는데, 이처럼 낮춰서 치르는 것을 '염강'이라고 부른다.

5) 서모(庶母)는 부친의 첩(妾)들을 뜻한다. 『의례』「사혼례(士昏禮)」편에는 "庶母及門內施鞶, 申之以父母之命."이라는 기록이 있는데, 이에 대한 정현의 주에서는 "庶母, 父之妾也."라고 풀이했다. 한편 '서모'는 부친의 첩들 중에서도 아들을 낳은 여자를 뜻하기도 한다. 『주자전서(朱子全書)』「예이(禮二)」편에는 "庶母, 自謂父妾生子者."라는 기록이 있다.

처가 된다. 그렇기 때문에 상복을 착용하지 않는 것이다. 이미 종주로 세울 수 있는 적자가 없다고 했으니, 단지 서자를 세워서 소종으로 삼은 것이므로, 앞 문장에서 "소종은 있지만 대종이 없다."라고 한 경우에 해당한다. 정현이 "공자에 대해서는 오직 그 본인에게만 적용할 따름이므로, 곧 종주로 세운 자도 없고, 종주로 섬기는 자도 없는 경우이다."라고 했는데, 종주로 세운 자가 없다는 것은 앞의 경문에서 "종주가 없다."라고 한 경우에 해당한다. 또 그를 종주로 삼는 자도 없다는 말은 앞의 경문에서 "그를 종주로 삼지 않는다."라고 한 경우에 해당한다. 정현은 이곳 주석에서 앞의 뜻까지도 연관시켜서 함께 설명한 것일 뿐이다.

訓纂 曹述初集解明宗義曰: 其士大夫之嫡者, 此爲諸侯別子之後也. 或母弟之子孫, 或庶弟之子孫, 位爲大夫者, 各祖別子爲始祖, 各宗其嫡爲大宗. 嫌庶子小宗之後, 猶不得爲嫡, 故通稱嫡, 以明後代皆應同正也.

번역 조술초의『집해명종의』에서 말하길, 그의 사와 대부 중의 적자라는 말은 제후의 별자(別子)에서 파생한 후손이다. 혹은 어머니가 같은 동생의 자손들이거나 서자 형제들의 자손으로, 그 지위가 대부에 오른 자는 각각 별자를 조상으로 여겨 시조로 섬길 수 있고, 각각 그 후손의 적자를 종주로 삼아 대종으로 모시게 된다. 서자로 소종이 된 자의 후손들은 여전히 적자의 신분이 될 수 없다는 오해를 일으키게 될까봐 통칭하여 적자라고 말해서, 후대에는 모두 각 가문의 정통이 됨을 나타낸 것이다.

集解 愚謂: 公子, 卽別子也. 繼別爲宗, 則當公子之身未有宗道, 而有宗道者, 則以有公命爲宗之法也. 上言公子有三事, 而此獨以宗適言之者, 蓋宗適者其正也, 無適乃宗庶耳. 然宗子本以主祖 · 禰之祭, 故爲族人之所宗, 若公子之爲宗, 則但有收族之責, 而無尊祖之義. 蓋君旣絶宗, 兄弟不可以無統, 故權時立之如此. 至公子之適子, 則各自主其父之祭, 以爲後世之大宗, 而不復相宗矣. 自"君有合族之道"至此, 言立宗之法; 又承上文"同姓從宗, 合族屬" 而申言之, 以明旁治昆弟之義也.

번역 　내가 생각하기에, '공자(公子)'는 곧 별자(別子)를 뜻한다. 별자를 계승한 자가 종주가 되니, 공자 본인에게는 아직 종주의 도리가 없는 것인데도, 종주의 도리가 있다는 말은 군주로부터 명령을 받아서 종주가 되는 법도가 있기 때문이다. 앞에서는 공자에게 발생하는 세 가지 경우를 언급했고, 이곳에서는 유독 적자를 종주로 삼는 사안을 언급했다. 무릇 적자를 종주로 삼는 것은 정식 규정이지만, 적자가 없다면 서자를 종주로 세울 따름이다. 그런데 종자는 본래 조부와 부친의 제사를 주관하기 때문에, 족인들이 그를 종주로 삼게 된다. 만약 공자를 종주로 삼게 된다면, 단지 족인들을 통솔하는 책무만 주어지게 되고, 조상을 존숭하는 도의는 없게 된다. 군주는 이미 종족관계를 끊었으므로, 형제에 대해서는 통솔할 수가 없다. 그렇기 때문에 시기에 따른 권도를 사용하여 이처럼 종자를 세우는 것이다. 공자의 적자에게 이르게 되면, 각각 그 스스로 부친에 대한 제사를 주관하게 되어, 그를 후손들의 대종으로 삼게 되니, 다시금 서로 종주로 삼게 되는 일이 없다. "군주에게는 족인들을 회합하는 도가 있다."라는 말로부터 이곳 문장까지는 종주를 세우는 법도를 언급하고 있고, 또 앞에서 "동성(同姓)은 종주를 따라서 족속들을 회합시킨다."라고 한 말에 따라 거듭 설명해서, 옆으로 곤제 항렬을 다스리는 뜻을 나타내었다.

• 제 17절 •

상복(喪服)과 친족관계

【430a】

絶族無移服, 親者屬也.

직역 絶族에는 服을 移함이 無하니, 親者는 屬한다.

의역 친족관계가 끊어진 자에 대해서는 상복을 소급하여 입지 않으니, 친족관계가 유지되는 자에 대해서는 해당하는 상복을 착용한다.

集說 三從兄弟同高祖, 故服緦麻, 至四從則族屬絶, 無延及之服矣. 移, 讀爲施. 在旁而及之曰施, 服之相爲以有親而各以其屬爲之服耳, 故云親者屬也.

번역 삼종형제는 고조가 같은 자들이다. 그렇기 때문에 서로를 위해서 시마복(緦麻服)을 착용한다. 사종형제에 이르게 되면, 친족관계가 끊어지게 되어, 관계를 연장하여 그에 대한 상복을 착용하는 일이 없다. '이(移)'자는 "베풀다[施].''는 뜻으로 풀이한다. 방계의 친족에 대해서, 그에 대한 상복 규정이 소급되는 것을 '시(施)'라고 부르니, 서로를 위해 상복을 착용하는 것은 그와 친족관계에 있기 때문이며, 각자 그 친족관계에 따라서 상복을 착용할 따름이다. 그렇기 때문에 "친족관계에 있는 자는 해당 복장을 착용한다.''고 말한 것이다.

大全 嚴陵方氏曰: 九族之外, 謂之絶族. 以其恩至此絶故也. 有恩則有服, 以其恩絶, 故無施服也. 夫以卑而屬尊, 以幼而屬長, 以庶而屬適, 以旁而屬正, 親親之道, 如斯而已, 故曰親者屬也. 族絶, 卽非其所屬.

번역 엄릉방씨가 말하길, 구족(九族)을 벗어난 자들을 친족관계가 끊어진 자들이라고 부른다. 은정이 이러한 자들에 대해서는 끊어졌기 때문이다. 은정이 있어야만 상복을 착용하는데, 은정이 끊어졌기 때문에, 상복을 착용하는 일이 없다. 신분이 낮은 자는 존귀한 자에게 소속되고, 나이가 어린 자는 연장자에게 소속되며, 서자는 적자에게 소속되고, 방계는 정통 적자에게 소속되니, 친근한 자를 친근하게 대하는 도리는 이와 같을 따름이다. 그렇기 때문에 "친족들은 해당하는 자들에게 속한다."라고 말한 것이다. 친족관계가 끊어졌다면, 소속되는 자들이 아니다.

鄭注 族昆弟之子, 不相爲服. 有親者, 服各以其屬親疏.

번역 족곤제의 자식들은 서로를 위해서 상복을 착용하지 않는다. 친족관계가 있는 자들은 상복을 입을 때, 각각 친족관계에서의 친소(親疎) 정도에 따르게 된다.

釋文 移, 本或作施, 同, 以豉反. 移, 猶旁也.

번역 '移'자는 판본에 따라서 '施'자로도 기록하니, 두 글자는 모두 '以(이)'자와 '豉(시)'자의 반절음이다. '移'자는 방계라는 말과 같다.

孔疏 ●"絶族"至"屬也". ○正義曰: 此一節論親盡則無服, 有親則有服. "絶族"者, 謂三從兄弟同高祖者. 族兄弟應麻, 族兄弟之子及四從兄弟爲族屬, 旣絶, 故無移服. 在旁而及曰"移", 言不延移及之.

번역 ●經文: "絶族"~"屬也". ○이곳 문단은 친족관계가 다하면 상복을 착용하지 않고, 친족관계가 있다면 상복을 착용하는 사안을 논의하고 있다. 경문의 "絶族"에 대하여. 삼종형제들은 같은 고조를 섬기는 자들이다. 족형제들에 대해서는 마땅히 상복을 착용해야 하는데, 족형제들의 자식 및 사종형제들은 족속이 되어, 이미 친족관계가 끊어졌다. 그렇기 때문에 방계 친족에 대해서 상복을 착용하지 않는 것이다. 방계에 대해서 그 규정이 미치는 것을 '이(移)'라고 부르니, 연장하여 미치지 않는다는 의미이다.

孔疏 ●"親者屬也"者, 謂有親者各以屬而爲之服, 故云"親者屬也".

번역 ●經文: "親者屬也". ○친족관계가 있다면, 각자 친족관계에 따른 상복을 착용한다. 그렇기 때문에 "친족관계가 있다면 관계에 따라 상복을 착용한다."라고 말한 것이다.

訓纂 劉氏台拱曰: 喪服傳曰, "出妻之子爲母, 則爲外祖父母無服." 傳曰, "絶族無移服, 親者屬." 蓋喪服傳引古傳文而釋其義, 以爲爲出母言之也. 鄭於此處, 卻不用此爲釋.

번역 유태공이 말하길, 『의례』「상복(喪服)」편의 전문(傳文)에서는 "출처1)의 자식이 모친을 위해서 착용한다면, 외조부모에 대해서는 상복을 착용하지 않는다."라고 했고, 전문에서는 "친족관계가 끊어져서, 소급해서 상복을 착용하지 않으며, 친족관계에 있는 자는 관계에 따라 상복을 착용한다."라고 했다.2) 무릇 「상복」편의 전문에서는 고대의 전문을 인용하여, 그 의미를 풀이했고, 그것을 출모(出母)3)에 대한 내용에 따라 언급한 것이라고 여겼다. 그런데 정현은 이곳 해석에서, 그 내용을 인용하여 풀이하지 않았다.

集解 愚謂: 此二句本喪服傳所引"傳曰"之文, 所以釋"出妻之子爲外祖父母無服"之義, 此篇引之, 則主於本宗之服, 以明人道親親之義也.

---

1) 출처(出妻)는 남편이 버린 아내를 뜻한다. 즉 남편의 집에서 쫓겨난 여자를 가리킨다.
2) 『의례』「상복(喪服)」: 出妻之子爲母. 傳曰, 出妻之子爲母期, 則爲外祖母無服. 傳曰, 絶族無施服, 親者屬.
3) 출모(出母)는 부친에게 버림을 받은 자신의 생모(生母)를 뜻한다. 또한 부친이 죽은 이후 다른 집으로 재차 시집을 간 자신의 생모를 뜻하기도 한다.

번역 　내가 생각하기에, 이곳 두 구문은 본래 『의례』「상복(喪服)」편의 전문(傳文)에서 인용하고 있는 '전왈(傳曰)'에 해당하는 문장인데, 이것은 "쫓겨난 아내의 자식은 외조부모에 대해서 상복을 착용하지 않는다."는 뜻을 풀이한 것이다. 이곳 편에서 이 내용을 인용했다면, 이것은 친족관계에 따라 착용하는 상복을 위주로 한 것이니, 이를 통해 인도에서 친근한 자를 친근하게 대하는 뜻을 나타낸 것이다.

• 제 18 절 •

친족관계를 다스리는 대의(大義)

自仁率親, 等而上之至于祖; 自義率祖, 順而下之至於禰. 是故人道親親也. 親親故尊祖, 尊祖故敬宗, 敬宗故收族, 收族故宗廟嚴, 宗廟嚴故重社稷, 重社稷故愛百姓, 愛百姓故刑罰中, 刑罰中故庶民安, 庶民安故財用足, 財用足故百志成, 百志成故禮俗刑, 禮俗刑然後樂. 詩云: "不顯不承, 無斁於人斯." 此之謂也.

직역 仁을 自하여 親을 率함에, 等하여 上하여 祖에 至하고; 義를 自하여 祖를 率함에, 順하여 下하여 禰에 至한다. 是故로 人道는 親을 親한다. 親을 親한 故로 祖를 尊하고, 祖를 尊한 故로 宗을 敬하며, 宗을 敬한 故로 族을 收하고, 族을 收한 故로 宗廟가 嚴하며, 宗廟가 嚴한 故로 社稷을 重하고, 社稷을 重한 故로 百姓을 愛하며, 百姓을 愛한 故로 刑罰이 中하고, 刑罰이 中한 故로 庶民이 安하며, 庶民이 安한 故로 財用이 足하고, 財用이 足한 故로 百志가 成하며, 百志가 成한 故로 禮俗이 刑하고, 禮俗이 刑한 然後에야 樂한다. 詩에서 云, "不顯하고 不承하여, 人斯에 斁이 無라." 此를 謂함이다.

의역 은정을 써서 부모에 따르면, 등급대로 위로 올라가 조상에게 이르게 된다. 의로움을 써서 조상에 따르면, 순차적으로 밑으로 내려가서 부친에게 이르게 된다. 이러한 까닭으로 인도는 친근한 자를 친근하게 대하는 도리에 해당한다. 친근한 자를 친근하게 대하기 때문에 조상을 존숭하게 되고, 조상을 존숭하기 때문에 종가를 공경하게 되며, 종가를 공경하기 때문에 족인들을 거둬들이게 되고, 족인들을 거둬들이기 때문에 종묘의 제사가 엄숙하게 되며, 종묘의 제사가 엄숙하기 때문에 사직의 제사를 중시하고, 사직의 제사를 중시하기 때문에 모든 관리들을 사랑하게 되며, 모든 관리들을 사랑하기 때문에 형벌이 알맞게 되고, 형벌이 알맞기 때문에 백성들이 편안하게 느끼게 되며, 백성들이 편안하게 느끼기 때문에 재화가 풍족하고, 재화가 풍족하기 때문에 모든 뜻이 이루어지며, 모든 뜻이 이루어지기 때문에 예와 풍속이 이루어지고, 예와 풍속이 이루어진 뒤에라야 즐거워하게 된다.『시』에서 "드러나지 아니하며 떠받들지 아니할까, 사람들에게 미움을 받는 일이 없도다."라고 한 말이 바로 이러한 경지를 가리킨다.

集說 祖之遷者逾遠, 宗之繼者無窮, 必知尊祖, 乃能敬宗. 收, 不離散也. 宗道旣尊, 故族無離散, 而祭祀之禮嚴肅. 內嚴宗廟之事, 故外重社稷之禮. 知社稷之不可輕, 則知百官族姓之當愛. 官得其人, 則刑不濫而民安其生. 安生樂業, 而食貨所資, 上下俱足, 有恒産者有恒心, 倉廩實而知禮節. 故非心邪念不萌, 而百志以成; 乖爭陵犯不作, 而禮俗一致. 刑, 猶成也. 如此則協氣嘉生, 薰爲太和矣, 豈不可樂乎? 詩, 周頌淸廟之篇, 言文王之德, 豈不光顯乎? 豈不見尊奉於人乎? 無厭斁於人矣. 引此以喩人君自親親之道, 推之而家而國而天下, 至於禮俗大成, 其可樂者, 亦無有厭斁也.

번역 조상 중 체천되는 자는 그 대수가 더욱 멀어지고, 종자를 계승하는 자는 끝이 없으니, 반드시 조상을 존숭할 줄 알아야만, 종가를 공경할 수 있다. '수(收)'자는 떠나거나 흩어지지 않게 한다는 뜻이다. 종가의 도리가 이미 존엄하기 때문에, 족인들 중에 흩어지거나 떠나는 자가 없고, 제사의 예법이 엄숙해진다. 내적으로 종묘의 제사를 엄숙하게 대하기 때문에, 외적으로도 사직(社稷)의 예법을 중시한다. 사직의 제사를 소홀히 할 수 없음을 안다면, 모든 관리와 족인들에 대해서 사랑해야만 함을 알게 된다. 해당 관직에 그에 걸맞은 인물을 얻는다면, 형벌이 범람하지 않고, 백성들이 자신의 생활에 안정을 느낀다. 생활이 안정되고 과업을 즐거워하며, 음식과 재화가 풍족하여 상하 모든 계층이 풍족하면, 항산(恒産)하는 자는 항심(恒心)을 갖게 되고,[1] 창고가 가득하여 예절을 알게 된다. 그렇기 때문에 그릇된 마음과 사특한 생각이 싹트지 않고, 모든 뜻이 이루어지며, 어그러진다툼과 참람됨이 일어나지 않아서, 예와 풍속이 일치된다. '형(刑)'자는 "이루어진다[成]."는 뜻이다. 이와 같게 되면, 기운을 합하여 무수하게 생겨나고, 무르익어 큰 조화를 이루는데, 어찌 즐겁지 않을 수 있겠는가? '시(詩)'는 『시』「주송(周頌)·청묘(淸廟)」편으로,2) 문왕의 덕을 노래한 것이니, 어찌 빛나지 않겠는가? 또 어찌 존경을 받아 사람들이 떠받들지 않겠는가? 이것이 사람들이 싫어하지 않는 이유라는 의미이다. 이 시를 인용하여, 군주 스스로 친근한 자를 친근하게 대하는 도를 실천하여, 이것을 미루어 가(家)·국(國)·천하(天下)에 이르게 해서, 결국 예와 풍속이 크게 완성되는 지경에 이르게 됨을 비유한 것이니, 기뻐할 수 있다는 것은 또한 싫어함이 없는 것이다.

大全 嚴陵方氏曰: 親其所親, 則推而上之至於親之所親, 親之所親則尊矣, 故曰親親故尊祖. 有祖而後有宗, 宗者五宗也, 有宗而後有族, 族者九族也. 宗廟者, 祖禰之祀也. 社稷者, 土穀之神也. 族屬, 雖以祖禰而後生, 然非子孫衆多, 則無以共承宗廟之祭祀. 宗廟雖以有土穀而後立, 然非祖禰積累則無以保守社稷之基業, 故曰收族故宗廟嚴, 宗廟嚴故重社稷. 有社有稷, 必得人而共守, 是以重社稷, 故愛百官族姓也. 有愛人之心, 則刑不濫, 故庶民安其生, 而樂其業, 則農者生財於田野, 商者通財於道路, 而足以致用, 故養生送死無憾, 而百志成也. 百志成, 則禮義於是乎生, 故禮俗刑, 禮俗刑矣, 則爭鬥之患息, 和平之氣通, 故曰然後樂. 不顯不承, 則親親, 尊祖之意也. 無斁於人斯, 其樂之意也, 故引詩之言以明之.

번역 엄릉방씨가 말하길, 친근한 자를 친근하게 대한다면, 그 관계를 미루어, 친근하게 대하는 자가 친근하게 여기는 자에게 이르게 되니, 친근하게 대하는 자가 친근하게 여기는 자는 곧 존엄한 자이다. 그렇기 때문에

---

1) 『맹자』「등문공상(滕文公上)」: 民之爲道也, 有恒産者有恒心, 無恒産者無恒心. 苟無恒心, 放辟邪侈, 無不爲已.

2) 『시』「주송(周頌)·청묘(淸廟)」: 於穆淸廟, 肅雝顯相. 濟濟多士, 秉文之德. 對越在天, 駿奔走在廟. 不顯不承, 無射於人斯.

친근한 자를 친근하게 대하기 때문에 조상을 존숭한다고 말한 것이다. 조상이 있고 난 뒤에야 종가가 생기고, 종가에는 오종(五宗)이 있으며, 종가가 있은 후에야 족인들이 생기고, 족인에는 구족(九族)이 있다. 종묘(宗廟)는 조상 및 부친 등에 대해서 제사를 지내는 공간이다. 사직(社稷)3)은 토지신과 곡식신에 대해 제사를 지내는 공간이다. 족속들은 비록 조상과 부친으로부터 태어나게 되지만, 자손이 많지 않다면, 함께 종묘의 제사를 받들 수 있는 자가 없다. 종묘가 비록 토지와 곡식이 생겨난 뒤에야 세워졌지만, 조상과 부친을 통해 후손이 많이 쌓이지 않는다면, 사직의 기틀과 업적을 수호할 수가 없다. 그러므로 족인들을 거둬들이기 때문에 종묘의 제사가 엄숙해지고, 종묘의 제사가 엄숙해졌기 때문에 사직의 제사를 중시한다고 말한 것이다. 사(社)가 있고 직(稷)이 있더라도, 반드시 사람이 있어야만 함께 수호할 수 있으니, 이것이 사직을 중시여기기 때문에, 모든 관리와 족인들을 사랑하는 것이다. 남을 사랑하는 마음을 가졌다면, 형벌이 범람하지 않는다. 그렇기 때문에 백성들이 그 생활에 대해서 편안하게 여기고, 자신의 과업을 즐겁게 여기게 된다면, 농민들은 농경지에서 재화를 생산하고, 상인들은 길에서 재화를 유통시키게 되어, 재화를 풍족하게 만든다. 그렇기 때문에 산 자를 봉양하고 죽은 자를 전송하는 일에 유감이 없게 되어, 모든 뜻이 이루어진다. 모든 뜻이 이루어지면, 예의는 여기에서 생겨난다. 그렇기 때문에 예와 풍속이 완성되니, 예와 풍속이 완성된다면, 다툼에 대한 근심이 종식되고, 화평한 기운이 소통된다. 그렇기 때문에 그런 뒤에야 즐겁게 된다고 말한 것이다. 드러나지 아니하며 떠받들지 않겠냐고 한 말은 친근한 자를 친근하게 대하는 것이니, 조상을 존숭하는 뜻에 해당한다. 사람들이 싫증을 내지 않는 것은 즐거워하는 뜻에 해당한다. 그렇기 때문에 이러한 시의 말을 인용하여, 그 사실을 나타낸 것이다.

大全 新安王氏曰: 此詩頌文王之德. 記此傳者, 卽之以明己意. 夫不顯顯

---

3) 사직(社稷)은 토지신과 곡식신을 뜻한다. 천자와 제후가 지냈던 제사이다. '사직'에서의 '사(社)'자는 토지신을 가리키고, '곡(稷)'자는 곡식신을 뜻한다.

也, 不承承也, 親親·尊祖·敬宗·收族, 而宗廟嚴, 豈不顯乎? 推其效, 至於
財用足·百志成·禮俗刑, 豈不承乎? 禮俗刑而民樂, 豈非人之無斁乎?

번역 신안왕씨4)가 말하길, 이 시는 문왕의 덕을 노래한 것이다. 이러한
전문을 기록한 자는 시의 기록을 통해서 자신의 뜻을 밝힌 것이다. 무릇
드러나지 않고 받들지 않겠느냐고 했는데, 친근한 자를 친근하게 대하며,
조상을 존숭하고, 종가를 공경하며, 족인들을 거둬들여서, 종묘의 제사가
엄숙하게 되는데, 어떻게 드러나지 않겠는가? 또 그 효과를 미루어보면,
재화가 풍족해지고, 모든 뜻이 이루어지며, 예와 풍속이 완성되는 경지에
도달하는데, 어찌 떠받들지 않겠는가? 예와 풍속이 완성되고 백성들이 즐
거워하는데, 어찌 사람들이 싫어하겠는가?

鄭注 言先有恩. 收族, 序以昭穆也. 嚴, 猶尊也, 孝經曰: "孝莫大於嚴父."
百志, 人之志意所欲也. 刑, 猶成也. 斁, 厭也, 言文王之德, 不顯乎? 不承成先
人之業乎? 言其顯且承之, 人樂之無厭也.

번역 우선적으로 은정이 있다는 뜻이다. 족인들을 거둬들인다는 것은
소목(昭穆)에 따라 서열을 바로잡는다는 뜻이다. '엄(嚴)'자는 "존숭하다
[尊]."는 뜻이니, 『효경』에서는 "효는 부친을 존숭하는 것보다 큰 것이 없
다."5)라고 했다. '백지(百志)'는 사람의 뜻 중 하고자 하는 것들이다. '형
(刑)'자는 "이루어진다[成]."는 뜻이다. '역(斁)'자는 "싫어한다[厭]."는 뜻이
니, "문왕의 덕이 드러나지 않겠는가? 선인의 업적을 계승하여 이룬 것이
아닌가?"라는 의미로, 드러나고 계승하여, 사람들이 즐거워함에 싫어함이
없다는 뜻이다.

釋文 罰中, 丁仲反. 斁音亦. 厭, 於豔反, 下同.

---

4) 신안왕씨(新安王氏, A.D.1138~A.D.1218) : =왕염(王炎)·왕회숙(王晦叔). 남
송(南宋) 때의 역학자(易學者)이다. 자는 회숙(晦叔)이다.
5) 『효경』「성치장(聖治章)」 : 人之行莫大於孝, <u>孝莫大於嚴父</u>.

번역 '罰中'에서의 '中'자는 '丁(정)'자와 '仲(중)'자의 반절음이다. '斁'자의 음은 '亦(역)'이다. '厭'자는 '於(어)'자와 '豔(염)'자의 반절음이며, 아래문장에 나오는 글자도 그 음이 이와 같다.

孔疏 ●"自仁"至"謂也". ○正義曰: 此一節論人道親親, 從親己以至尊祖, 由尊祖, 故敬宗, 以收族人, 故宗廟嚴, 社稷重, 乃至禮俗成, 天下顯樂而無厭倦, 各依文解之.

번역 ●經文: "自仁"~"謂也". ○이곳 문단은 인도에서 친근한 자를 친근하게 대하며, 자신을 친근하게 여기는 것에 따라서 조상을 존숭하는 경지에 도달하고, 조상을 존숭함에 따르기 때문에 종가를 공경하고, 이를 통해 족인들을 거둬들이기 때문에, 종묘의 제사가 엄숙하게 되고, 사직의 제사가 중시되니, 이처럼 되면 예와 풍속이 완성되는 경지에 도달하여, 천하에 기쁨이 밝게 드러나서 싫어함이 없게 된다는 사실을 논의하고 있으니, 각각의 문장에 따라서 풀이하겠다.

孔疏 ●"自仁率親, 等而上之至于祖, 自義率祖, 順而下之至於禰"者, 前文已具, 此重說之者, 前文論服之輕重, 故云"一輕一重", 此論親親之道, 故先親親而後尊祖, 故云"親親", 不言"輕重"也.

번역 ●經文: "自仁率親, 等而上之至于祖, 自義率祖, 順而下之至於禰". ○앞의 문장에 이미 기록된 내용으로, 이곳에서 거듭 설명한 것은 앞의 문장은 상복의 수위에 대해서 논의를 했기 때문에 "어떤 것은 가볍게 대하고, 어떤 것은 무겁게 대한다."라고 말한 것이며, 이곳에서는 친근한 자를 친근하게 대하는 도를 논의했기 때문에 우선 친근한 자를 친근하게 대한 뒤에야 조상을 존숭하기 때문에, "친근한 자를 친근하게 대한다."라고 말하고, '경중(輕重)'이라고 말하지 않은 것이다.

孔疏 ●"親親故尊祖"者, 以己上親於親, 親亦上親於祖, 以次相親, 去己高遠, 故云"尊祖".

번역 ●經文: "親親故尊祖". ○자신을 통해서 위로 부모에 대해 친근하게 대하고, 부모 또한 위로 조부를 친근하게 대하여, 차례대로 서로 친근하게 대하는데, 자신과 이미 대수가 멀리 떨어졌기 때문에, "조상을 존숭한다."라고 말한 것이다.

孔疏 ●"尊祖故敬宗"者, 祖旣高遠, 無由可尊, 宗是祖之正胤, 故敬宗.

번역 ●經文: "尊祖故敬宗". ○조상은 이미 대수가 먼 자에 해당하여, 존숭할 수 있는 계기가 없는데, 종자는 조상의 정통을 이은 적자이기 때문에, 종자를 공경하는 것이다.

孔疏 ●"敬宗故收族"者, 族人旣敬宗子, 宗子故收族人, 故喪服傳云"大宗, 收族者也", 是其事.

번역 ●經文: "敬宗故收族". ○족인들은 이미 종자를 공경하므로, 종자가 족인들을 거둬들인다. 『의례』「상복(喪服)」편의 전문(傳文)에서 "대종(大宗)은 족인들을 거둬들이는 자이다."6)라고 한 말이 바로 그 사안을 가리킨다.

孔疏 ●"收族故宗廟嚴"者, 若族人散亂, 骨肉乖離, 則宗廟祭享不嚴肅也. 若收之, 則親族不散, 昭穆有倫, 則宗廟之所以尊嚴也.

번역 ●經文: "收族故宗廟嚴". ○만약 족인들이 흩어지고 질서가 문란하게 되어, 혈육지친이 떠나게 된다면, 종묘의 제사는 엄숙할 수가 없다.

---

6) 『의례』「상복(喪服)」: 大宗者, 尊之統也, 大宗者, 收族者也, 不可以絶, 故族人以支子後大宗也.

만약 그들을 거둬들인다면, 친족들이 흩어지지 않고, 소목(昭穆)에도 질서가 잡혀서, 종묘의 제사가 존엄하게 된다.

孔疏 ●"宗廟嚴故重社稷"者, 此以下並立宗之功也, 始於家邦, 終於四海, 若能先嚴宗廟, 則後乃社稷保重也.

번역 ●經文: "宗廟嚴故重社稷". ○이곳 구문으로부터 그 이하의 문장들은 모두 종자를 세우는 공덕을 나타내고 있으니, 처음에는 가(家)와 국가로부터 시작하여, 끝내는 천하에 퍼지게 되는데, 만약 그 이전에 종묘의 제사를 엄숙하게 할 수 있다면, 그 이후에는 사직의 제사도 보호되며 중시된다.

孔疏 ●"重社稷故愛百姓"者, 百姓, 百官也. 旣有社稷可重, 故有百官可愛也.

번역 ●經文: "重社稷故愛百姓". ○'백성(百姓)'은 모든 관리를 뜻한다. 이미 사직에 대해서 중시할 수 있기 때문에, 모든 관리들에 대해서 사랑할 수 있는 것이다.

孔疏 ●"愛百姓故刑罰中"者, 百官當職, 更相匡輔, 則無淫刑濫罰, 刑罰所以皆得中也.

번역 ●經文: "愛百姓故刑罰中". ○모든 관리들이 직무를 담당하여, 서로 도와서 보필한다면, 형벌을 남용하는 일이 없게 되니, 형벌이 모두 알맞게 되는 이유이다.

孔疏 ●"刑罰中故庶民安"者, 上無淫刑濫罰, 故庶民安也.

번역 ●經文: "刑罰中故庶民安". ○위정자가 형벌을 남용함이 없기 때문에, 백성들이 편안하게 느끼는 것이다.

孔疏 ●“庶民安故財用足”者, 民皆手足有所措, 各安其業, 故財用得足也.

번역 ●經文: “庶民安故財用足”. ○백성들이 모두 손발을 둘 곳이 생기고, 각자 자신의 과업을 편안하게 여기기 때문에, 재화가 풍족하게 된다.

孔疏 ●“財用足故百志成”者, 百姓足, 君孰與不足? 既天下皆足, 所以君及民人百志悉成, 是謂“倉廩實, 知禮節; 衣食足, 知榮辱”也.

번역 ●經文: “財用足故百志成”. ○백성들이 풍족하게 되는데, 군주가 어떻게 부족하다고 여기겠는가? 이미 천하의 모든 사람들이 풍족해졌으므로, 군주 및 백성들의 뜻이 모두 완성되니, 이것이 “창고가 가득차서, 예절을 알며, 의복과 음식이 풍족해져서 영예와 욕됨을 안다.”는 뜻이다.

孔疏 ●“百志成故禮俗刑”者, “刑”亦“成”也. 天下既足, 百志又成, 則禮節風俗於是而成, 所以太平告功成也.

번역 ●經文: “百志成故禮俗刑”. ○‘형(刑)’자 또한 “이루어진다[成].”는 뜻이다. 천하 사람들이 이미 풍족해졌고, 모든 뜻 또한 이루어졌다면, 예절과 풍속은 이러한 가운데 완성이 되니, 태평한 세상에 공이 이루어졌음을 알리는 것이다.

孔疏 ●“禮俗刑然後樂”者, “樂”謂不厭也. 禮俗既成, 所以長爲民庶所樂而不厭也.

번역 ●經文: “禮俗刑然後樂”. ○“즐거워한다.”는 말은 싫어하지 않는다는 뜻이다. 예절과 풍속이 이미 완성되었다면, 백성들이 즐거워하는 것을 더욱 누리도록 하여 싫어하지 않는 것이다.

孔疏 ●“詩云: ‘不顯不承, 無斁於人斯’, 此之謂也”者, 此周頌·淸廟之篇, 祀文王之廟, 美文王之功, 言文王之德豈不光顯乎? 言光顯矣. 文王豈不承先

父之業乎? 言承之矣. "無斁於人斯", 斁, 厭也. 文王之德, 旣能如此, 無見厭
於人, 謂人無厭倦之者. 斯, 語辭也. 今尊祖敬宗, 人皆願樂, 亦無厭倦, 故云
"此之謂也", 謂與文王相似矣. 詩箋云: "周公祭淸廟, 是不光明文王之德與?
言其光明之也. 是不承順文王志意與? 言其承順之也." 與此注不同者, 禮注
在前, 詩箋在後, 故詩有與禮注不同, 故鄭答炅模云然也.

번역 ●經文: "詩云: '不顯不承, 無斁於人斯', 此之謂也". ○이 시는 『시』
「주송(周頌)・청묘(淸廟)」편이니, 문왕의 묘(廟)에서 제사를 지내어, 문왕
의 공덕을 찬미하는 것으로, 문왕의 덕이 어떻게 밝게 드러나지 않겠냐고
한 말은 밝게 드러난다는 뜻이다. 문왕이 어떻게 부친의 과업을 앞서 계승
하지 않았겠느냐는 말은 계승했다는 뜻이다. "사람들이 싫어하지 않는다."
고 했는데, '역(斁)'자는 "싫어한다[厭]."는 뜻이다. 문왕의 덕이 이미 이와
같게 되었다면, 사람들이 싫어하지 않게 되니, 사람들 중 싫어하는 자가
없다는 의미이다. '사(斯)'자는 어조사이다. 현재 조상을 존숭하고 종가를
공경하며, 사람들이 모두 즐거워하고, 또 싫어함도 없다. 그렇기 때문에 "이
것을 뜻한다."라고 말한 것이니, 문왕에 대한 경우와 유사하다는 의미이다.
『시』의 전문(箋文)에서는 "주공이 청묘(淸廟)에서 제사를 지낸 것으로, 문
왕의 덕을 밝힌 것이 아니겠느냐는 말은 밝게 빛냈다는 뜻이다. 문왕의 뜻
을 계승한 것이 아니겠느냐는 말은 계승하고 따랐다는 뜻이다."라고 하여,
이곳의 주석과 일치하지 않는다. 『예기』에 대한 정현의 주석은 그 이전에
작성된 것이며, 『시』에 대한 전문은 그 후에 작성된 것이다. 그렇기 때문에
『시』와 『예기』의 주에 다른 점이 있는 것이니, 그래서 정현은 경모(炅模)에
게 대답할 때에도 이러한 이유 때문이라고 했다.

集解 上節引喪服傳, 以旁治明親親之義; 此覆擧前文, 又以上治明親親之
義也. 蓋人道雖有四者, 而不外於親親, 而親親之義, 則又以屬於禰者爲最隆,
故於此歸本而言之, 以明人道之所尤重也.

번역 앞 문단에서는 『의례』「상복(喪服)」편의 전문(傳文)을 인용하여,

옆으로 다스린다는 것을 통해 친근한 자를 친근하게 대하는 뜻을 풀이했다. 이곳에서는 재차 앞의 문장을 인용하고, 또 위로 다스린다는 것을 통해 친근한 자를 친근하게 대하는 뜻을 풀이했다. 무릇 인도에는 비록 네 종류가 있지만, 친근한 자를 친근하게 대하는 것에서 벗어나지 않고, 친근한 자를 친근하게 대하는 뜻은 또한 부친과 관련된 것을 가장 융성하게 높인다. 그렇기 때문에 이곳에서는 본질로 회귀하여 재차 언급을 해서, 인도에서도 더욱 중시하는 대상을 나타낸 것이다.

集解 祖者, 親之所尊也. 能親親, 則必以親之心爲心, 而遞推之以至於無窮而尊祖矣. 親親尊祖, 則必敬其主祖・禰之祭者而敬宗矣. 收, 聚也. 敬宗, 則族人皆祇事宗子而收族矣. 收族則宗子祭而族人皆侍, 而宗廟嚴矣. 卿大夫之宗廟, 與君之社稷相爲休戚者也, 故宗廟嚴則必重社稷, 而效忠於上者篤矣. 百姓, 百官也. 臣能重社稷而效忠於君, 則君亦愛百姓而體恤其臣矣. 君臣交相忠愛, 則無事乎操切督責之政而刑罰中矣. 刑罰中而和氣洽, 庶民之所以安也. 庶民安而樂事勸功, 財用之所以足也. 財用足, 則富可以備禮, 和可以廣樂, 百志之所以成也. 刑亦成也. 制之於上之謂禮, 行之於下之謂俗. 百志成則化行俗美, 禮俗之所以刑也. 禮俗刑, 然後上下和樂而不厭矣. 詩, 大雅淸廟之篇. 承, 尊奉也. 不顯, 豈不顯也. 不承, 豈不承也. 斁, 厭也. 引詩以明禮俗成而樂, 則無厭斁於人也. 蓋治天下必始於人道, 而人道不外於親親. 先王治天下, 必以治親爲先, 使天下之人莫不有以親其親. 而其效至於如此, 則其始雖若無與於民, 而其終至於無不足・無不贍者, 用此道也.

번역 조(祖)는 부모가 존경하는 대상이다. 친근한 자를 친근하게 대할 수 있다면, 반드시 친근하게 대하는 마음을 자신의 마음으로 삼아서, 그것을 단계적으로 미루어, 무궁함에 이르게 되고, 조상을 존숭하게 된다. 친근한 자를 친근하게 대하고 조상을 존숭한다면, 반드시 조상과 부친의 제사를 주관하는 자를 공경하게 되어, 종자를 공경한다. '수(收)'자는 "모으다[聚]."는 뜻이다. 종자를 공경하면, 족인들은 모두 종자를 공경스럽게 섬겨서, 족인들을 거두게 된다. 족인들을 거두게 되면, 종자가 제사를 지낼 때

족인들이 모두 참여하여 돕게 되어, 종묘의 제사가 엄숙해진다. 경이나 대부가 지내는 종묘제사는 군주가 지내는 사직제사와 안락과 근심을 함께 한다. 그렇기 때문에 종묘제사가 엄숙해지면, 반드시 사직제사도 중시하게 되어, 그 효과로 윗사람에게 충성을 다하는 것이 돈독해진다. '백성(百姓)'은 모든 관리를 뜻한다. 신하들이 사직제사를 중시할 수 있어서, 그 효과로 군주에게 충성을 다한다면, 군주 또한 모든 관리들을 사랑하고, 신하들을 내 몸처럼 여겨서 구휼하게 된다. 군주와 신하가 서로 도우며 충성을 다하고 사랑한다면, 단단하게 단속하고 몹시 책망하는 정치를 일삼지 않아서, 형벌이 알맞게 된다. 형벌이 알맞아서 조화로운 기운이 넉넉하게 되니, 백성들이 편안하게 느끼는 것이다. 백성들이 편안하게 느껴서 일을 즐거워하며 공적을 이루도록 서로 권면하니, 재화가 풍족하게 되는 것이다. 재화가 풍족하면, 부유하게 되어 예를 갖출 수 있고, 조화롭게 되어 즐거움을 널리 퍼트릴 수 있으니, 모든 뜻이 이루어지는 것이다. '형(刑)'자 또한 "이루어진다[成]."는 뜻이다. 위정자에 속하는 자들을 제어하는 것을 '예(禮)'라고 부르며, 아랫사람에게 시행하도록 하는 것은 '속(俗)'이라고 부른다. 모든 뜻이 이루어지면 행실이 교화되어 풍속이 아름답게 되니, 예와 풍속이 이루어지는 것이다. 예와 풍속이 이루어진 뒤에야 상하 계층이 화락하게 되어 싫어하지 않는다. '시(詩)'는 『시』「대아(大雅)・청묘(淸廟)」편이다. '승(承)'자는 존숭하여 받든다는 뜻이다. '불현(不顯)'은 어찌 드러나지 않겠느냐는 뜻이다. '불승(不承)'은 어찌 받들지 않겠느냐는 뜻이다. '역(斁)'자는 "싫어한다[厭]."는 뜻이다. 『시』를 인용하여, 예와 풍속이 완성되고 즐거워하면, 사람들이 싫어하는 것이 없게 됨을 나타낸 것이다. 무릇 천하를 다스릴 때에는 반드시 인도에서 시작해야 하고, 인도는 친근한 자를 친근하게 대하는 뜻에서 벗어나지 않는다. 선왕은 천하를 다스릴 때, 반드시 친족을 다스리는 것을 우선순위로 삼아서, 천하의 사람들로 하여금 친근한 자를 친근하게 대하지 않는 경우가 없도록 했다. 그리고 그 효과가 이러한 경지에 이르게 되면, 그 시작은 비록 백성들에 대한 일과 관여되는 점이 없지만, 종국에는 부족함이 없고, 구휼을 받지 못하는 자가 없는 경지에 이르니,

바로 이러한 도리를 사용했기 때문이다.

集解 顧氏炎武曰: 人君之於天下, 不能以獨治也, 獨治之而刑繁矣, 衆治之而刑措矣. 古之王者, 不忍以刑窮天下之民也, 是故一家之中, 父兄治之, 一族之間, 宗子治之, 其有不善之萌, 莫不自化於閨門之內, 而猶有不帥敎者, 然後歸之士師. 然則人君之所治者約矣. 然後原父子之親, 立君臣之義以權之; 意論輕重之序, 愼測淺深之量以別之; 悉其聰明, 致其忠愛以盡之. 夫然, 刑罰焉得而不中乎? 是故宗法立而刑淸. 天下之宗子, 各治其族, 以輔人君之治, 罔攸兼于庶獄, 而民自不犯於有司, 風俗之醇, 科條之簡, 有自來矣. 詩曰: "君之宗之." 吾是以知宗子之次於君道也. 又曰: 民之所以不安, 以其有貧有富. 貧者至於有不能自存, 而富者常恐人之有求而多爲吝嗇之計, 於是乎有爭心矣. 夫子有言, "不患貧而患不均." 夫惟收族之法行, 而歲時有合食之恩, 吉凶有通財之義. 本俗六安萬民, 三曰"聯兄弟", 而鄕三物之所興者, 六行之條, 曰"睦"曰"恤", 不待王政之施, 而矜 · 寡 · 孤 · 獨 · 廢 · 疾者皆有所養矣. 此所謂"均無貧"者, 而財用有不足乎? 至於葛藟之刺興, 角弓之賦作, 九族乃離, 一方相怨, 而餅饎交恥, 泉池竝竭, 然後知先王宗法之立, 其所以養人之欲而給人之求爲周且豫矣.

번역 고염무[7]가 말하길, 군주는 천하에 대해서, 홀로 다스릴 수가 없다. 홀로 다스리면 형벌이 번잡하게 난무한다. 여러 사람이 다스리면 형벌이 적어지고 알맞게 적용된다. 고대의 천자는 형벌로 천하의 백성들을 곤궁하게 만드는 것을 차마 할 수 없었다. 이러한 까닭으로 한 집안에서는 부형이 다스렸고, 한 종족 내에서는 종자가 다스렸으니, 선하지 못한 싹이 생기면, 스스로 집안 내에서 교화가 되지 않은 적이 없었다. 그런데도 여전히 교화에 따르지 않는 자가 있다면, 그런 뒤에야 그를 사사(士師)[8]에게 보내어

---

7) 고염무(顧炎武, A.D.1613~A.D.1682): 명말(明末) 때의 학자이다. 자(字)는 영인(寧人)이고, 호(號)는 정림(亭林)이다. 경학과 사학(史學) 분야에 뛰어났다. 『일지록(日知錄)』 등의 저서가 있다.

8) 사사(士師)는 사사(士史)라고도 부르며, 고대에 금령(禁令)이나 형벌 및 옥

처벌했다. 따라서 군주의 다스림이라는 것은 간략하다. 그런 뒤에야 부자관계에서의 친함에 근원하여, 군신관계에서의 의로움을 세워 권도를 발휘할 수 있다. 또한 죄의 경중을 의론하고 죄의 깊이를 신중히 헤아려서, 형량을 구별하였다. 또 그 총명함을 다하고, 충심과 사랑을 지극히 해서 직무를 다하도록 했다.9) 무릇 이처럼 된다면, 형벌이 어떻게 알맞지 않겠는가? 이러한 까닭으로 종법제가 세워져서 형벌이 투명하게 시행된 것이다. 천하의 종자들은 각각 그들의 족인들을 다스려서, 군주의 정치를 보필하여, 군주가 옥사에 대한 일을 겸하는 일이 없고, 백성들 스스로 유사를 범하지 않았으니,10) 풍속이 순박해지고, 법률이 간소해지는 것은 저절로 이루어진다.『시』에서는 "군주로 받들고 존숭한다."11)라고 했는데, 본인이 종자에 대한 것이 군도의 다음 차례가 됨을 알기 때문이다. 또 말하길, 백성들이 불안하게 여기는 것은 가난한 자가 있고 부유한 자가 있기 때문이다. 가난한 자가 제 스스로 생존할 수 없는 지경에 이르게 되고, 부유한 자는 항상 남이 요구할 것을 염려하여, 대부분 인색한 계책을 쓰니, 여기에서 다투는 마음이 생긴다. 공자는 "가난한 것을 걱정하지 않고, 균등하지 못한 것을 걱정한다."12)라고 했다. 무릇 족인들을 거두는 예법이 시행되어, 해와 계절마다 회합하여 음식을 먹는 은정이 생겨나고, 길사와 흉사에 대해서 재화를 변통해주는 도의가 생긴다. 옛 풍속에는 만민을 편안하게 하는 것으로 여섯 가지가 있었는데, 그 중 세 번째에서 "형제를 연계시킨다."라고 했고,13) 향

사 등을 담당하던 관리이다.『주례』「추관(秋官)·사사(士師)」편에는 "士師之職, 掌國之五禁之法, 以左右刑罰. 一曰宮禁, 二曰官禁, 三曰國禁, 四曰野禁, 五曰軍禁."이란 기록이 있다.

9)『예기』「왕제(王制)」【171c~d】: 凡聽五刑之訟, <u>必原父子之親, 立君臣之義, 以權之</u>. 意論輕重之序, 愼測淺深之量, 以別之. 悉其聰明, 致其忠愛, 以盡之. 疑獄, 汎與衆共之, 衆疑, 赦之. 必察大小之比, 以成之.

10)『서』「주서(周書)·입정(立政)」: 文王罔攸兼于庶言庶獄庶愼, 惟有司之牧夫, 是訓用違. 庶獄庶愼, 文王罔敢知于玆.

11)『시』「대아(大雅)·공유(公劉)」: 篤公劉, 于京斯依. 蹌蹌濟濟, 俾筵俾几. 既登乃依. 乃造其曹, 執豕于牢, 酌之用匏. 食之飮之, <u>君之宗之</u>.

12)『논어』「계씨(季氏)」: 丘也聞有國有家者, 不患寡而患不均, 不患貧而患不安.

13)『주례』「지관(地官)·대사도(大司徒)」: 以本俗六安萬民: 一曰媺宮室, 二曰族

(鄕)에서 세 가지 사안에 대한 교화가 흥성한 것14) 중 여섯 가지 행실의
조목에서 '화목' 및 '구휼'이라고 했으니, 왕도정치가 시행되길 기다리지 않
아도, 홀아비·과부·고아·의지할 곳이 없는 자·불치병에 걸린 자·병에
걸린 자들이 모두 부양을 받게 된다. 이러한 것들이 바로 "균등하여 가난한
자가 없다."라는 경우이니, 재화에 부족함이 있겠는가?『시』의「갈류(葛藟)」
편과 같은 풍자하는 시가 나타나고,「각궁(角弓)」편과 같은 시부가 작성되
는 지경에 이르게 되면, 구족(九族)은 곧 흩어져서, 한쪽에서 서로를 원망
하여, 물을 뜨지 못하는 작은 병이 큰 항아리에게 서로 부끄러움을 느끼게
되고,15) 샘과 못이 모두 말라버리게 된다. 따라서 이처럼 된 이후에야 선왕
이 종법제를 세웠던 이유가 사람이 원하는 것을 채워주고, 요구하는 것들
을 공급하게 함을 두루 시행하고 또 기쁘게 만들기 위해서임을 알 수 있
다.16)

墳墓, 三曰聯兄弟, 四曰聯師儒, 五曰聯朋友, 六曰同衣服.

14) 『주례』「지관(地官)·대사도(大司徒)」: 以鄕三物敎萬民而賓興之: 一曰六德,
知·仁·聖·義·忠·和; 二曰六行, 孝·友·睦·姻·任·恤; 三曰六藝, 禮·
樂·射·御·書·數.

15) 『시』「소아(小雅)·요아(蓼莪)」: 缾之罄矣, 維罍之恥. 鮮民之生, 不如死之久
矣. 無父何怙, 無母何恃. 出則銜恤, 入則靡至.

16) 『순자(荀子)』「예론(禮論)」: 先王惡其亂也, 故制禮義以分之, 以養人之欲, 給
人之求. 使欲必不窮於物, 物必不屈於欲. 兩者相持而長, 是禮之所起也.

그림 18-1 ▣ 후대의 사직단(社稷壇)

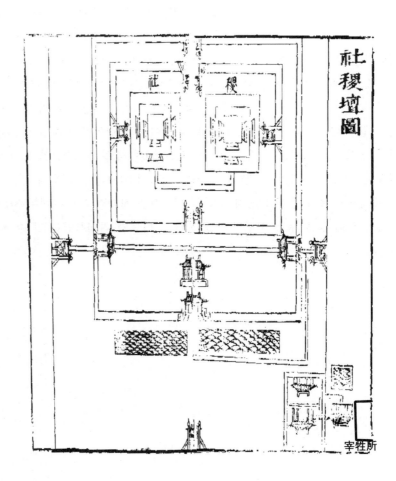

※ 출처: 『삼재도회(三才圖會)』「궁실(宮室)」 2권

大傳 人名 및 用語 辭典

ㄱ

◎ 가정본(嘉靖本) : 『가정본(嘉靖本)』에는 간행한 자의 정보가 기록되어 있지 않다. 『십삼경주소(十三經注疏)』의 판본이다. 20권으로 구성되어 있으며, 각 권의 뒤편에는 경문(經文)과 그에 따른 주(注)를 간략히 기록하고 있다. 단옥재(段玉裁)는 이 판본이 가정(嘉靖) 연간에 송본(宋本)을 모방하여 간행된 것이라고 여겼다.

◎ 갈두(楬豆) : '갈두'는 고대의 제사 때 사용하던 두(豆)이다. 하(夏)나라 때 사용했던 제기이다. 다른 사물을 이용해서 장식하지 않고, 단지 나무를 깎아서 만들었다. 『예기』「명당위(明堂位)」편에는 "夏后氏以楬豆."라는 기록이 있고, 이에 대한 정현의 주에서는 "楬, 無異物之飾也."라고 풀이했으며, 손희단(孫希旦)의 『집해(集解)』에서는 "楬豆, 斷木爲之, 而無他飾也."라고 풀이했다.

◎ 감본(監本) : 『감본(監本)』은 명(明)나라 국자감(國子監)에서 간행한 『십삼경주소(十三經注疏)』의 판본이다.

◎ 감생제(感生帝) : '감생제'는 감제(感帝)·감생(感生)이라고도 부른다. 태미오제(太微五帝)의 정기를 받아서 태어난 인간세상의 제왕을 뜻한다. 고대에는 각 왕조의 선조들이 모두 상제(上帝)의 기운을 받아서 태어났다고 여겼기 때문에, '감생제'라는 명칭이 생기게 되었다.

◎ 강영(江永, A.D.1681~A.D.1762) : 청(淸)나라 때의 경학자이다. 자(字)는

신수(愼修)이다. 『십삼경주소(十三經注疏)』에 대한 연구를 했으며, 특히 삼례(三禮)에 대해 해박했다.

◎ 개성석경(開成石經) : 『개성석경(開成石經)』은 당(唐)나라 만들어진 석경(石經)을 뜻한다. 돌에 경문(經文)을 새겼기 때문에, '석경'이라고 부른다. 당나라 때 만들어진 '석경'은 대화(大和) 7년(A.D.833)에 만들기 시작하여, 개성(開成) 2년(A.D.837)에 완성되었기 때문에, '개성석경'이라고도 부르는 것이다.

◎ 경도(慶都) : '경도'는 전설상의 인물이다. 요(堯)임금을 낳은 모친이다.

◎ 경원보씨(慶源輔氏, ?~?) : =보광(輔廣)·보한경(輔漢卿). 남송(南宋) 때의 학자이다. 자(字)는 한경(漢卿)이고, 호(號)는 잠암(潛庵)·전이(傳貽)이다. 여조겸(呂祖謙)과 주자(朱子)에게서 학문을 배웠다. 저서로는 『사서찬소(四書纂疏)』, 『육경집해(六經集解)』 등이 있다.

◎ 계명(雞鳴) : '계명'은 하루를 12시간으로 나눴을 때 그 한 시간에 해당한다. 후대의 축시(丑時)에 해당한다.

◎ 고문송판(考文宋板) : 『고문송판(考文宋板)』은 일본 학자 산정정(山井鼎) 등이 출간한 『칠경맹자고문보유(七經孟子考文補遺)』에 수록된 『예기정의(禮記正義)』를 뜻한다. 산정정은 『예기정의』를 수록할 때, 송(宋)나라 때의 판본을 저본으로 삼았다.

◎ 고염무(顧炎武, A.D.1613~A.D.1682) : 명말(明末) 때의 학자이다. 자(字)는 영인(寧人)이고, 호(號)는 정림(亭林)이다. 경학과 사학(史學) 분야에 뛰어났다. 『일지록(日知錄)』 등의 저서가 있다.

◎ 공씨(孔氏) : =공영달(孔穎達)

◎ 공영달(孔穎達, A.D.574~A.D.648) : =공씨(孔氏). 당대(唐代)의 경학자이다. 자(字)는 중달(仲達)이고, 시호(諡號)는 헌공(憲公)이다. 『오경정의(五經正義)』를 찬정(撰定)하는데 중심적인 역할을 했다.

◎ 교감기(校勘記) : 『교감기(校勘記)』는 완원(阮元)이 학자들을 모아서 편차했던 『십삼경주소교감기(十三經註疏校勘記)』를 뜻한다.

◎ 교기(校記) : 『교기(校記)』는 손이양(孫詒讓)이 지은 『십삼경주소교기(十三經注疏校記)』를 뜻한다.

◎ 교사(郊社) : '교사'는 천지(天地)에 대한 제사를 뜻한다. 교(郊)는 천(天)에 대한 제사를 뜻하고, 사(社)는 지(地)에 대한 제사를 뜻한다. '교사(郊祀)'라고도 부르고, '교제(郊祭)'라고도 부른다.

◎ 교제(郊祭) : '교제'는 '교사(郊祀)'라고도 부른다. 교외(郊外)에서 천지 (天地)에 제사를 지냈기 때문에 붙여진 명칭이다. 음양설(陰陽說)이 성행했던 한(漢)나라 때에는 하늘에 대한 제사는 양(陽)의 뜻을 따라 남교(南郊)에서 지냈고, 땅에 대한 제사는 음(陰)의 뜻을 따라 북교(北 郊)에서 지냈다. 『한서』「교사지하(郊祀志下)」편에는 "帝王之事莫大乎 承天之序, 承天之序莫重於郊祀. …… 祭天於南郊, 就陽之義也. 地於北 郊, 卽陰之象也."라는 기록이 있다. 한편 '교사'는 후대에 제사를 범칭 하는 용어로도 사용되었다. '교사' 중의 '교(郊)'자는 규모가 큰 제사를 뜻하며, '사(祀)'는 비교적 규모가 작은 제사들을 뜻한다.

◎ 구기(九旗) : '구기'는 고대에 사용하던 9종류의 깃발을 뜻한다. 무늬가 각각 달랐으며, 사용하는 용도 또한 달랐다. 해[日]와 달[月]을 수놓은 깃발을 상(常)이라고 부르며, 교룡(交龍)을 수놓은 깃발을 기(旂)라고 부르며, 순색의 비단을 이용하여 만든 깃발을 전(旜)이라고 부르며, 색 이 섞여 있는 깃발을 물(物)이라고 부르며, 곰[熊]과 호랑이[虎]를 수 놓은 깃발을 기(旗)라고 부르며, 새매를 수놓은 깃발을 여(旟)라고 부 르며, 거북이[龜]와 뱀[蛇]을 수놓은 깃발을 조(旐)라고 부르며, 새의 온전한 날개를 오색(五色)으로 채색하여, 깃술처럼 장식한 깃발을 수 (旞)라고 부르며, 가느다란 새의 깃털을 오색으로 채색하여, 깃술처럼 장식한 깃발을 정(旌)이라고 부른다. 『주례』「춘관(春官)・사상(司常)」 편에는 "掌九旗之物名, 各有屬以待國事. 日月爲常, 交龍爲旂, 通帛爲 旜, 雜帛爲物, 熊虎爲旗, 鳥隼爲旟, 龜蛇爲旐, 全羽爲旞, 析羽爲旌."이라 는 기록이 있다.

◎ 구족(九族) : '구족'은 친족을 범칭하는 말이다. 자신을 중심으로 위로 고조부(高祖父)까지의 네 세대, 아래로 현손(玄孫)까지의 네 세대까지 포함된 친족을 지칭한다. 『서』「우서(虞書)・요전(堯典)」편에는 "克明 俊德, 以親九族."이라는 기록이 있는데, 이에 대한 공안국(孔安國)의 전(傳)에서는 "以睦高祖, 玄孫之親."이라고 풀이하였다. 일설에는 '구 족'을 부친쪽 친척 중 4촌, 모친쪽 친척 중 3촌, 처쪽 친척 중 2촌까지 를 지칭하는 용어라고도 풀이한다.

◎ 군모(君母) : '군모'는 서자가 부친의 정처를 지칭하는 용어이다.

◎ 금방(金榜, A.D.1735~A.D.1801) : 청(淸)나라 때의 학자이다. 자(字)는 예 중(蕊中)・보지(輔之)이다. 한림원수찬(翰林院修撰) 등을 지냈으며, 외

조부(外祖父)가 죽자 복상(服喪)을 하고, 이후 두문불출하며 오로지 독서와 저술에만 전념하였다. 대진(戴震)과 동학(同學)했으며, 『예전(禮箋)』 등을 저술하였다.

◎ 기년복(期年服) : '기년복'은 1년 동안 상복(喪服)을 입는다는 뜻이다. 또는 그 기간 동안 입게 되는 상복을 뜻하기도 하는데, 일반적으로 자최복(齊衰服)을 가리키는 용어로 사용된다. '기년복'이라고 할 때의 '기년(期年)'은 1년을 뜻하는데, '자최복'은 일반적으로 1년 동안 입게 되는 상복이 되기 때문이다.

◎ 길복(吉服) : '길복'에는 두 가지 뜻이 있다. 첫 번째는 제사 때 입는 복장인 제복(祭服)을 뜻한다. 제사(祭祀)는 길례(吉禮)에 해당하므로, 그 때 착용하는 복장을 '길복'이라고 부르는 것이다. 두 번째는 예의를 갖출 때 입는 예복(禮服)을 범칭하는 말이다.

ㄴ

◎ 남송석경(南宋石經) : 『남송석경(南宋石經)』은 송(宋)나라 고종(高宗) 때 돌에 새긴 『십삼경주소(十三經注疏)』의 판본이다. 그러나 『예기(禮記)』에 대해서는 「중용(中庸)」 1편만을 기록하고 있다.

◎ 노식(盧植, A.D.159?~A.D.192) : =노씨(盧氏). 후한(後漢) 때의 유학자이다. 자(字)는 자간(子幹)이다. 어려서 마융(馬融)을 스승으로 섬겼다. 영제(靈帝)의 건녕(建寧) 연간(A.D.168~A.D.172)에 박사(博士)가 되었다. 채옹(蔡邕) 등과 함께 동관(東觀)에서 오경(五經)을 교정했다. 후에 동탁(董卓)이 소제(少帝)를 폐위시키자, 은거하며 『상서장구(尙書章句)』, 『삼례해고(三禮解詁)』를 저술했지만, 남아 있지 않다.

◎ 노씨(盧氏) : =노식(盧植)

ㄷ

◎ 단면(袒免) : '단면'은 상의의 한쪽을 벗어 좌측 어깨를 드러내고, 관(冠)을 벗고 머리끈으로 머리를 묶는다는 뜻이다. 먼 친척이 죽었을 때, 해당하는 상복(喪服)이 없다면, 이처럼 '단면'을 해서 애도하는 마음을 표현하게 된다.

◎ **대미오제(大微五帝)** : '대미오제'는 하늘을 '다섯 방위[五方]'로 구분하였을 때, 이러한 오방(五方)을 주관하는 각각의 신(神)들을 총칭하는 말이다. 동방(東方)을 주관하는 신은 영위앙(靈威仰)이고, 남방(南方)을 주관하는 신은 적표노(赤熛怒)이며, 중앙을 주관하는 신은 함추뉴(含樞紐)이고, 서방(西方)을 주관하는 신은 백초거(白招拒)이며, 북방(北方)을 주관하는 신은 즙광기(汁光紀)이다. 『예기』「대전(大傳)」편에는 "禮, 不王不禘, 王者禘其祖之所自出, 以其祖配之."라는 기록이 있는데, 이에 대한 정현의 주에서는 "王者之先祖皆感大微五帝之精以生. 蒼則靈威仰, 赤則赤熛怒, 黃則含樞紐, 白則白招拒, 黑則汁光紀."라고 풀이하였다.

◎ **대제(大祭)** : '대제'는 큰 제사라는 뜻이며, 천지(天地)에 대한 제사 및 체협(禘祫) 등을 일컫는다. 『주례』「천관(天官)·주정(酒正)」에 "凡祭祀, 以法共五齊三酒, 以實八尊. 大祭三貳, 中祭再貳, 小祭壹貳, 皆有酌數."라는 기록이 있다. 이에 대한 정현의 주에서는 "大祭, 天地. 中祭, 宗廟. 小祭, 五祀."라고 풀이하여, '대제'는 천지에 대한 제사를 뜻한다고 설명한다. 그리고 『주례』「춘관(春官)·천부(天府)」편에는 "凡國之玉鎭大寶器藏焉, 若有大祭大喪, 則出而陳之, 旣事藏之."라는 기록이 있다. 이에 대한 정현의 주에서는 "禘祫及大喪陳之, 以華國也."라고 풀이하여, '대제'를 '체협'으로 설명한다. 그리고 '체(禘)'제사와 '대제'의 직접적 관계에 대해서는 『이아』「석천(釋天)」편에서 "禘, 大祭也."라고 풀이하고, 이에 대한 곽박(郭璞)의 주에서는 "五年一大祭."라고 풀이하여, '대제'로써의 '체'제사는 5년마다 지내는 제사로 설명한다.

◎ **대종(大宗)** : '대종'은 소종(小宗)과 상대되는 말이다. 소종과 '대종'은 고대 종법제(宗法制)에 따른 구분이다. 적장자(嫡長子)의 한 계통만이 '대종'이 되고, 나머지 아들들은 소종이 된다. 예를 들어 천자의 적장자는 '대종'이 되고, 나머지 아들들은 소종이 된다. 만약 소종인 천자의 나머지 아들들이 제후가 되었다면, 본인의 나라에서는 '대종'이 되지만, 천자에 대해서는 역시 소종이 된다. 제후가 된 자의 적장자는 본인의 나라에서 '대종'이 되고, 나머지 아들들은 소종이 된다.

◎ **동래여씨(東萊呂氏)** : =여조겸(呂祖謙)

◎ **동중서(董仲舒, B.C.179~B.C.104)** : 전한(前漢) 때의 유학자이다. 호(號)는 계암자(桂巖子)이다. 『공양전(公羊傳)』을 공부하여, 박사(博士)를 지냈

으며, 유학의 관학화에 기여를 하였다. 저서로는 『춘추번로(春秋繁露)』,
『동자문집(董子文集)』 등이 있다.

◎ 두예(杜預, A.D.222~A.D.284) : =두원개(杜元凱). 서진(西晉) 때의 유학
자이다. 경조(京兆) 두릉(杜陵) 출신이다. 자(字)는 원개(元凱)이다. 『춘
추경전집해(春秋經典集解)』를 저술하였는데, 이 책은 현존하는 『춘추
(春秋)』의 주석서 중 가장 오래된 것이며, 『십삼경주소(十三經注疏)』
의 『춘추좌씨전정의(春秋左氏傳正義)』에도 채택되어 수록되었다.

◎ 마씨(馬氏) : =마희맹(馬晞孟)

◎ 마언순(馬彥醇) : =마희맹(馬晞孟)

◎ 마희맹(馬晞孟, ?~?) : =마씨(馬氏)·마언순(馬彥醇). 자(字)는 언순(彥醇)
이다. 『예기해(禮記解)』를 찬술했다.

◎ 명당(明堂) : '명당'은 일반적으로 고대 제왕이 정교(政敎)를 베풀던 장
소를 지칭하는 용어로 사용되었다. 이곳에서는 조회(朝會), 제사(祭
祀), 경상(慶賞), 선사(選士), 양로(養老), 교학(敎學) 등의 국가 주요
업무가 시행되었다. 『맹자』「양혜왕하(梁惠王下)」편에는 "夫明堂者, 王
者之堂也."라는 용례가 있고, 『옥태신영(玉台新詠)』「목난사(木蘭辭)」
편에도 "歸來見天子, 天子坐明堂."이라는 용례가 있다. '명당'의 규모나
제도는 시대마다 다르다. 또한 '명당'이라는 건물군 중에서 남쪽의 실
(室)을 가리키는 용어로도 사용되었다.

◎ 명정(銘旌) : '명정'은 명정(明旌)이라고도 부른다. 영구(靈柩) 앞에 세
워서 죽은 자의 관직 및 성명(姓名)을 표시하는 깃발이다.

◎ 모본(毛本) : 『모본(毛本)』은 명(明)나라 말기 급고각(汲古閣)에서 간행
된 『십삼경주소(十三經注疏)』의 판본이다. 급고각은 모진(毛晉)이 지
은 장서각이었으므로, 이러한 명칭이 생겼다.

◎ 목록(目錄) : 『목록(目錄)』은 정현이 찬술했다고 전해지는 『삼례목록
(三禮目錄)』을 가리킨다. 『십삼경주소(十三經注疏)』에서 인용되고 있
지만, 이 책은 『수서(隋書)』가 편찬될 당시에 이미 일실되어 존재하지
않았다. 『수서』「경적지(經籍志)」편에는 "三禮目錄一卷, 鄭玄撰, 梁有
陶弘景注一卷, 亡."이라는 기록이 있다.

◎ 민본(閩本) : 『민본(閩本)』은 명(明)나라 가정(嘉靖) 연간 때 이원양(李元陽)이 간행한 『십삼경주소(十三經注疏)』 판본이다. 한편 『칠경맹자고문보유(七經孟子考文補遺)』에서는 이 판본을 『가정본(嘉靖本)』으로 지칭하고 있다.

ㅂ

◎ 발사(茇舍) : '발사'는 군대가 풀 등을 제거하여, 야지에서 휴식을 취한다는 뜻이다.
◎ 방각(方慤) : =엄릉방씨(嚴陵方氏)
◎ 방성부(方性夫) : =엄릉방씨(嚴陵方氏)
◎ 방씨(方氏) : =엄릉방씨(嚴陵方氏)
◎ 별록(別錄) : 『별록(別錄)』은 후한(後漢) 때 유향(劉向)이 찬(撰)했다고 전해지는 책이다. 현재는 일실되어 존재하지 않으며, 『한서(漢書)』「예문지(藝文志)」편을 통해서 대략적인 내용만을 추측해볼 수 있다.
◎ 별자(別子) : '별자'는 서자(庶子)와 같은 말로, 적정자 이외의 아들들을 뜻하는 말이다. 적장자는 대(代)를 이어받고, 나머지 '별자'들은 그 지위를 계승받지 못하므로, '별자'라고 부르는 것이다. 『예기』「대전(大傳)」편에는 "百世不遷者, 別子之後也, 宗其繼別子之所自出者."라는 기록이 있는데, 이에 대한 공영달(孔穎達)의 소(疏)에서는 "別子謂諸侯之庶子也. 諸侯之適子適孫繼世爲君, 而第二子以下悉不得禰先君, 故云別子."라고 풀이했다.
◎ 보광(輔廣) : =경원보씨(慶源輔氏)
◎ 보한경(輔漢卿) : =경원보씨(慶源輔氏)
◎ 불줄(不窋) : '불줄'은 후직(后稷)인 기(棄)의 아들이다.

ㅅ

◎ 사사(士師) : '사사'는 사사(士史)라고도 부르며, 고대에 금령(禁令)이나 형벌 및 옥사 등을 담당하던 관리이다. 『주례』「추관(秋官)·사사(士師)」편에는 "士師之職, 掌國之五禁之法, 以左右刑罰. 一曰宮禁, 二曰官禁, 三曰國禁, 四曰野禁, 五曰軍禁."이란 기록이 있다.

◎ 사직(社稷) : '사직'은 토지신과 곡식신을 뜻한다. 천자와 제후가 지냈던
제사이다. '사직'에서의 '사(社)'자는 토지신을 가리키고, '곡(稷)'자는
곡식신을 뜻한다.

◎ 사표(四表) : '사표'는 사방의 매우 먼 지역을 지칭하는 말이며, 또한 천
하를 범칭하는 용어로도 사용된다.

◎ 산음육씨(山陰陸氏, A.D.1042~A.D.1102) : =육농사(陸農師)·육전(陸佃).
북송(北宋) 때의 유학자이다. 자(字)는 농사(農師)이며, 호(號)는 도산
(陶山)이다. 어려서 집안이 매우 가난했다고 전해지며, 왕안석(王安石)
에게 수학하였으나 왕안석의 신법에 대해서는 반대하였다. 저서로는
『비아(埤雅)』, 『춘추후전(春秋後傳)』, 『도산집(陶山集)』 등이 있다.

◎ 삼대(三代) : '삼대'는 하(夏), 은(殷), 주(周)의 세 왕조를 말한다. 『논어』
「위령공(衛靈公)」편에는 "斯民也, 三代 之所以直道而行也."라는 기록
이 있고, 이에 대한 형병(邢昺)의 소(疏)에서는 "三代, 夏殷周也."로 풀
이했다.

◎ 삼례의종(三禮義宗) : 『삼례의종(三禮義宗)』은 남북조시대(南北朝時代)
의 학자인 최영은(崔靈恩, ?~?)이 지은 저서이다. 삼례(三禮)에 대한
주석서로 집필되었으나 현존하지 않는다.

◎ 삼왕(三王) : '삼왕'은 하(夏), 은(殷), 주(周) 삼대(三代)의 왕을 뜻한다.
『춘추곡량전』「은공(隱公) 8年」편에는 "盟詛不及三王."이라는 기록이
있고, 이에 대한 범녕(範寧)의 주에서는 '삼왕'을 하나라의 우(禹), 은
나라의 탕(湯), 주나라의 무왕(武王)을 지칭한다고 풀이했다. 그리고 『맹
자』「고자하(告子下)」편에는 "五覇者, 三王之罪人也."라는 기록이 있
고, 이에 대한 조기(趙岐)의 주에서는 '삼왕'을 범녕의 주장과 달리, 주
나라의 무왕 대신 문왕(文王)을 지칭한다고 풀이했다.

◎ 삼환(三桓) : '삼환'은 춘추시대(春秋時代) 때 노(魯)나라에 있었던 세
가문을 뜻한다. 맹손(孟孫: =仲孫), 숙손(叔孫), 계손(季孫)을 뜻하며,
이들은 모두 노나라 환공(桓公)의 후예이기 때문에, '삼환'이라고 부른
다. 노나라 문공(文公) 이후에 '삼환'의 세력이 강성해져서, 노나라 정
권을 장악하였다.

◎ 서모(庶母) : '서모'는 부친의 첩(妾)들을 뜻한다. 『의례』「사혼례(士昏
禮)」편에는 "庶母及門內施鞶, 申之以父母之命."이라는 기록이 있는데,
이에 대한 정현의 주에서는 "庶母, 父之妾也."라고 풀이했다. 한편 '서

모'는 부친의 첩들 중에서도 아들을 낳은 여자를 뜻하기도 한다. 『주자전서(朱子全書)』「예이(禮二)」편에는 "庶母, 自謂父妾生子者."라는 기록이 있다.

◎ 석경(石經) : 『석경(石經)』은 당(唐)나라 개성(開成) 2년(A.D.714)에 돌에 새긴 『십삼경주소(十三經注疏)』의 판본이다. 당나라 국자학(國子學)의 비석에 새겨졌다는 판본이 바로 이것을 가리킨다.

◎ 석량왕씨(石梁王氏, ?~?) : 자세한 이력이 남아 있지 않다.

◎ 설문(說文) : =설문해자(說文解字)

◎ 설문해자(說文解字) : 『설문해자(說文解字)』는 후한(後漢) 때의 학자인 허신(許愼, ?~?)이 찬(撰)했다고 전해지는 자서(字書)이다. 『설문(說文)』이라고도 칭해진다. A.D.100년경에 완성되었다고 전해진다. 글자의 형태, 뜻, 음운(音韻)을 수록하고 있다.

◎ 설종(薛綜, ?~A.D.243) : 삼국시대(三國時代) 오(吳)나라의 학자이다. 자(字)는 경문(敬文)이다. 저서로는 『사재(私載)』·『오종도술(五宗圖述)』등이 있다.

◎ 소군(小君) : '소군'은 주대(周代)에 제후의 부인을 지칭하던 용어이다. 『춘추』「희공(僖公) 2년」편에는 "夏五月辛巳, 葬我小君哀姜."이라는 용례가 있다.

◎ 소뢰(少牢) : '소뢰'는 제사에서 양(羊)과 돼지[豕] 두 가지 희생물을 사용하는 것을 뜻한다. 『춘추좌씨전』「양공(襄公) 22년」편에는 "祭以特羊, 殷以少牢."라는 기록이 있는데, 이에 대한 두예(杜預)의 주에서는 "四時祀以一羊, 三年盛祭以羊豕. 殷, 盛也."라고 풀이하였다.

◎ 소식괘(消息卦) : '소식괘'는 복(復)·임(臨)·태(泰)·대장(大壯)·쾌(夬)·건(乾)·구(姤)·돈(遯)·부(否)·관(觀)·박(剝)·곤(坤) 등의 12괘(卦)를 통해 음양(陰陽)의 순환을 열두 달로 나타낸 것을 뜻한다.

◎ 소이아(小爾雅) : 『소이아(小爾雅)』는 고대에 편찬되었던 자전 중 하나이다. 찬자(撰者)에 대해서는 알려진 것이 없다. 『한서(漢書)』「예문지(藝文志)」편에는 "小爾雅一篇, 古今字一卷."이라고 하여, 찬자 미상의 『소이아』 1권이 존재했었다고 기록되어 있다. 또한 『수서(隋書)』「경적지(經籍志)」 및 『당서(唐書)』「예문지(藝文志)」편에도 이궤(李軌)의 주가 달린 『소이아』 1권이 있었다고 기록되어 있지만, 현재는 모두 전해지지 않는다. 다만 현재 전해지는 『소이아』는 『공총자(孔叢子)』에 기

록된 일부 내용들을 편집하여, 편찬한 것이다.

◎ 소종(小宗) : '소종'과 대종(大宗)은 고대 종법제(宗法制)에 따른 구분이다. 적장자(嫡長子)의 한 계통만이 대종이 되고, 나머지 아들들은 '소종'이 된다. 예를 들어 천자의 적장자는 대종이 되고, 나머지 아들들은 '소종'이 된다. 만약 '소종'인 천자의 나머지 아들들이 제후가 되었다면, 본인의 나라에서는 대종이 되지만, 천자에 대해서는 역시 '소종'이 된다. 제후가 된 자의 적장자는 본인의 나라에서 대종이 되고, 나머지 아들들은 '소종'이 된다.

◎ 순수(巡守) : '순수'는 '순수(巡狩)'라고도 부른다. 천자가 수도를 벗어나 제후의 나라를 시찰하는 것을 뜻한다. '순수'의 '순(巡)'자는 그곳으로 행차를 한다는 뜻이고, '수(守)'자는 제후가 지키는 영토를 뜻한다. 제후는 천자가 하사해준 영토를 대신 맡아서 수호하는 것이기 때문에, 천자가 그곳에 방문하여, 자신의 영토를 어떻게 관리하고 있는지를 시찰하게 된다. 『서』「우서(虞書)·순전(舜典)」편에는 "歲二月, 東巡守, 至于岱宗, 柴."라는 기록이 있고, 이에 대한 공안국(孔安國)의 전(傳)에서는 "諸侯爲天子守土, 故稱守. 巡, 行之."라고 풀이했으며, 『맹자』「양혜왕하(梁惠王下)」편에서는 "天子適諸侯曰巡狩. 巡狩者, 巡所守也."라고 기록하였다. 한편 『예기』「왕제(王制)」편에는 "天子, 五年, 一巡守."라는 기록이 있고, 『주례』「추관(秋官)·대행인(大行人)」편에는 "十有二歲王巡守殷國."이라는 기록이 있다. 즉 「왕제」편에서는 천자가 5년에 1번 순수를 시행하고, 「대행인」편에서는 12년에 1번 순수를 시행한다고 기록하고 있는데, 이러한 차이점에 대해서 정현은 「왕제」편의 주에서 "五年者, 虞夏之制也. 周則十二歲一巡守."라고 풀이했다. 즉 5년에 1번 순수를 하는 제도는 우(虞)와 하(夏)나라 때의 제도이며, 주(周)나라에서는 12년에 1번 순수를 했다.

◎ 습(襲) : '습'은 고대에 의례를 시행할 때 하는 복장 방식 중 하나이다. 겉옷으로 안에 입고 있던 옷들을 완전히 가리는 방식이다. 한편 '습'은 비교적 성대한 의식 때 시행하는 복장 방식으로도 사용되어, 안에 있고 있는 옷을 드러내지 않음으로써, 공경의 뜻을 표하기도 했다.

◎ 시망(柴望) : '시망'은 시(柴)와 망(望)이라는 두 종류의 제사를 뜻한다. '시'는 땔나무를 태워서 하늘에 대한 제사를 뜻하며, '망'은 명산대첩에 제사를 지낸다는 뜻이다. 또한 '시망'은 제사를 범칭하는 용어로도 사

용되었다.

◎ 시제(柴祭) : '시제'는 일종의 하늘에 대한 제사이다. 초목을 태워서 그 연기를 하늘로 올려 보내며 아뢰는 의식이다. 『서』「우서(虞書) · 순전(舜典)」편에는 "歲二月, 東巡守, 至于岱宗, 柴."라는 기록이 있고, 이에 대한 공안국(孔安國)의 전(傳)에서는 "燔柴祭天告至."라고 풀이했다.

◎ 신안왕씨(新安王氏, A.D.1138~A.D.1218) : =왕염(王炎) · 왕회숙(王晦叔). 남송(南宋) 때의 역학자(易學者)이다. 자는 회숙(晦叔)이다.

◎ 심의(深衣) : '심의'는 일반적으로 상의와 하의가 서로 연결된 옷을 뜻한다. 제후, 대부(大夫), 사(士)들이 평상시 집안에 거처할 때 착용하던 복장이기도 하며, 서인(庶人)에게는 길복(吉服)에 해당하기도 한다. 순색에 채색을 가미하기도 했다.

ㅇ

◎ 악본(岳本) : 『악본(岳本)』은 송(頌)나라 악가(岳珂)가 간행한 『십삼경주소(十三經注疏)』의 판본이다.

◎ 야반(夜半) : '야반'은 하루를 12시간으로 나눴을 때 그 한 시간에 해당한다. 후대의 자시(子時)에 해당한다.

◎ 엄릉방씨(嚴陵方氏, ?~?) : =방각(方慤) · 방씨(方氏) · 방성부(方性夫). 송대(宋代)의 유학자이다. 이름은 각(慤)이다. 자(字)는 성부(性夫)이다. 『예기집해(禮記集解)』를 지었고, 『예기집설대전(禮記集說大全)』에는 그의 주장이 많이 인용되고 있다.

◎ 여군(女君) : '여군'은 본부인을 뜻하는 용어이다. 주로 첩 등이 정처를 지칭할 때 쓰는 용어이다.

◎ 여동래(呂東萊) : =여조겸(呂祖謙)

◎ 여조겸(呂祖謙, A.D.1137~A.D.1181) : =동래여씨(東萊呂氏) · 여동래(呂東萊). 남송(南宋) 때의 학자이다. 자(字)는 백공(伯恭)이고, 호(號)는 동래(東萊)이다. 주자(朱子)와 함께 『근사록(近思錄)』을 편찬하였다.

◎ 연관(練冠) : '연관'은 상(喪) 중에 착용하는 관(冠)이다. 부모의 상 중에서 1주기에 지내는 제사 때 착용을 하였다.

◎ 연의(燕衣) : '연의'에는 두 가지 뜻이 있다. 첫 번째는 잔치 때 입는 복장으로, 천자가 군신(群臣)들과 주연을 할 때 입는 복장을 가리킨다.

두 번째는 일상적으로 입는 복장을 뜻한다. 또한 천자가 퇴조(退朝) 후 한가롭게 거처할 때 착용하는 복장을 뜻하기도 한다.

◎ 염강(厭降) : '염강'은 상례(喪禮)에 있어서, 돌아가신 모친을 위해 자식은 본래 삼년상(三年喪)을 치러야 하지만, 부친이 생존해 계신 경우라면, 수위를 낮춰서 기년상(期年喪)으로 치르는데, 이처럼 낮춰서 치르는 것을 '염강'이라고 부른다.

◎ 염제(炎帝) : '염제'는 신농(神農)이다. 소전(少典)의 아들이고, 오행(五行)으로 구분했을 때 화(火)를 주관하며, 계절로 따지면 여름을 주관하고, 방위로 따지면 남쪽을 주관하는 자이다. 『여씨춘추(呂氏春秋)』「맹하기(孟夏紀)」편에는 "其日丙丁, 其帝炎帝."이라는 기록이 있고, 이에 대한 고유(高誘)의 주에서는 "炎帝, 少典之子, 姓姜氏, 以火德王天下, 是爲炎帝, 號曰神農, 死託祀於南方, 爲火德之帝."라고 풀이했다. 한편 '염제'는 신농의 후손들을 지칭하기도 한다. 『사기(史記)』「봉선서(封禪書)」편에는 "神農封泰山, 禪云云; 炎帝封泰山, 禪云云."라는 기록이 나오는데, 이에 대한 『사기색은(史記索隱)』의 주에서는 "神農後子孫亦稱炎帝而登封者, 律曆志, '黃帝與炎帝戰於阪泉', 豈黃帝與神農身戰乎? 皇甫謐云炎帝傳位八代也."라고 풀이했다. 즉 신농의 자손들 또한 시조의 명칭에 따라서 '염제'라고 부르기도 하는데, 『사기』「율력지(律曆志)」편에는 황제(黃帝)와 '염제'가 판천(阪泉)에서 전쟁을 벌였다는 기록이 있는데, 어떻게 시대가 다른 두 사람이 직접 전쟁을 할 수 있는가? 황보밀(皇甫謐)은 이 문제에 대해서 여기에서 말하는 '염제'는 신농의 8대손이라고 풀이했다.

◎ 영위앙(靈威仰) : '영위앙'은 참위설(讖緯說)을 주장했던 자들이 섬기던 오제(五帝) 중 하나이다. 동방(東方)의 신(神)이자, 봄을 주관하는 신이다. 『예기』「대전(大傳)」편에는 "禮, 不王不禘, 王者禘其祖之所自出, 以其祖配之."라는 기록이 있는데, 이에 대한 정현의 주에서는 "王者之先祖皆感大微五帝之精以生. 蒼則靈威仰, 赤則赤熛怒, 黃則含樞紐, 白則白招拒, 黑則汁光紀."라고 풀이하였다.

◎ 오경이의(五經異義) : 『오경이의(五經異義)』는 후한(後漢) 때의 학자인 허신(許愼)이 지은 책이다. 유실되었는데, 송대(宋代) 때 학자들이 다시 모아서 엮었다. 오경(五經)에 관한 고금(古今)의 유설(遺說)과 이의(異義)를 싣고, 그에 대한 시비(是非)를 판별한 내용들이다.

◎ 오복(五服) : '오복'은 죽은 자와 친하고 소원한 관계에 따라 입게 되는 다섯 가지 상복(喪服)을 뜻한다. 참최복(斬衰服), 자최복(齊衰服), 대공복(大功服), 소공복(小功服), 시마복(緦麻服)을 가리킨다. 『예기』「학기(學記)」편에는 "師無當於五服, 五服弗得不親."이라는 기록이 있는데, 이에 대한 공영달(孔穎達)의 소(疏)에서는 "五服, 斬衰也, 齊衰也, 大功也, 小功也, 緦麻也."라고 풀이했다. 또한 '오복'에 있어서는 죽은 자와 가까운 관계일수록 중대한 상복을 입고, 복상(服喪) 기간도 늘어난다. 위의 '오복' 중 참최복이 가장 중대한 상복에 속하며, 그 다음은 자최복이고, 대공복, 소공복, 시마복 순으로 내려간다.

◎ 오유청(吳幼淸) : =오징(吳澄)

◎ 오제(五帝) : '오제'는 천상(天上)의 다섯 신(神)을 가리킨다. 오행설(五行說)과 참위설(讖緯說)에 영향을 받은 것으로, 중앙의 황제(黃帝)인 함추뉴(含樞紐), 동쪽의 창제(蒼帝)인 영위앙(靈威仰), 남쪽의 적제(赤帝)인 적표노(赤熛怒), 서쪽의 백제(白帝)인 백소구(白昭矩, =白招拒), 북쪽의 흑제(黑帝)인 협광기(叶光紀)를 가리킨다.

◎ 오종(五宗) : '오종'은 종법제(宗法制)와 관련된 용어이다. 시조(始祖)의 적통을 이어 받은 자는 대종(大宗)이 되며, 고조부, 증조부, 조부, 부친의 대(代)에서 각각 파생된 집안을 소종(小宗)이라고 부른다. 따라서 대종은 적통을 이은 한 사람 내지는 그 사람의 집만이 해당하며, 고조부가 같은 삼종형제, 증조부가 같은 재종형제, 조부가 같은 종형제, 그리고 부친이 같은 친형제 등은 4개의 소종 집단을 형성하게 된다. 따라서 '오종'은 대종인 1개의 집안과 소종인 4개의 집단을 포함하여 부르는 명칭이다.

◎ 오징(吳澄, A.D.1249~A.D.1333) : =임천오씨(臨川吳氏)·오유청(吳幼淸). 송원대(宋元代)의 유학자이다. 이름은 징(澄)이다. 자(字)는 유청(幼淸)이다. 저서로 『예기해(禮記解)』가 있다.

◎ 왕부(王父) : '왕부'는 부친의 아버지, 즉 조부(祖父)를 지칭하는 말이다. 『이아』「석친(釋親)」편에는 "父之考爲王父."라는 기록이 있다.

◎ 왕염(王炎) : =신안왕씨(新安王氏)

◎ 왕인지(王引之, A.D.1766~A.D.1834) : 청(淸)나라 때의 훈고학자이다. 자(字)는 백신(伯申)이고, 호(號)는 만경(曼卿)이며, 시호(諡號)는 문간(文簡)이다. 왕념손(王念孫)의 아들이다. 대진(戴震), 단옥재(段玉裁),

부친과 함께 대단이왕(戴段二王)이라고 일컬어졌다. 『경전석사(經傳釋詞)』, 『경의술문(經義述聞)』 등의 저술이 있다.

◎ 왕회숙(王晦叔) : =신안왕씨(新安王氏)

◎ 위현성(韋玄成, ?~B.C.36) : 전한(前漢) 때의 학자이자 정치가이다. 자(字)는 소옹(少翁)이다. 부친은 위현(韋賢)이다. 석거각(石渠閣) 등의 회의에 참석했다.

◎ 유태공(劉台拱, A.D.1751~A.D.1805) : 청(淸)나라 때의 경학자이다. 천문학(天文學), 율려학(律呂學), 문자학(文字學) 등에 조예가 깊었다.

◎ 육농사(陸農師) : =산음육씨(山陰陸氏)

◎ 육덕명(陸德明, A.D.550~A.D.630) : =육원랑(陸元朗). 당대(唐代)의 경학자이다. 이름은 원랑(元朗)이고, 자(字)는 덕명(德明)이다. 훈고학에 뛰어났으며, 『경전석문(經典釋文)』 등을 남겼다.

◎ 육원랑(陸元朗) : =육덕명(陸德明)

◎ 육전(陸佃) : =산음육씨(山陰陸氏)

◎ 융로(戎路) : '융로'는 군주가 군중(軍中)에 있을 때 타던 수레이다. 전쟁용 수레를 범칭하는 용어로도 사용된다. 『주례』 「춘관(春官)・거복(車僕)」편에는 "車僕, 掌戎路之萃."라는 기록이 있는데, 이에 대한 정현의 주에서는 "戎路, 王在軍所乘也."라고 풀이했다. 한편 고대의 천자가 사용하던 5종류의 수레 중에는 혁로(革輅)라는 것이 있었다. '혁로'는 전쟁용으로 사용했던 수레인데, 간혹 제후의 나라에 순수(巡守)를 갈 때 사용하기도 하였다. 가죽으로 겉을 단단하게 동여매서 고정시키고, 옻칠만 하고, 다른 장식을 하지 않았기 때문에, '혁로'라고 부르는 것이다. 『주례』 「춘관(春官)・건거(巾車)」편에는 "革路, 龍勒, 條纓五就, 建大白, 以卽戎, 以封四衛."라는 기록이 있고, 이에 대한 정현의 주에서는 "革路, 鞔之以革而漆之, 無他飾."이라고 풀이했다.

◎ 은제(殷祭) : '은제'는 성대한 제사를 뜻한다. 3년마다 지내는 협(祫)제사와 5년마다 지내는 체(禘)제사 등을 '은제'라고 부른다. 『예기』 「증자문(曾子問)」편에는 "孔子曰, 有君喪服於身, 不敢私服, 又何除焉. 於是乎有過時, 而弗除也. 君之喪服除, 而后殷祭, 禮也."라는 용례가 있다.

◎ 일례(逸禮) : 『일례(逸禮)』는 현존하는 『의례』 17편 이외의 고문(古文)으로 된 『예경(禮經)』을 뜻한다. 39편이 존재했었다고 전해진다. 현재는 망실되어 남아있지 않다. 고문경학가(古文經學家)들은 한(漢)나라

무제(武帝) 때 공자(孔子)의 고택 벽속에서 『고문상서(古文尙書)』와 함께 『일례(逸禮)』 39편이 발견되었다고 주장하지만, 금문경학가(今文經學家)들은 『일례』의 발견 자체를 부인한다. 『한서(漢書)』 「유흠전(劉歆傳)」편에는 "及魯恭王壞孔子宅, 欲以爲宮, 而得古文於壞壁之中, 逸禮有三十九, 書十六篇."이라는 기록이 있다.

◎ 임천오씨(臨川吳氏) : =오징(吳澄)

ㅈ

◎ 장락진씨(長樂陳氏) : =진상도(陳祥道)

◎ 적사(適士) : '적사'는 상사(上士)를 가리킨다. 사(士)라는 계급은 3단계로 세분되는데, 상사, 중사(中士), 하사(下士)가 그것이다. 『예기』 「제법(祭法)」편의 경문에는 "適士二廟, 一壇, 曰考廟, 曰王考廟, 享嘗乃止."라는 기록이 있다. 이에 대한 정현의 주에서는 "適士, 上士也."라고 풀이했다.

◎ 전대흔(錢大昕, A.D.1728~A.D.1804) : 청(淸)나라 때의 학자이다. 자(字)는 신미(辛楣)·효징(曉徵)이고, 호(號)는 죽정(竹汀)이다. 사학(史學)에 정통하였고, 음운학(音韻學), 지리학(地理學) 등에도 조예가 깊었다.

◎ 전제(奠祭) : '전제'는 죽은 자 및 귀신들에게 음식을 헌상하는 제사이다. 상례(喪禮)를 치를 때, 빈소를 차리고 나면, 매일 아침과 저녁에 음식을 바치며 제사를 지내게 되는데, '전제'는 주로 이러한 제사를 뜻한다.

◎ 정강성(鄭康成) : =정현(鄭玄)

◎ 정사농(鄭司農) : =정중(鄭衆)

◎ 정색(正色) : '정색'은 간색(間色)과 대비되는 말로, 청색(靑色)·적색(赤色)·황색(黃色)·백색(白色)·흑색(黑色) 등 순일한 다섯 종류의 색깔을 뜻한다.

◎ 정세(正歲) : '정세'는 본래 하(夏)나라 때의 정월(正月)을 가리킨다. 그런데 고대 중국에서는 농업이 중심이 되었던 사회였다. 따라서 농력(農曆)의 제정은 매우 중대한 사안이었고, 농사와 관련해서는 하나라 때의 역법이 가장 잘 맞았으므로, 하나라의 역법(曆法)을 그대로 따르게 되었다. 그래서 농력에서의 정월 또한 '정세'라고 부르기도 한다. 정(正)자가 붙은 이유에 대해서, 정현은 사시(四時)의 바람을 얻는다

는 뜻에서 붙여진 것이라고 풀이했고, 세(歲)자에 대해서는 하나라 때
한 해를 부르던 말이라고 『이아』에서 설명하고 있다. 『주례』「천관(天
官)・소재(小宰)」편에는 "正歲, 帥治官之屬而觀治象之法."이라는 기록
이 있는데, 이에 대한 정현의 주에서는 "正歲, 謂夏之正月, 得四時之
正"이라고 풀이했고, 손이양(孫詒讓)의 정의(正義)에서는 "全經凡言正
歲者, 幷爲夏正建寅之月, 別于凡言正月者爲周正建子之月也."라고 풀이
했다. 또한 『이아』「석천(釋天)」편에는 "夏曰歲, 商曰祀, 周曰年."이라
는 기록이 있다.

◎ 정씨(鄭氏) : =정현(鄭玄)

◎ 정의(正義) : 『정의(正義)』는 『예기정의(禮記正義)』 또는 『예기주소(禮
記注疏)』를 뜻한다. 당(唐)나라 때에는 태종(太宗)이 공영달(孔穎達)
등을 시켜서 『오경정의(五經正義)』를 편찬하였는데, 이때 『예기정의』
에는 정현(鄭玄)의 주(注)와 공영달의 소(疏)가 수록되었다. 송대(宋
代)에는 『오경정의』와 다른 경전(經典)에 대한 주석서를 포함한 『십삼
경주소(十三經注疏)』가 편찬되어, 『예기주소』라는 명칭이 되었다.

◎ 정중(鄭衆, ?~A.D.83) : =정사농(鄭司農). 후한(後漢) 때의 경학자이다.
자(字)는 중사(仲師)이다. 부친은 정흥(鄭興)이다. 부친에게 『춘추좌씨
전(春秋左氏傳)』의 학문을 전수받았다. 또한 그는 대사농(大司農) 등
의 관직을 역임하였기 때문에, '정사농'이라고도 불렀다. 한편 정흥과
그의 학문은 정현(鄭玄)에게 많은 영향을 주었기 때문에, 후대에서는
정현을 후정(後鄭)이라고 불렀고, 정흥과 그를 선정(先鄭)이라고도 불
렀다. 저서로는 『춘추조례(春秋條例)』, 『주례해고(周禮解詁)』 등을 지
었다고 하지만, 현재는 전해지지 않았다.

◎ 정현(鄭玄, A.D.127~A.D.200) : =정강성(鄭康成)・정씨(鄭氏). 한대(漢
代)의 유학자이다. 자(字)는 강성(康成)이다. 『주역(周易)』, 『상서(尙
書)』, 『모시(毛詩)』, 『주례(周禮)』, 『의례(儀禮)』, 『예기(禮記)』, 『논어
(論語)』, 『효경(孝經)』 등에 주석을 하였다.

◎ 제곡(帝嚳) : '제곡'은 고신씨(高辛氏)라고도 부른다. '제곡'은 고대 오제
(五帝) 중 하나이다. 황제(黃帝)의 아들 중에는 현효(玄囂)가 있었는
데, '제곡'은 현효의 손자가 된다. 운(殷)나라의 복사(卜辭) 기록 속에
서는 은나라 사람들이 '제곡'을 고조(高祖)로 여겼다는 기록도 나온다.
한편 '제곡'은 최초 신(辛)이라는 땅을 분봉 받았다가, 이후에 제(帝)가

되었으므로, '제곡'을 고신씨(高辛氏)라고도 부르는 것이다.

◎ 조광(趙匡, ?~?) : 당(唐)나라 때의 학자이다. 자(字)는 백순(伯循)이다. 담조(啖助)로부터 춘추학(春秋學)을 전수받았다. 저서로는 『춘추천미찬류의통(春秋闡微纂類義統)』 등이 있다.

◎ 종모(從母) : '종모'는 모친의 자매인 이모를 뜻한다.

◎ 중복(重服) : '중복'은 상복(喪服)의 단계를 뜻하는 용어 중 하나이다. 대공복(大功服) 이상이 되는 상복을 '중복'이라고 부른다.

◎ 증상(烝嘗) : '증상'은 종묘(宗廟)에서 지내는 가을 제사와 겨울 제사를 가리킨다. 또한 '증상'은 종묘에 대한 제사를 총칭하는 용어로도 사용된다. 사계절마다 큰 제사를 지내게 되는데, 계절별 제사 명칭이 다르며, 문헌마다 조금씩 차이를 보인다. 예를 들어 『춘추번로(春秋繁露)』 「사제(四祭)」편에는 "四祭者, 因四時之所生孰而祭其先祖父母也. 故春曰祠, 夏曰礿, 秋曰嘗, 冬曰蒸."이라고 하여, 봄 제사를 사(祠), 여름 제사를 약(礿), 가을 제사를 상(嘗), 겨울 제사를 증(蒸)이라고 설명했다. 한편 『예기』 「왕제(王制)」편에는 "天子諸侯宗廟之祭, 春曰礿, 夏曰禘, 秋曰嘗, 冬曰烝."이라고 하여, 봄 제사를 약(礿), 여름 제사를 체(禘), 가을 제사를 상(嘗), 겨울 제사를 증(烝)이라고 설명했다.

◎ 지자(支子) : '지자'는 적장자(嫡長子)를 제외한 나머지 아들들을 말한다.

◎ 진상도(陳祥道, A.D.1159~A.D.1223) : =장락진씨(長樂陳氏)·진씨(陳氏)·진용지(陳用之). 북송대(北宋代)의 유학자이다. 자(字)는 용지(用之)이다. 장락(長樂) 지역 출신으로, 1067년에 과거에 급제하여 태상박사(太常博士) 등을 지냈다. 왕안석(王安石)의 제자로, 그의 학문을 전파하는데 공헌하였다. 저서에는 『예서(禮書)』, 『논어전해(論語全解)』 등이 있다.

◎ 진씨(陳氏) : =진상도(陳祥道)

◎ 진용지(陳用之) : =진상도(陳祥道)

◎ 천묘(遷廟) : '천묘'는 대수(代數)가 다한 신주(神主)를 모시는 묘(廟)를 뜻한다. 예를 들어 천자의 경우, 7개의 묘(廟)를 설치하는데, 가운데의 묘에는 시조(始祖) 혹은 태조(太祖)의 신주(神主)를 모시며, 이곳의 신

주는 다른 곳으로 옮기지 않는 불천위(不遷位)에 해당한다. 그리고 좌
우에는 각각 3개의 묘(廟)를 설치하여, 소목(昭穆)의 순서에 따라 6대
(代)의 신주를 모신다. 현재의 천자가 죽게 되어, 그의 신주를 묘에 모
실 때에는 소목의 순서에 따라 가장 끝 부분에 있는 묘로 신주가 들어
가게 된다. 만약 소(昭) 계열의 가장 끝 묘에 새로운 신주가 들어서게
되면, 밀려나게 된 신주는 바로 위의 소 계열 묘로 들어가게 되고, 최
종적으로 밀려나서 더 이상 갈 곳이 없는 신주는 '천묘'로 들어가게 된
다. 또한 '천묘'는 위에서 서술한 것처럼 신구(新舊)의 신주가 옮겨지
게 되는 의식 자체를 지칭하기도 하며, '천묘'된 신주 자체를 가리키기
도 한다.

◎ 체제(禘祭) : '체제'는 천신(天神) 및 조상신(祖上神)에게 지내는 '큰 제
사[大祭]'를 뜻한다. 『이아』「석천(釋天)」편에는 "禘, 大祭也."라는 기록
이 있고, 이에 대한 곽박(郭璞)의 주에서는 "五年一大祭."라고 풀이하
여, 대제(大祭)로써의 체제사는 5년마다 1번씩 지낸다고 설명한다. 그
러나 『예기』「왕제(王制)」에 수록된 각종 제사들에 대한 기록을 살펴
보면, 체제사는 큰 제사임에는 분명하나, 반드시 5년마다 1번씩 지내
는 제사는 아니었다.

◎ 추왕(追王) : '추왕'은 천자의 조상 중 천자의 신분이 아니었지만, 죽은
뒤 그에게 천자의 칭호를 부여한다는 뜻이다.

◎ 축관(祝官) : '축관'은 고대에 제사의 축문이나 기도 등의 일을 담당했
던 관리이다.

◎ 출모(出母) : '출모'는 부친에게 버림을 받은 자신의 생모(生母)를 뜻한
다. 또한 부친이 죽은 이후 다른 집으로 재차 시집을 간 자신의 생모
를 뜻하기도 한다.

◎ 출처(出妻) : '출처'는 남편이 버린 아내를 뜻한다. 즉 남편의 집에서 쫓
겨난 여자를 가리킨다.

◎ 칠목(七穆) : '칠목'은 정(鄭)나라 목공(穆公)의 자식 중 7명의 공자(公
子)들로부터 비롯된 7개의 씨(氏)를 가리킨다. 7명의 공자는 자한(子
罕), 자사(子駟), 자국(子國), 자양(子良), 자유(子游), 자풍(子豐), 자인
(子印)을 뜻한다. 이들의 후손은 한씨(罕氏), 사씨(駟氏), 국씨(國氏),
양씨(良氏), 유씨(游氏), 풍씨(豐氏), 인씨(印氏)가 되었다.

ㅌ

◎ 태호(太皥) : '태호'는 태호(太昊)라고도 부른다. '태호'는 복희(伏羲)를 가리킨다. 오행(五行)으로 구분했을 때 목(木)을 주관하며, 계절로 따지면 봄을 주관하고, 방위로 따지면 동쪽을 주관하는 자이다.『여씨춘추(呂氏春秋)』「맹춘기(孟春紀)」편에는 "其帝, 太皥, 其神, 句芒."이라는 기록이 있고, 이에 대한 고유(高誘)의 주에서는 "太皥, 伏羲氏, 以木德王天下之號, 死祀於東方, 爲木德之帝."라고 풀이했다.

◎ 특생(特牲) : '특생'은 한 종류의 가축을 희생물로 사용한다는 뜻이다. '특(特)'자는 동일 종류의 희생물을 한 마리 사용한다는 뜻이며, 특히 소를 사용할 때 사용하는 용어이기도 하다.『춘추좌씨전』「양공(襄公) 9년」편에는 "祈以幣更, 賓以特牲."이라는 기록이 있고, 이에 대한 양백준(楊伯峻)의 주에서는 "款待貴賓, 只用一種牲畜. 一牲曰特."이라고 풀이했다. 그런데 어떠한 가축을 사용했는가에 대해서는 주석들마다 차이가 있다.『국어(國語)』「초어하(楚語下)」편에는 "大夫擧以特牲, 祀以少牢."라는 기록이 있고, 이에 대한 위소(韋昭)의 주에서는 "特牲, 豕也."라고 풀이했다. 또한『예기』「교특생(郊特牲)」편에 대한 육덕명(陸德明)의 제해(題解)에서는 "郊者, 祭天之名, 用一牛, 故曰特牲."이라고 풀이했다. 즉 '특생'으로 사용되는 가축은 '시(豕: 돼지)'도 될 수 있으며, 소도 될 수 있다.

ㅍ

◎ 평단(平旦) : '평단'은 하루를 12시간으로 나눴을 때 그 한 시간에 해당한다. 후대의 인시(寅時)에 해당한다.

ㅎ

◎ 하사(下士) : 고대의 사(士) 계급은 상(上) · 중(中) · 하(下)의 세 부류로 구분되기도 하였는데, 하사(下士)는 사 계급 중에서도 가장 낮은 등급의 부류이다.

◎ 하정(夏正) : '하정'은 하(夏)나라의 정월(正月)을 뜻한다. 이러한 뜻에
서 파생되어 하나라의 역법(曆法)을 지칭하기도 한다. 하력(夏曆)을
기준으로 두었을 때, 은(殷)나라는 12월을 정월로 삼았으며, 주(周)나
라는 11월을 정월로 삼았다. 『사기(史記)』「역서(曆書)」편에서는 "秦及
漢初曾一度以夏曆十月爲正月, 自漢武帝改用夏正后, 曆代沿用."이라고
하여, 진(秦)나라와 전한초기(前漢初期)에는 하력에서의 10월을 정월
로 삼았다가, 한무제(漢武帝)부터는 다시 하력을 따랐다고 전해진다.
또한 '하력'은 농력(農曆)이라고도 부르는데, '하력'에 기준을 두었을
때, 농사의 시기와 가장 잘 맞았기 때문이다. 따라서 역대 왕조에서 역
법을 개정할 때에는 '하력'에 기준을 두게 되었다.

◎ 행주(行主) : '행주'는 군주의 행차에 함께 따라간 신주(神主)를 뜻한다.
공녜(公禰)와 같은 말이다. '공녜'는 수레에서 실려서, 군주를 따라다
니게 되는 신주를 뜻한다. 또한 그 수레를 지칭하기도 한다.

◎ 현고(顯考) : '현고'는 고대에 고조(高祖)를 지칭하는 말이다.

◎ 현의(玄衣) : '현의'는 고대의 제사 때 착용했던 적백색의 예복을 뜻하
며, 천자는 소소한 제사를 지낼 때 이 복장을 착용했다. 또 경(卿)이나
대부(大夫)들이 착용했던 명복(命服)을 뜻하기도 한다.

◎ 협제(祫祭) : '협제'는 협(祫)이라고도 부른다. 신주(神主)들을 태조(太
祖)의 묘(廟)에 모두 모셔놓고 지내는 제사이다. 『춘추공양전』「문공
(文公) 2년」에 "八月, 丁卯, 大事于大廟, 躋僖公, 大事者何. 大祫也. 大
祫者何. 合祭也, 其合祭奈何. 毀廟之主, 陳于大祖."라는 기록이 있다.

◎ 호의(縞衣) : '호의'는 백색이 명주로 상의와 하의를 만든 옷이다. 또한
피변복(皮弁服)을 뜻하기도 하며, 상(喪)이나 흉사(凶事)를 당했을 때
착용하는 복장을 뜻하기도 한다.

◎ 호천상제(昊天上帝) : '호천상제'는 호천(昊天)과 상제(上帝)로 구분하여
해석하기도 하며, '호천상제'를 하나의 용어로 해석하기도 한다. 후자
의 경우 '호천'이라는 말은 '상제'를 수식하는 말이다. 고대에는 축호
(祝號)라는 것을 지어서 제사 때의 용어를 수식어로 꾸미게 되는데,
'호천상제'의 경우는 '상제'에 대한 축호에 해당하며, 세부하여 설명하
자면 신(神)의 명칭에 수식어를 붙이는 신호(神號)에 해당한다. 『예기』
「예운(禮運)」편에는 "作其祝號, 玄酒以祭, 薦其血毛, 腥其俎, 孰其殽."
라는 기록이 있고, 이에 대한 진호(陳澔)의 주에서는 "作其祝號者, 造

爲鬼神及牲玉美號之辭. 神號, 如昊天上帝."라고 풀이했다. '호천'과 '상
제'로 풀이할 경우, '상제'는 만물을 주재하는 자이며, '상천(上天)'이라
고도 불렀다. 고대인들은 길흉(吉凶)과 화복(禍福)을 내릴 수 있는 능
력을 갖추고 있었다고 생각하였다. 한편 '상제'는 오행(五行) 관념에
따라 동·서·남·북·중앙의 구분이 생기면서, 천상을 각각 나누어
다스리는 오제(五帝)로 설명되기도 한다. '호천'의 경우 천신(天神)을
뜻하는데, '상제'와 비슷한 개념이다. '호천'을 '상제'보다 상위의 개념
으로 해석하여, 오제 위에서 군림하는 신으로 해석하는 경우도 있다.

◎ 환구(圜丘) : '환구'는 원구(圓丘)라고도 부른다. 고대에 제왕이 동지(冬
至)에 제천(祭天) 의식을 집행하던 곳이다. 자연적으로 형성된 언덕의
형상을 본떠서, 흙을 높이 쌓아올려 만들었기 때문에, '구(丘)'자를 붙
여서 부른 것이며, 하늘의 둥근 형상을 본떴다는 뜻에서 '환(圜)' 또는
'원(圓)'자를 붙여서 부른 것이다. 『주례』「춘관(春官)·대사악(大司樂)」
편에는 "冬日至, 於地上之圜丘奏之."라는 기록이 있고, 이에 대한 가공
언(賈公彦)의 소(疏)에서는 "土之高者曰丘, 取自然之丘. 圜者, 象天圜
也."라고 풀이했다.

◎ 황간(皇侃, A.D.488~A.D.545) : =황씨(皇氏). 남조(南朝) 때 양(梁)나라
의 경학자이다. 『주례(周禮)』, 『의례(儀禮)』, 『예기(禮記)』 등에 해박
하여, 『상복문구의소(喪服文句義疏)』, 『예기의소(禮記義疏)』, 『예기강
소(禮記講疏)』 등을 지었지만, 현재는 전해지지 않는다. 그 일부가 마
국한(馬國翰)의 『옥함산방집일서(玉函山房輯佚書)』에 수록되어 있다.

◎ 황씨(皇氏) : =황간(皇侃)

◎ 황제(黃帝) : '황제'는 헌원씨(軒轅氏), 유웅씨(有熊氏)이라고도 부른다.
전설시대에 존재했다고 전해지는 고대 제왕(帝王)이다. 소전(少典)의
아들이고, 성(姓)은 공손(公孫)이다. 헌원(軒轅)이라는 땅의 구릉 지역
에 거주하였기 때문에, 그를 '헌원씨'라고도 부르는 것이다. 또한 '황
제'는 희수(姬水) 지역에도 거주를 하였기 때문에, 이 지역의 이름을
따서 성(姓)을 희(姬)로 고치기도 하였다. 그리고 수도를 유웅(有熊)
땅에 마련하였기 때문에, 그를 '유웅씨'라고도 부르는 것이다. 한편 오
행(五行) 관념에 따라서, 그는 토덕(土德)을 바탕으로 제왕이 되었다
고 여겼는데, 흙[土]이 상징하는 색깔은 황(黃)이므로, 그를 '황제'라고
부르는 것이다. 『역』「계사하(繫辭下)」편에는 "神農氏沒, 黃帝·堯·舜氏

作, 通其變, 使民不倦."이라는 기록이 있는데, 이에 대한 공영달(孔穎達)의 소(疏)에서는 "黃帝, 有熊氏少典之子, 姬姓也."라고 풀이했다. 한편 '황제'는 오제(五帝) 중 하나를 뜻한다. 오행(五行)으로 구분했을 때 토(土)를 주관하며, 계절로 따지면 중앙 계절을 주관하고, 방위로 따지면 중앙을 주관하는 신(神)이다. 『여씨춘추(呂氏春秋)』「계하기(季夏紀)」편에는 "其帝黃帝, 其神后土."라는 기록이 있고, 이에 대한 고유(高誘)의 주에서는 "黃帝, 少典之子, 以土德王天下, 號軒轅氏, 死託祀爲中央之帝."라고 풀이했다.

◎ 후직(后稷) : '후직'은 전설상의 인물이다. 주(周)나라의 선조(先祖) 중 한 사람이다. 강원(姜嫄)이 천제(天帝)의 발자국을 밟고 회임을 하여 '후직'을 낳았는데, 불길하다고 생각하여 버렸기 때문에, 이름을 기(棄)로 지어졌다 한다. 이후 순(舜)이 '기'를 등용하여 농사를 담당하는 신하로 임명해서, 백성들에게 농사짓는 법을 가르쳤기 때문에, '후직'으로 일컬어지게 되었다. 『시』「대아(大雅)·생민(生民)」편에는 "厥初生民, 時維姜嫄. …… 載生載育, 時維后稷."이라는 기록이 있다. 한편 농사를 주관하는 관리를 '후직'으로 부르기도 한다.

◎ 흉복(凶服) : '흉복'은 상복(喪服)과 같은 말이다. 상(喪)을 당한 것은 흉사(凶事)에 해당하므로, 상을 치르며 입는 복장을 '흉복'이라고도 부르는 것이다. 『논어』「향당(鄕黨)」편에는 "凶服者式之."라는 기록이 있고, 이에 대한 하안(何晏)의 『집해(集解)』에서는 공안국(孔安國)의 주장을 인용하여, "凶服, 送死之衣物."이라고 풀이했다.

번역 참고문헌

- 『禮記』, 서울 : 保景文化社, 초판 1984 (5판 1995) / 저본으로 삼은 책이다.
- 『禮記正義』 1~4(전4권, 『十三經注疏 整理本』 12~15), 北京 : 北京大學出版社, 초판 2000 / 저본으로 삼은 책이다.
- 朱彬 撰, 『禮記訓纂』 上·下(전2권), 北京 : 中華書局, 초판 1996 (2쇄 1998) / 저본으로 삼은 책이다.
- 孫希旦 撰, 『禮記集解』 上·中·下(전3권), 北京 : 中華書局, 초판 1989 (4쇄 2007) / 저본으로 삼은 책이다.
- 服部宇之吉 評點, 『禮記』, 東京 : 富山房, 초판 1913 (증보판 1984) / 鄭玄 注 번역에 대해 참고했던 서적이다.
- 竹內照夫 著, 『禮記』 上·中·下(전3권), 東京 : 明治書院, 초판 1975 (3판 1979) / 經文에 대한 이해에 참고했던 서적이다.
- 市原亨吉 외 2명 著, 『禮記』 上·中·下(전3권), 東京 : 集英社, 초판 1976 (3쇄 1982) / 經文에 대한 이해에 참고했던 서적이다.
- 陳澔 注, 『禮記集說』, 北京 : 中國書店, 초판 1994 / 『集說』에 대한 번역에 참고했던 서적이다.
- 王文錦 譯解, 『禮記譯解』 上·下(전2권), 北京 : 中華書局, 초판 2001 (4쇄 2007) / 經文 및 주석 번역에 참고했던 서적이다.
- 錢玄·錢興奇 編著, 『三禮辭典』, 南京 : 江蘇古籍出版社, 초판 1998 / 용어 및 器物 등에 대해 참고했던 서적이다.
- 張撝之 外 主編, 『中國歷代人名大辭典』 上·下권(전2권), 上海 : 上海古籍出版社, 초판 1999 / 인명에 대해 참고했던 서적이다.
- 呂宗力 主編, 『中國歷代官制大辭典』, 北京 : 北京出版社, 초판 1994 (2쇄 1995) / 관직명에 대해 참고했던 서적이다.
- 中國歷史大辭典編纂委員會 編纂, 『中國歷史大辭典』 上·下(전2권), 上海 : 上海辭書出版社, 초판 2000 / 용어 및 인명에 대해 참고했던 서적이다.
- 羅竹風 主編, 『漢語大詞典』 1~12(전12권), 上海 : 漢語大詞典出版社, 초판 1988 (4쇄 1995) / 용어에 대해 참고했던 서적이다.
- 王思義 編集, 『三才圖會』 上·中·下(전3권), 上海 : 上海古籍出版社, 초판 1988 (4쇄 2005) / 器物 등에 대해 참고했던 서적이다.
- 聶崇義 撰, 『三禮圖集注』 (四庫全書 129책) / 器物 등에 대해 참고했던 서적이다.
- 劉績 撰, 『三禮圖』 (四庫全書 129책) / 器物 등에 대해 참고했던 서적이다.

역자 **정병섭(鄭秉燮)**

- 1979년 출생
- 2002년 성균관대학교 유교철학과 졸업
- 2004년 성균관대학교 대학원 유학과 석사
- 2013년 성균관대학교 대학원 유학과 철학박사
- 역서『譯註 禮記集說大全 - 王制, 附 鄭玄注』(학고방, 2009)
  『譯註 禮記集說大全 - 月令, 附 鄭玄注』(학고방, 2010)
  『譯註 禮記集說大全 - 曾子問, 附 正義·訓纂·集解』(학고방, 2011)
  『譯註 禮記集說大全 - 文王世子, 附 正義·訓纂·集解』(학고방, 2012)
  『譯註 禮記集說大全 - 曲禮上, 附 正義·訓纂·集解』1~2(전2권, 학고방, 2012)
  『譯註 禮記集說大全 - 曲禮下, 附 正義·訓纂·集解』(학고방, 2012)
  『譯註 禮記集說大全 - 禮運, 附 正義·訓纂·集解』(학고방, 2012)
  『譯註 禮記集說大全 - 禮器, 附 正義·訓纂·集解』(학고방, 2012)
  『譯註 禮記集說大全 - 檀弓上, 附 正義·訓纂·集解』1~2(전2권, 학고방, 2013)
  『譯註 禮記集說大全 - 檀弓下, 附 正義·訓纂·集解』1~2(전2권, 학고방, 2013)
  『譯註 禮記集說大全 - 郊特牲, 附 正義·訓纂·集解』1~2(전2권, 학고방, 2013)
  『譯註 禮記集說大全 - 內則, 附 正義·訓纂·集解』(학고방, 2013)
  『譯註 禮記集說大全 - 玉藻, 附 正義·訓纂·集解』1~2(전2권, 학고방, 2013)
  『譯註 禮記集說大全 - 明堂位, 附 正義·訓纂·集解』(학고방, 2013)
  『譯註 禮記集說大全 - 喪服小記, 附 正義·訓纂·集解』(학고방, 2014)
  (공역)『효경주소』(문사철, 2011)

예기집설대전 목록

譯註

禮記集說大全 大傳

編　陳澔(元)
附　正義 · 訓纂 · 集解

초판 인쇄　2014년　6월　15일
초판 발행　2014년　6월　25일

역　　자 ｜ 정병섭
펴 낸 이 ｜ 하운근
펴 낸 곳 ｜ 學古房

주　　소 ｜ 서울시 은평구 대조동 213-5 우편번호 122-843
전　　화 ｜ (02)353-9907　편집부(02)353-9908
팩　　스 ｜ (02)386-8308
홈페이지 ｜ http://hakgobang.co.kr/
전자우편 ｜ hakgobang@naver.com, hakgobang@chol.com
등록번호 ｜ 제311-1994-000001호

ISBN　　　978-89-6071-401-4　94150
　　　　　978-89-6071-267-6　(세트)

값 : 19,000원